日本語の文法2
時・否定と取り立て

日本語の文法 2 【仁田義雄・益岡隆志 編集】

時・否定と取り立て

金水　敏
工藤真由美【著】
沼田善子

岩波書店

第 1 章　金水　敏
第 2 章　工藤真由美
第 3 章　沼田善子

〈日本語の文法〉へのいざない

文法とは何か

　私たちは，外的世界や内的世界との関わりの中で，言語を利用することによって，考えや感じを明確にしたり，また，考えたことや感じたことや意志や要求などを相手に伝えたりしている．このような活動を言語活動という．私たちの言語活動の所産が，たとえば，「あれっ?」や「おーい!」といった一語文的存在から，「ここに置いてあった僕の本，どこに行ったんだろう.」「山田君，こちらへ来てくれ!」に発展したとき，下位的構成要素・構成材としての単語と，統一体的全体としての文との分化が起こり，それをつなぐ存在としての文法が立ち現れ，文が内部構造を持つようになる．

　文法をどのように捉えるかは，立場や考え方によって異なってくるが，ここでは，上のことを受け，次のように捉える．もっとも，この捉え方は常識的ですらある．しかし，常識的であるということは，また一方ではその分それだけの確かさを持っている，ということでもある．文法とは，単語から文が形成されるにあたっての法則・きまりである．言い換えれば，単語を材料にして，当該言語（たとえば日本語）の適格な文を組み立てる組み立て規則・法則性が文法である．したがって，文法分析・文法記述の務めは，単語から文への組み立て規則を，なるたけ包括的かつ明示的に抽出することにある．究極的には，その組み立て規則に従って単語を組み立てていきさえすれば，誰でも，当該言語の適格文のみを形成し，不適格な文を形成することのないような規則群の総体を取り出すことである．これも，文の有している適格性を，どのように，あるいはどのレベルのものとして捉えるかによって，適格性（したがって不適格性）を生み出す要因として取り出さなければならない規則性の広狭が異なってくる．

　私たちは，日々必要に応じて，文を作り発話・伝達を行うとともに，与えられた文の示している表現形式の異なりを捉えながら，その文の表している意味

内容を解釈し理解している．このことが可能になるのは，私たちが，文がいかに単語から形成されるかを知っているとともに，与えられた文の解釈のされ方を知っているからである．したがって，上で述べた組み立て規則は，また，文の表現形式が担い表している意味内容のありようを説き明かし解析するものとしても，働きうるものでなければならないし，働いてもいる．

　日本語の文を作ったり解釈したりするとき，そこにどのような規則が働いているのかを，いちいち意識することは通常ない．母語話者にとって，文法は無意識的な存在である．文法分析・文法記述の務めは，通常意識の上に昇ることのない，文形成や文解析にさいして働いている規則性総体を，より十全に明るみに出すことにある．具体的には，単語の結合能力や単語が文の中に現れるときに取る形の変化のさまざま，形式の表す意味や使用条件，単語や形式の出現によって作り出される文の（意味的）構造や，単語や形式の出現によって生じる構文環境に対する変容や共起成分に対する影響などを，なるたけ包括的かつ組織的・体系的に分析・記述することに努めることになる．

日本語の文の基本的な構造

　文は，独立語文（「あれっ？」「車！」など）と述語文とに分けることができる．文の中心は述語文にある．上で触れたように，一語文的な独立語文から述語文に発展したとき，単語と文との分化が起こり，文法が立ち現れる．

　すでに触れたように，文は言語活動の所産であり基本的単位である．言語活動の所産であり基本的単位であることによって，文には，話し手が外的世界や内的世界との関わりにおいて描き取ったひとまとまりの事態・対象的な内容が表されているとともに，描き取られた事態・対象的な内容に対する話し手の立場からした捉え方，および話し手の発話・伝達的な態度のあり方が表されている．通例，前者を命題，後者をモダリティと呼ぶ．

　文はさまざまな対象的な内容を表しうる．文の表す対象的な内容のタイプの基本的なあり方を決めるのは，述語の語彙的意味のタイプである．動きや状態を表す述語と，動きや状態の参画者として述語の表す動きや状態を実現・完成するために，述語に要求されるいくつかの名詞句とによって，文の表す対象的

な内容の中核部分が形成される．たとえば，「贈ル」と，「贈ル」という動きの実現・完成のために要求される名詞句「博ガ」「花ヲ」「洋子ニ」との結びつきによって形成される［博ガ洋子ニ花ヲ贈ル］コトが，おおよそ対象的な内容の中核にあたる．

　対象的な内容の中核は，さらに，事態の成り立ちをさまざまな観点・側面から修飾・限定する成分を付け加えることによって，拡大していくことができる．たとえば，「塀がこなごなに崩れた．」「笠原はゆっくりと受話器を取り上げた．」「彼はわざと表に出ていかない．」「雪がすごく積もった．」「同じような人間がうじゃうじゃいる．」などがこれである．事態の成り立ちを修飾・限定する成分は，副詞を中心としながらも，「若い刑事が緊張した様子で椅子に座った．」「男はにやにやしながら私の方に近づいてきた．」「道代はたじろいだように顔をふせた．」のように，名詞句や従属性の高い節によっても表される．

　文は，また，独立語文から述語文へと展開することによって，話し手の眼前から解放されることになる．言い換えれば，発話時に眼前に生起している事態だけでなく，過去に生じた事態をも，未来に生じると期待されている事態をも描き出すことが可能になり，さらに，生起していない事態をも対象的な内容として捉えることが可能になった．いわゆるテンスや肯否が出現することになる．また，述語文は，事態形成に参画する参画者が複数である対象的な内容を表すことによって，参画者をどのように表現形式に実現・配置するかの選択の可能性を生むことになる．さらに，述語文は，対象的な内容としてさまざまな時間的な特性を持つ事態を表すことによって，事態の時間的なありようを表す必要が生じそれを可能にした．通例，いわゆる前者がヴォイスと呼ばれるものであり，後者がアスペクトと言われるものである．

　文は，独立語文から述語文へと展開することによって，ヴォイス，アスペクト，肯否，テンスなどといった文法的意味を担い表すことを必要とし可能にした．こういったさまざまな文法的意味は，日本語においては，述語の形態変化によって実現されることになる．たとえば，「走ル－走ラナイ」の対立によって肯否が，「走ル－走ッタ」の対立によってテンスが表し分けられている．さらに，日本語文の述語は，丁寧さという文法的意味を，「走ル－走リマス」の

対立によって担い表し分けている．ここに取り出した文法的意味は，文法カテゴリと呼ばれるクラス的な文法的意味である．たとえば，テンスという文法カテゴリは，非過去という文法的意味を表す形式である「走ル」と，過去という文法的意味を表す「走ッタ」を，対立メンバーとして成り立っている一つのクラス的な文法的意味である．

上で触れた文法カテゴリは，その作用領域の大きさにおいて，包み包み込まれるという関係にある．日本語の文は，このように作用領域の異なる文法カテゴリが集まって，一つの層状の構造を形成している．たとえば，「まだ店は開け＋られ＋てい＋なかっ＋た＋かい．」からも分かるように，おおよそ，

[[[[[ヴォイス]アスペクト]肯否]テンス]モダリティ]

のような層状構造をとって，日本語の文は成り立っている．

文は，構成要素からなる一つの統一体的全体である．構成要素は，統一体的全体形成のために他の構成要素と統合的(syntagmatic)な関係を取り結ぶとともに，文構造の同一位置を占めうる他の要素との系列的な(paradigmatic)な関係を含んで存在する．たとえば，「彼だけウオッカさえ飲んだ．」の，動作主体を表す「彼」や動作対象を表す「ウオッカ」が，動作主体や動作対象を占めうる他の要素に対して有している関係のあり方が，系列的な関係である．取り立ての基本的な働きは，系列的な関係の付与にある．

私たちの言い表したい内容が一つの事態でつきる，ということはむしろ稀である．文は，複数の述語を有し複数の事態を表す複文として現れることも少なくないし，通例，文章・談話(これらを総称してテキストと呼ぶ)の中に存在する．文は，テキストの中にあることによって変容を受けるし，また，テキストの前後の文との連なりを作るための工夫を有している．たとえば，「鯨が泳いでいる．とてもでかいやつだ．」の第2文は，先行文との関わりにおいて，ガ格成分が省略されている．また，「本が机の上に置いてある．表紙はつるつるだ．」は，本に表紙があることを知っていることによって，第2文の「表紙」を「机の上に置いてある本の表紙」として解釈しうることになる．接続詞は，文と文とのつながりの表示を担う単語である．

本シリーズの概要

〈日本語の文法〉と題された本シリーズは,『文の骨格』『時・否定と取り立て』『モダリティ』『複文と談話』の4巻からなる.

第1巻『文の骨格』は,単語とは何かを論じ単語の語形変化や単語の類別を述べた章と,文の骨格に近い部分を扱った3章が含まれている.まず,文の表す対象的な内容の中核に位置する格の問題に迫った章,格と密接に関わるヴォイス的現象を分析・記述した章,さらに対象的な内容の中核を拡大する副詞的修飾の諸相に迫った章である.

第2巻『時・否定と取り立て』では,文の対象的な内容の中核部分に付け加わり,それを拡大する文法現象が扱われている.テンス・アスペクトを中心に時に関わる表現を分析・記述した章,否定のさまざまに迫り,否定の現象を説き明かそうとした章,基本的には系列的な関係の付与である取り立てという現象を組織的に捉えようとした章が含まれている.

第3巻『モダリティ』は,命題とモダリティという文を構成する二つの部分のうち,モダリティを扱った巻である.モダリティを表す形態を有標叙法と無標叙法に分けながら,モダリティに関わる現象を広く観察した章,認識のモダリティと呼ばれるものの体系化を試み,それに関わる形式の意味と使用条件を分析・記述した章,および副詞的表現からモダリティにきめ細かくかつ鋭く迫った章が含まれている.

第4巻『複文と談話』は,これまでの巻が単文を対象にしていたのに対して,複文およびテキストにおける文法現象を扱った巻である.単文から複文へ,文からテキストへの拡大を捉え,単文と複文・テキストに現れる文法カテゴリのあり方の異なりを分析・記述した章,複文を構成する従属節を分類し,それぞれの従属節を概観し,条件節と連体節を詳しく分析・記述した章,文と文をつなぐ形式・工夫を接続詞を中心に具体的に詳しく考察した章,テキストの中にあることによる名詞の使用のされ方を捉え,そのことを通して逆にテキスト的現象の解明に迫った章が含まれている.

このシリーズは,当該の文法現象を以前から,あるいは目下精力的に研究している代表的な研究者が,自らの最新の研究成果をなるたけ分かりやすく分

析・記述したものである．特徴の一つは，特定の理論を展開するのではなく，文法現象の掘り起こしに努め，それを包括的に捉え，組織的に分析・記述することによって，日本語の文法に対する良質な記述文法構築のための重要な基礎資料となることをめざしたことである．本シリーズは，驚きと発見に満ちた日本語文法の豊かな世界に，私たちをいざなってくれるだろう．本シリーズが，読者に，日本語文法の新しいそして興味深い景観を与え，さらにそのことが，新たな研究の契機になれば，執筆者一同望外の幸せである．

2000年5月

仁田義雄
益岡隆志

はしがき

　本巻は，文の骨格を取り扱った第1巻に続くものとして，文の骨格部分を拡大する領域を取り上げる．この領域に関わる問題にはいろいろなものが考えられるが，本巻では，それらの中で「時の表現」(第1章)，「否定の表現」(第2章)，「とりたて」(第3章)という三つのテーマを考察する．この領域の外側に第3巻の対象である「モダリティ」の領域が位置することになる．

　第1章は，時の表現，具体的には「アスペクト・テンス」の問題を論述している．アスペクト・テンスの研究は言語学においてきわめて活発に議論されてきている．日本語文法の研究の世界においても最も研究の進んでいるテーマの一つであり，広範な言語事実の発掘が続けられており，かつ体系化の試みもかなりの程度に成功を収めつつある．このような研究状況を反映して，第1章ではアスペクト・テンスに関わる様々な問題が広い視野から展望されている．この章を読むことによって日本語のアスペクト・テンス研究の現時点での全体像を知ることができるはずである．

　筆者は，文の時間性を「時制性」(発話時から見た出来事の先後関係)と「アスペクト性」(出来事をすべての段階を含んで丸ごと捉えるのか，ある段階のみを取り出して述べるのかという区別)に分けた上で，時制性・アスペクト性に関わる述語の形態的な対立を「テンス」「アスペクト」と名づける．そして，「完成相・継続相」と「非過去・過去」の対立がアスペクト・テンスのパラダイムの根幹をなすとする工藤真由美氏の「基本アスペクト・テンス体系」という見方を基軸として分析を行っている．

　アスペクトについては，筆者は動詞の動的な意味を状態的な意味に変える働きを持つ「シテイル，シテアル，シツツアル」という形式に注目し，特に，「シテイル」がどのような条件によって「進行」と「結果」の意味を表すことになるのかについて詳細な検討を行っている．「シテイル」の意味にとって

「主体」という概念がきわめて重要であるという指摘に着目したい．工藤氏のいう「パーフェクト相」に対しても興味深い見解が示されている．

テンスについては，「シタ」が「完成相過去」と「現在パーフェクト」(パーフェクト相現在)」を表すとする工藤氏の見方には検討の余地があるということを指摘するとともに，「シタを完成相過去とパーフェクト相現在の多義とするならば，スルもまた，完成相未来と未発相現在の多義と認めるべきである」と述べ，スルとシタの間に鏡像関係が存在することを示唆している．テンスに関する筆者の注目すべき見解は，「日本語のテンスは外的な出来事時に依存するばかりでなく，話し手の情報取得に関わる出来事に依存して決定されることがある」という点，および「それは静的述語やシテイルなど状態述語に顕著である」という点である．この観点から日本語のテンスを見直すことによっていろいろな事実が説明可能となるであろう．

最後に，現代語のアスペクト・テンスのあり方をよりよく理解するには史的変化の観点を導入する必要があるという趣旨の筆者の指摘は，「文法化」の問題などを含め今後の研究を進めていくための重要な示唆を提供しているということを付言しておきたい．

第2章のテーマは「否定」である．否定に関しては論理学，言語学において長い研究の歴史があり，膨大な研究成果の蓄積がある．これに対して，日本語文法研究の世界では否定の研究はやや立ち後れているという感は否めない．筆者も「現代日本語の否定をめぐっては十分な記述がなされているとは言いがたいと思われる」と述べている．

この章で筆者は主として三つの問題を取り上げている．第1は「語彙的否定形式」と「文法的否定形式」の違いという単語レベルの形態論的現象であり，第2は否定と呼応する形式と否定との関係という文レベルの構文的現象であり，第3は否定のスコープと焦点の問題という発話レベルの文法論と語用論(運用論)とが相互作用する領域の問題である．

このうち，語彙的否定形式と文法的否定形式の違いについては，後者は基本的に「文否定」であって，主語と述語とのむすびつきを否定するものであるが，前者は「語否定」であって，主語と述語とのむすびつきを否定するものではな

いとされている．文法的否定形式に関する興味深い観察は，動詞の否定形式から形容詞への転成（「派生形容詞化」と名づけられている）という現象において形容詞化の程度が問題になるという指摘である．「ない」という形式がもともと形容詞であるということとも関係する注目すべき現象である．

　否定と呼応する形式については，陳述副詞と数量・程度に関わる形式が取り上げられている．このうち陳述副詞は三つのタイプに分かれるとした上で，そのうちの二つのタイプにおいて形式上と意味上の「呼応のずれ」が起こる場合があると述べている．一方，数量・程度に関わる形式は基本的に連用修飾語として機能するということが指摘されている．

　否定のスコープと焦点については，スコープを「可能な否定の範囲」，焦点を「実際の否定の対象」と規定した上で，スコープは構文的に条件づけられるが，焦点は構文的条件とコンテクストが絡み合って決定されると主張している．特に注目すべきは次の二つの指摘である．第1に，述語が表す属性を限定する「対象語」「修飾語」「規定語」はスコープ内に入り，述語が表す属性そのものを限定しない「独立語」「状況語」「主語」は基本的にスコープ外であるということ．第2に，スコープ内に入る「対象語」「修飾語」「規定語」は述語とともに否定される場合と，それのみが否定の焦点になる場合があり，どちらになるかはコンテクスト上，述語が表す属性の成立が旧情報（前提）になっているか否かに依るという点である．主語が基本的にスコープ外であり対象語や修飾語がスコープ内であるということから，スコープが構文的に条件づけられるものであるとすれば，否定のスコープのあり方は主語を述語句の外に位置するものとする見方を支持するものと言うことができよう．

　否定研究の今後の課題としては，筆者も述べているように，否定の意味に対する深い理解に到達するために，コンテクストとの関係を見る談話的・語用論（運用論）的研究が必要であるということ，そしてそうした研究を通じて「否定とは何か」という根本的な問いに答えていかなければならないということが挙げられよう．

　第3章は「とりたて」をめぐる考察である．「とりたて」について特記すべきは，この文法概念が日本語研究の中から生まれ出た独自の概念であるという

点である．この章は，とりたてというテーマの中で筆者が取り組んできた「とりたて詞」に焦点を当てることによって，とりたてとは何かという問題に迫ろうとしている．

筆者によれば，とりたて詞とは，文中の種々な要素を「自者」とし，自者と範列的に対立する他の要素を「他者」としたとき，自者について明示される文である「主張」と，他者について暗示される「含み」を同時に示し，両者の論理的関係を表すものである．また，統語論的な面からは，とりたて詞は「分布の自由性」「任意性」「連体文内性」「非名詞性」という四つの特徴をあわせ持つ一つの品詞であるとされる．さらに，とりたて詞がとりたてる自者である「とりたてのフォーカス」に関して，フォーカスは文脈など語用論的要因で決定されるということ，および，フォーカスには「直前フォーカス」「後方移動フォーカス」「前方移動フォーカス」の3種類があるということを指摘している．

とりたて詞に属する語としては「も，でも，だって，さえ，すら，まで，だけ，のみ，ばかり，しか，こそ，など，なんか，なんて，なんぞ，くらい，は」が挙げられるとした上で，これらのうちの「も，さえ，まで，だけ，ばかり，しか，など」に対して分析が施されている．そしてその分析に基づいて，とりたて詞各語の意味は「主張・含み」「断定・想定」「自者・他者」「肯定・否定」の4組8個の基本的な「一次特徴」と各語に個別に見られる「二次特徴」とによって表すことができ，それらは互いに一つの体系をなすものであると主張されている．

残された問題としては筆者自身も認めているように，主として次の3点が挙げられる．第1は，とりたてのスコープの問題である．第2章でも見たように，スコープとフォーカスは対の概念とでも言うべきものであるから，フォーカスを問題にする以上はスコープのあり方も明確にしなければならないであろう．第2に，とりたて詞以外のとりたて表現（例えば，とりたて副詞）にも目を向ける必要がある．第3に，歴史的研究・方言研究との連携を模索すること．この課題は第1章でも触れられた点であるが，今後の文法研究の進むべき一つの方向を示すものであると言えよう．

これらの課題にもう一つ加えるとすれば，日本語研究から生まれ出た「とりたて」の概念が他の言語でどこまで有効であるのかを検証すること．具体的には諸言語との対照研究の推進ということである．こうした研究が進展すれば日本語文法研究が言語研究に寄与する道が開けて来るであろう．

　2000 年 10 月

益 岡 隆 志

目　次

〈日本語の文法〉へのいざない

はしがき

1　時の表現

1.1　文の意味・形と時 ……………………………… 3
　(a) 文の意味と時間性 …………………………… 3
　(b) 時間性と様相性 ……………………………… 3
　(c) 述語の形態と叙法 …………………………… 4
　(d) 品詞と時間性 ………………………………… 5
　(e) 運動動詞の形態 ……………………………… 6
　(f) 基本アスペクト・テンス体系 ……………… 8
　(g) 動詞語彙・ヴォイスとアスペクト性 ……… 9
　(h) 副詞的成分と時間性 ………………………… 10
　(i) 複文と時間性 ………………………………… 10
　(j) 文章と時間表現 ……………………………… 11
　(k) 時間性の意味論 ……………………………… 12

1.2　シテイルの基本的意味 ……………………… 14
　(a) 継続相 ………………………………………… 14
　(b) 進行と結果 …………………………………… 15
　(c) 出来事の時間的な構造 ……………………… 16
　(d) 動作動詞と変化動詞 ………………………… 18
　(e) 継続相の意味論 ……………………………… 21

1.3　継続相と語彙・構文 ………………………… 23
　(a) 主体と継続相 ………………………………… 23

(b) 二側面動詞 …………………………………… 24
　(c) 弱運動動詞 …………………………………… 24
　(d) 意志性の問題 ………………………………… 26
　(e) 内面動詞 ……………………………………… 26
　(f) 主体動作・客体変化動詞 …………………… 28
　(g) 再帰動詞 ……………………………………… 29
　(h) 受身と継続性 ………………………………… 30
　(i) 限界動詞と非限界動詞 ……………………… 31
　(j) 多回的動作 …………………………………… 32

1.4　単なる状態と静態動詞 ……………………… 33
　(a) 単なる状態 …………………………………… 33
　(b) 静態動詞 ……………………………………… 34

1.5　シテイルのパーフェクト相 ………………… 35
　(a) パーフェクト相の特徴 ……………………… 35
　(b) パーフェクト相の意味論 …………………… 37
　(c) 「効力」について …………………………… 38
　(d) 時間の修飾成分とパーフェクト相 ………… 40

1.6　反復相 ………………………………………… 41

1.7　シテアル ……………………………………… 44
　(a) シテアルの継続相 …………………………… 44
　(b) シテアルのパーフェクト相 ………………… 46
　(c) シテアルの統語論と意味 …………………… 48

1.8　その他のアスペクト ………………………… 51
　(a) シツツアル …………………………………… 51
　(b) シナイデイル・セズニイル・セズニアル … 52
　(c) スルコトガアル・シタコトガアル ………… 54

1.9　シタとスルのアスペクト性・時制性 …………… 54
　(a) シタのアスペクト的な性格 …………… 54
　(b) スルのアスペクト的な性質 …………… 57
1.10　シタ・スルのその他の用法 …………… 59
　(a) 疑似命令表現 …………… 59
　(b) 遂行的な文 …………… 60
　(c) その他 …………… 61
1.11　静的述語のタ形 …………… 62
　(a) 静的述語と出来事時 …………… 62
　(b) 「ムードのタ」 …………… 63
　(c) 出来事としての情報の流れ …………… 64
1.12　その他の形態 …………… 65
　(a) シテイク・シテクル …………… 65
　(b) シテシマウ …………… 66
　(c) シテオク …………… 69
　(d) シヨウトスル …………… 71
1.13　運動の局面を取り出す複合動詞 …………… 72
　(a) 複合動詞の分類 …………… 72
　(b) シカケル …………… 72
　(c) シハジメル …………… 74
　(d) シツヅケル …………… 74
　(e) シオワル・シオエル …………… 75
1.14　「まだ」「もう」 …………… 76
　(a) 想定と推移 …………… 76
　(b) 継続相・パーフェクト相の場合 …………… 78
　(c) もう来る・まだ来る …………… 80
　(d) もう＋数量表現 …………… 81

1.15　従属節と主節のテンス ……………………………………… 83
　(a) 主節時基準と発話時基準 ……………………………… 83
　(b) 形態と時制の対応 ……………………………………… 83
　(c) 内包動詞の場合 ………………………………………… 85
1.16　連体修飾節におけるテンスの解放 ………………………… 86
　(a) 状態のシタ ……………………………………………… 86
　(b) 連体修飾節でのスルの不完成的な用法 ……………… 88
1.17　反事実条件文 …………………………………………………… 89
　(a) 反事実条件文前件と状態性 …………………………… 89
　(b) 反事実条件文の後件のタ形 …………………………… 90

2　否定の表現

2.1　否定文の諸側面 ………………………………………………… 95
2.2　文法的否定形式と語彙的否定形式 …………………………… 99
　(a) みとめ方の対立と派生形容詞化 ……………………… 99
　(b) 語彙的否定形式 ………………………………………… 102
2.3　否定と呼応する形式 …………………………………………… 105
　(a) 陳述副詞とその他の形式 ……………………………… 105
　(b) 陳述副詞 ………………………………………………… 107
　(c) 陳述副詞と語彙的否定形式との共起 ………………… 114
2.4　数量・程度に関わる形式と否定 ……………………………… 118
　(a) 矛盾関係としての否定 ………………………………… 118
　(b) 数量に関わる形式の三つのタイプ …………………… 119
2.5　否定のスコープと焦点 ………………………………………… 129
　(a) 否定のスコープと構文的条件 ………………………… 129
　(b) 否定の焦点とプラグマティックな条件 ……………… 136

(c) 対比性と否定の焦点 ………………………………………… 146

3　とりたて
　3.1　とりたて詞の統語論的特徴 …………………………………… 154
　　　(a) 分布の自由性 ……………………………………………… 155
　　　(b) 任意性 ……………………………………………………… 155
　　　(c) 連体文内性 ………………………………………………… 156
　　　(d) 非名詞性 …………………………………………………… 157
　3.2　とりたて詞の意味論的特徴 …………………………………… 158
　　　(a) 自者と他者 ………………………………………………… 158
　　　(b) 主張と含み ………………………………………………… 159
　　　(c) 肯定と否定 ………………………………………………… 159
　　　(d) 断定と想定 ………………………………………………… 162
　3.3　とりたてのフォーカス ………………………………………… 164
　　　(a) とりたてのフォーカスの範囲 …………………………… 164
　　　(b) とりたて詞の分布ととりたてのフォーカス …………… 165
　3.4　とりたて詞各論 ………………………………………………… 170
　　　(a)「も」 ………………………………………………………… 170
　　　(b)「さえ」 ……………………………………………………… 174
　　　(c)「まで」 ……………………………………………………… 177
　　　(d)「だけ」「のみ」 …………………………………………… 182
　　　(e)「ばかり」 …………………………………………………… 184
　　　(f)「しか」 ……………………………………………………… 187
　　　(g)「など」「なんか」「なんて」「な(ん)ぞ」 ……………… 194
　3.5　とりたて詞の意味体系 ………………………………………… 200
　3.6　同一語形の意味・用法の広がり ……………………………… 202
　　　(a) 形式副詞「まで」「だけ」「ばかり」「くらい」 ………… 202

(b) 概数量を表す形式名詞「くらい」「だけ」「ばかり」 ………… 205
　　(c) 格助詞および順序助詞「まで」 …………………………… 207
　　(d) 並列詞「など」 ……………………………………………… 208
　　(e) その他「ばかり」「だけだ」「までだ」「も」 ……………… 212
　3.7　まとめ ………………………………………………………… 215

参考文献 …………………………………………………………… 217
索　引 ……………………………………………………………… 229

1
時の表現

1.1 文の意味・形と時

(a) 文の意味と時間性

ある文が発話され,その文によって何らかの事柄が表現されたとき,その表現された事柄は何らかの時間的な性質を帯びざるを得ない.例えば,その事柄が何らかの出来事を表し,その出来事が発話時から見て過去のことなのか,現在のことなのか,未来のことなのか,という関係である.しかし事柄の内容によっては,そのような時間軸上の関係としては捉えられない,時間を超越した言明であるかもしれない.その両方を含めて,文の**時間性**という言葉で捉えておこう.文が何らかの時間性を帯びるということは,定義上普遍的であり,日本語,英語,中国語といった言語の区別を問わない.

時間性のうち,上に述べたような発話時から見た出来事の先後関係のことを,**時制性**と呼ぶことにする.また,動詞「作る」「走る」などによって表される動的な出来事は,出来事の始まり,過程,終わりなどの段階を含んでいる.出来事を描写・記述する場合,その出来事をすべての段階を含んで丸ごと捉えるのか,またある段階のみを取り出して述べるのかという区別も,動的な出来事の解釈にとっては不可欠になる.このような区別を,**アスペクト性**と呼んでおこう.始まりや終わりの段階が意味的に含まれない「赤い」「強い」などの静的な特徴・性質などは,アスペクト性がない.

以上の時間性,時制性,アスペクト性の関係は次のようになる.

(1) 時間性 $\begin{cases} \text{アスペクト性} \\ \text{時制性} \end{cases}$

ただし,アスペクト性を持たないこと,時制性を超越していることも時間性のうちにあると見ておく.

(b) 時間性と様相性

発話を解釈するためには,発話によって伝えられる事柄を,話し手がどのような態度で伝えているのかという情報も必須である.例えば,それを話し手は

4—1 時の表現

確かな事実として述べているのか，推測や予測として述べているのか，伝聞された事柄として述べているのか，などである．このような区別を，**様相性**（モダリティ）と呼ぶことにする．様相性もまた，言語の区別を問わない，理論的に要請された意味的範疇である．

時制性と様相性は，意味的に強く関わっている．例えば，過去に話し手が体験した事柄は，話し手にとって確かな事柄であるが，未来の事柄は多かれ少なかれ，なんらかの推論に基づいてしか語れない．

以上，時間性（時制性，アスペクト性）および様相性は，**極性**（肯定・否定性）ともからまりながら，全体で文の**叙法**（述べ方）として結びついていると言える．以上の関係を図示すると次のようになる．

(2) 叙法 $\begin{cases} 時間性 \begin{cases} アスペクト性 \\ 時制性 \end{cases} \\ 極性 \\ 様相性 \end{cases}$

(c) 述語の形態と叙法

以上の叙法の構造は，意味的なものであったが，具体的な言語では，これらの意味を形式的な対立によって表し分けていく．時制性，アスペクト性，様相性に関わる述語の形態的な対立をそれぞれ**テンス**（時制），**アスペクト**，**ムード**と呼ぶことにしよう．叙法の意味的な構造は，すべての言語に普遍的であると仮定できる．しかし，このうちのどの部分を，どのように言語形式によって表し分けるかは，言語の個性に属する事柄である．例えば中国語はテンスに相当する形式が欠けていると言われる．しかし，それは中国語の発話が時制性を欠いているということにはならない．述語の形式的な対立以外の部分で時制性の情報を与えているのである．

英語や日本語では，テンス，アスペクト，ムードにあたる形式的対立を取り出すことができる．例えば「作る」と「作った」は，前者が**未来**を，後者が**過去**を表す，という具合である．しかし，例えば

(3) 昨日，田中はシチューを作った．

という発話で「作った」が表している叙法は，単に「過去」という時間性だけでなく，「作っていた」や「作ったらしい」や「作らなかった」といった形式との対立のもとで，**完成性**(まるごと性)というアスペクト性，**確言**という様相性，**肯定**という極性をも伝えることになる．

また，具体的な言語の形式的対立は，意味的なアスペクト性，時制性，様相性などを画然と分割していくわけではなく，形態によっては，アスペクトと時制性，時制性と様相性などがまじりあい，絡まり合いながら表現されている場合が多い．また，各言語によって，形態による意味の分割のされ方も異なっている．

しかし述語の形態による叙法の区別は，言語によってまったく恣意的に現れるのではなく，一定の類似した傾向を持っているというのも事実である．それは，人間が事柄を捉え，言語化する能力に共通性があるからに他ならない．

(d) 品詞と時間性

時間性の表現は，動的な出来事と，そうでない事柄とでまったく異なってくる．前者の解釈のためにはアスペクト性を区別する必要があるが，後者はそれが必要ない．また後者の場合には，時制性の区別を必要とする**一時的状態**と，時制性の区別を必要としない**超時間的判断**，あるいは**恒常的状態**がありうる．動的な出来事は日本語の場合，動詞によって表現される．しかし後述するように，動詞の中にも，動的な出来事を表さないものがある．「ある」「要る」などがその例で，**静態動詞**と呼んでおく．静態動詞以外の動詞を，**運動動詞**と呼ぶことにする．一方，形容詞，形容動詞，名詞述語(名詞＋断定の助動詞)は静的な事柄を表現する．これらに静態動詞を加えて，**静的述語**と呼ぼう．静的述語は，一時的状態をもっぱら表すものと，そうでないものが区別できる．

このような，品詞による時間性の性格の違いは，当然，形態的な対立にも反映される．多くの動詞は，テンスとアスペクトの対立を持つ．静的述語のうち，一時的状態を表すものは，アスペクトの対立は持たないが，テンスの対立は必須である．静的述語のうち，超時間的判断・恒常的状態を表すものは，アスペクトを持たない上に，テンスの対立が(意味的には)ない．次に例を挙げる．

1 時の表現

(4) a. 小池さんはラーメンを{食べた／食べていた／食べる／食べている}．〈動的な出来事〉
   b. 田中さんは{病気だ／病気だった}．〈一時的な状態〉
   c. 鯨は哺乳類だ．〈超時間的判断・恒常的状態〉
   （cf. 鯨は哺乳類だった．）

これらの関係をまとめると次のようになる．

(5)

意味	動的な出来事	一時的状態	超時間的・恒常的
品詞	運動動詞	静的述語	
アスペクト	○	×	×
テンス	○	○	×

ただし，(4c)の cf. で示した「鯨は哺乳類だった」という表現は，どのように時間性と関わるのであろうか．それは事柄自体ではなく，話し手が情報をどのように受け入れ，管理しているかという面から，時間性と関わるのであろう．1.11 節で詳しく述べる．

なお，運動動詞のみが動的な出来事を表すことができるが，しかし運動動詞も文脈によって，一時的状態を表したり，超時間的判断・恒常的状態を述べる場合がある（1.6 節参照）．また一時的状態を表せる形容詞も，超時間的判断・恒常的状態を表す場合がある．次のような例である．

(6) a. 1時間に1200回転するモーターは1分間に<u>20回転する</u>．〈超時間的・恒常的〉
   b. 結核菌に感染している人間は<u>病気だ</u>．〈超時間的・恒常的〉

(e) 運動動詞の形態

運動動詞はアスペクト・テンスの対立を持つという点で，もっとも豊かな形態の体系を形成している．運動動詞に例をとって，時間性に関わる形態的対立がどのようなものであるか，具体的に見てみよう（寺村 1984，仁田 1987，森山 1983，丹羽 1987 参照）．

運動動詞の形態について，全体の構造をまず表で示しておく（表 1.1）．なお，簡略化のために，極性（肯定・否定）に関わる形態と敬語（尊敬・謙譲・丁寧な

表 1.1　運動動詞の形態の構造

階層	第0層	第1層		第2層	第3層	第4層	第5層
範疇	動詞語彙	ヴォイス・局面動詞など		アスペクト	テンス	（ムード1）	（ムード2）
語彙・形態	動詞語幹		-∅- a {-ラレ(ル)- 　 -サセ(ル)- b {-テモラ(ウ)- 　 -テアゲ(ル)- 　 -テクレ(ル)- 　 {-ハジメ(ル)- 　 -オワ(ル)- c -オエ(ル)- 　 -ツヅケ(ル)- 　 -カケ(ル)-など 　 {-テシマ(ウ)- d -テミ(ル)- 　 -テミセ(ル)- 　 -テオ(ク)- e {-テイ(ク)- 　 -テク(ル)- f {-テイ(ル)-	-∅- -テイ(ル)- -テア(ル)- -ツツア(ル)-	-ル -タ	-∅- -ダロウ -カモシレナイ -ラシイなど	-∅- -ヨ・ネ -ゾ・ゼ -カ・サなど

ど）に関わる形態は省略してある．

　動詞語彙である第0層に続いて，第1層は，語彙的な部分と形態的な部分が入り組んだ複雑な構造を作る部分である．この層のaからfは，パラディグマティック（相互交替的）な関係にあるばかりでなく，「書かれ・続け・ていく」のようにシンタグマティック（相互連接的）につながることもできる．また，「書かれ・続ける／書き続け・られる」のように接続の順序も一通りではない．第1層の特徴は，他の第1層の要素を後接することができる，という点にあると言える．

　この第1層のうち，cからfはおおむね時間性に関わるグループである．なお，「-テイ(ル)-」をfとしてこの位置に置いたのは，「書いていられる」「書いていてくれる」のように他の第1層の成分が後接する場合を考慮したもので，第1層の「-テイ(ル)-」が第2層のグループと直接つながることはできない．すなわち，「*書いていている／*書いていてある／*書いていつつある」などの形はあり得ない．こうしてみると，「-テイ(ル)-」は第1層の性質と第2層の性質を両方持っているが，別語というわけではなく，一語の中で両方の性質がなめらかに連続しているということであろう．意味的に考えると，例えば「書

いていろ」「書いていよう」などの意志的な表現に現れる「テイル」は第1層に属するであろう．

第2層はアスペクト性に関わる形態である．この階層のメンバーはただ一つを選ばなければならず，互いに接続することはない．意味的には，述語の意味を動的なものから静的・持続的なものへと変換するか否かということを指定すると言うことができる．

第3層は時制性に関わる形態で，「-ル-」か「-タ-」のどちらかを必ず選ばなければならない．なお「-ル-」とは，いわゆる終止形の形態を「ル」で代表させた表記で，「書く」「書いてくれる」「書いてしまう」「書いている」などはすべて「-ル-」である．

第4層および第5層はムード1とムード2としたが，前者はもっぱら様相性，後者は発話行為あるいは話し手の情報管理に関わる成分である．

このように，動詞の末尾はある程度階層的な構造としてみることができた．このうち第1層から第3層までに，時間性に関わる形態が含まれる．

なお表1.1からは，「ショウトスル」「スル（シタ）コトガアル」「スル（シタ）トコロダ」などの組立形式は外してある．「ショウトスル」は第1層相当，残りは第2層相当と見なすことができる．

(f) 基本アスペクト・テンス体系

第3層の有標の形態，シテイル，シテアル，シツツアルのうち，最も意味が抽象的で，語彙的な制約が少なくて適用範囲が広く，したがって使用頻度も高いのがシテイルである．シテイルは，後述するように，運動動詞が表す出来事の中から一定の段階を取りだして，視点がその段階にあることを指し示す．また第3層のゼロ形態，すなわちこの階層で無標であること（スル／シタ）は，アスペクトがないことを表すのではない．奥田(1978)によれば，スル／シタは動作や変化を分割せず，まるごと指し示す働きを持つ．奥田は，シテイル／シテイタは**継続相**，スル／シタは**完成相**であるとした．その関係は次のようにまとめられる．

(7)

	完成相	継続相
非過去	スル	シテイル
過去	シタ	シテイタ

　このパラダイムが，現代日本語(共通語)の時間性の根幹に位置する体系であるとして，工藤(1995)は**基本アスペクト・テンス体系**と呼んだ．
　ただし，この体系はあくまでスル・シタ・シテイル(シテイタ)の基本を捉えているのであり，それぞれの形式が持つ機能は必ずしもこの枠組みに収まりきるものではないことも知られている．例えば，工藤(1995)では，シテイルには〈継続相〉(〈進行〉または〈結果〉)のほかに，〈単なる状態〉〈パーフェクト〉〈反復相〉，シタには〈完成相過去〉のほかに，〈パーフェクト〉〈限界達成性〉，スルには〈完成相未来〉のほかに，〈反復相〉があるとする．また，丹羽(1996)のように，この枠組みの妥当性を否定する考え方もある．本章1.9節でも，基本アスペクト・テンス体系の問題点について触れるところがある．
　それぞれの形式の基本的用法と派生的用法について，1.2節以下で詳しく検討していく．

(g) 動詞語彙・ヴォイスとアスペクト性

　継続相のシテイルは，次の(8a)のように動作の〈進行〉を表す場合もあるし，(8b)のように変化した〈結果〉の継続を表す場合もある．

(8)　a．今，田中が運動場を走っている．
　　　b．今，教室の窓が開いている．

　〈進行〉か〈結果〉かを決める要因として，第一に動詞のアスペクト的性質が挙げられるが，これは動詞の語彙によってある程度決定されているとみなすことができる．動詞のアスペクト的性質の観点から，動詞を分類することが文の時間性(特にアスペクト性)を分析する上で重要な作業となる．また，次の例を見られたい．

(9)　a．今，田中が教室の窓を開けている．
　　　b．今，教室の窓が開いている．

(9a)では他動詞が，(9b)では自動詞が用いられているが，前者は〈進行〉，後者は〈結果〉を表している．すなわち，動詞の自他という項構造に関わる事柄がアスペクト性に深く関与しているのである．また，次の例を見てみよう．

(10) 今，教室の窓は開けられている．

(10)では，他動詞「開ける」が用いられているが，〈結果〉の解釈が可能になっている．すなわち，シテイルとサレテイルというヴォイス的対立(この場合は受身)がアスペクト性に影響を与えうるのである．ヴォイスとは項構造を変える機能を表すのであるから，アスペクト性との関わりも十分ありえたわけである．

以上のような問題は，1.3節で詳しく検討する．

(h) 副詞的成分と時間性

時間性に関わる表現としては，副詞的成分も重要である．例えば次のようなものが挙げられる．

(11) a. **時点・期間**：今，さっき，昨日，来年，8月3日，1984年，その年，〜から，〜まで，など
  b. **期限**：〜までに
  c. **想定・推移を前提とする表現**：まだ，もう，(すでに，早くも，早)
  d. **時間量**：ずっと，しばらく，ちょっと

この他，様態・頻度を表す副詞も，アスペクト性に深く関わる．

(12) a. 山田はぐずぐず服を着ている．〈進行〉
  b. 山田は3回着物を着ている．〈パーフェクト〉

副詞的成分の機能については，本章のいろいろな部分で随時言及していくが，(11c)の「まだ」「もう」については，1.14節で詳しく考察する．

(i) 複文と時間性

複文構造の文において，従属節の叙法は一般に主節よりも弱められる．なぜなら，主節と一体となって出来事や判断を構成するところに複文の役割があるからである．時間性に関して言えば，発話時間との関係は必ずしも緊密ではな

く，むしろ従属節と主節とが表す出来事間の相対的な先後関係が問題になることが多い(なお，出来事間の相対的な先後関係のことを**タクシス**と言う).

　複文の中には，従属節と主節との時間関係を積極的に指し示すための形式がある．これを**時間の従属複文**と呼んでおく．従属節と主節との時間関係は，例えば次のようなものである．

(13)　a. **同時・重複**: シナガラ，シツツ，シタママ，スル／シテイル間，～時，など

　　　b. **前／後**: スル前(に)，シタ後(で)，など

これらの形式では，前接する述語の形態がいわゆる連用形で，もともとスルとシタの対立を持たないもの，スル，シタ，シテイルのいずれかに固定されているものなど，形態の上での制約があるが，このことは意味的な時間性の弱まりの形態的な反映であると見ることができる．

　連体節を含む文の場合は，連体節の形態(スル／シテイルか，シタ／シテイタか)が主節の発話時によって決定されるのか，主節と従属節との相対的な先後関係によって決定されるのかが問題とされてきた．前者を**絶対的テンス**，後者を**相対的テンス**と言う．(14a)は絶対的テンスの例，(14b)は相対的テンスの例と見なせる．

(14)　a. ［午後3時に殺害された］A子さんが午前8時頃，駅前で目撃された．

　　　b. ［その年に卒業する］学生を30人募集した．

その他，従属節には条件節，理由節などがあるが，時間性に関連してさまざまな興味深い問題がある．1.15節で取り扱う．

(j) **文章と時間表現**

　時制性は，発話時との関係として定義してきたが，発話時が典型的に認められるのは，話し手と聞き手が一つの場所に相対して語り合う場面である．これを**対話的文脈**と呼ぼう．これに対して，三人称小説のような文脈では，話し手が明瞭ではなく，したがって発話時も明らかではない．これを**物語的文脈**と呼ぼう．後者では，形態としてのアスペクトやテンスは，発話時を基準とした現

実的な時間の流れの中への出来事の位置づけのためではなく，文が表す出来事同士の相対的な先後関係あるいは順序を表すために役立てられることになる．日本語のこのような文章内におけるアスペクト・テンスの機能は，工藤(1995)によって明らかにされた部分が多い．また益岡(1991:第6章)，丹羽(1992)なども参照されたい．この点については，本章ではほとんど触れることができなかった．

(k) 時間性の意味論

まず，基本的な用語として，出来事，運動，状態，判断を区別しておこう．**出来事**とは，時間の流れ，空間の広がりの中で生起する事柄である．出来事の中核に**主体**が存在し，場合によっては，出来事に巻き込まれる**客体**も存在する．出来事は，**運動**と(**一時的**)**状態**とが区別される．運動とは，始まり，過程，終わり，結果などの段階が時間の中で移り変わる意味を含む出来事である．一方，状態とは，ある時点において成り立つ主体の様子，有り様のことである．

判断は本来はとても広い概念で，出来事の表現の中にも判断は含まれる．ここで言う判断とは，「クサンティッペはソクラテスの妻である」「三角形の内角の角度を全部足すと180度になる」のような表現によって表される事柄である．これらは時間・空間に展開される出来事ではないので，本来，時制性を持たない．出来事ではなく，話し手の主体的な判断のみが存在するのである．時間を超越しているという点で，超時間的と言える．また，「地球は丸い」というような命題は「恒常的状態」と呼ばれることがあるが，これもここでいう判断の一種である．しかし例えば，将来地球がラグビーのボール型に変化したとすると，その段階では「地球はかつて丸かった」と言わなければならない．すなわちその段階で，恒常的ではなく一時的状態ということになる．

静的述語による文が一時的状態を表すのか，恒常的，したがって超時間的な判断(のみ)を表すのかは，一概には決められない．文脈によって変わりうる．例えば次の例を見られたい．

(15) アルバートサウルス

特徴……全長8m．長くたくましい後ろ足に比べて，前足は小さく弱

々しい．手の指は 2 本ついていた．目の前方に，三角形か四角形の短い角が 1 本ずつ，そして目の後ろに，それより小さな角がもう 1 本ずつ生えている．じょうぶな筋肉でささえられたあごに，ふちがノコギリのようにギザギザになった歯が並んでいた．

(J. ウォーレス著，池田比佐子訳「恐竜ポケットガイド」朝日新聞社，1994:24)

　ここでは「弱々しい」という形容詞の他は動詞のシテイル（シテイタ）形であるが，いずれも後に触れる**単なる状態**と呼ばれる用法で，静的述語に相当する．「弱々しい」「ついていた」「生えている」「並んでいた」と，主節で静的述語が四つ現れたうち，タを持つ形が二つ，持たない形が二つとなっている．このような記述は，特定の生物の特徴についての一般的な判断とすれば超時間的な非タ形が用いられるし，恐竜という過去に死滅した生物が現実の時間の流れの中で持っていた有り様と捉えればタ形を用いうる．この文章では，両方の特徴が混在している．語尾をわざとそろえないことで，単調さをさけるという修辞的な意図も働いているものと考えられる．

　次に，広く用いられている発話時・出来事時・設定時という概念によって，出来事の時間性を捉える方法を提出しておく．

　発話時(speech time)については特に説明は不要であろう．ただし，普通，発話時は，時間幅の限りなくゼロに近い，点的な時間であると考えておこう．

　次に**出来事時**(event time)とは，まさしく当該の出来事が生起する時間であるが，「家を建てる」のような，一定の時間を要する出来事では，その始まりから終了までが出来事時ということになる．一方，「道で転ぶ」のような出来事では，出来事時はほとんど点的である．つまり，出来事時は，一瞬から，何か月，何年という長期間に至るまで，出来事の内容によって幅のある時間である．なお，「昨日，本を 5 冊読んだ」における「昨日」のような時間の副詞的成分は，基本的に出来事時を収める期間を示す．つまり時間の副詞的成分が指し示す期間の中に，出来事の始まりから終わりまでが入っているのが普通である．例えば，「学校を建てる」という出来事において，完成したのが昨日だとしても，「昨日，学校を建てた」と言うことはできない．なぜなら，「昨日」の

うちに全工程が収まらないからである．しかし，「昨日，学校が建った」という表現は可能である．なぜなら，「建つ」という動詞は，「建っていない」段階から「建った」段階への変化を表す動詞であり，変化の局面は「昨日」一日のうちに収まるからである．

最後に **設定時**（reference time）であるが，これは出来事を眺める基準点であり，**視点**の位置である．むろん，視点は話し手と重なることもあり，話し手を離れることもある．設定時は，パーフェクト相において最も有効に働く（1.5節）概念であるが，それ以外の範疇の意味を考える場合にも，有効に働く場合がある．次節以降，随時触れていく．

なお，発話時，出来事時，設定時をそれぞれ ST, ET, RT と書くことがある．また，時間の先後関係や包摂関係を表すために，次のような記法を用いる．

(16) a. ET＜ST あるいは ET ≦ ST：出来事時よりも発話時があと
b. ET ⊃ RT：出来事時の中に設定時が含まれる
c. 昨日 ⊇ ET：「昨日」の中に出来事時が含まれる

1.2 シテイルの基本的意味

(a) 継続相

基本アスペクト・テンス体系では，シテイル／シテイタは継続相，スル／シタは完成相と捉えられている（7）．完成相が出来事をひとまとまりのものとして一体的に捉えるのに対し，継続相は，出来事の進展の中での一段階を取り出して指し示す意味を持っている．例えば，次の例文を見てみよう．

(17) a. 昨日，山田さんはカレーを作った．〈完成相過去〉
b. 昨日，山田さんはカレーを作っていた．〈継続相過去〉

(17a)では，「山田さんがカレーを作る」という出来事の一部始終が「昨日」という期間に行われたことを，一体的に示している．一方(17b)では，「昨日」のある一時点（設定時）において，「山田さんがカレーを作る」という行為の過程が進行中であったことを示している．

時制性の面から見ると，完成相スル・シタはそれぞれ未来，過去を表す．

(18) a. 昨日,山田さんはカレーを作った.〈完成相過去〉
  b. 明日,山田さんはカレーを作る.〈完成相未来〉

一方,継続相シテイル・シテイタは,前者が現在または未来,後者が過去を表す.

(19) a. 今,山田さんはカレーを作っている.〈継続相現在〉
  b. 明日の今ごろ,山田さんはカレーを作っている.〈継続相未来〉
  c. 昨日の今ごろ,山田さんはカレーを作っていた.〈継続相過去(進行)〉

このような,完成相と継続相の時制性の違いについては,次のように説明される.完成相は,複数の段階にまたがる出来事を丸ごと捉えるのに対し,発話時は時間幅のない一時点である.したがって,発話時現在において出来事のすべてを捉えることはできない.ところが過去なり未来なり,現在から離れた時点のことがらは,全体的に捉えることが可能になる.このことは次のような比喩で説明することができる.

　自動車をカメラで撮ることを考えてみよう.自動車には,トランクがあり,後ろドア,前ドア,ボンネットがある.すぐ目の前にある自動車をカメラで撮ろうとすると,近すぎて,全体は入らず,部分だけが写る.一方,遠くにある車は,全体を画面に収めることもできるし,クローズアップで部分的に写すこともできる.この場合,自動車が出来事に相当する.全体を写すか,部分を写すか,という違いがアスペクト的な捉え方に相当する.すぐ目の前か,遠くにあるか,という差が,テンス的な捉え方に相当する.すぐ目の前,すなわち発話時現在においては,車の全体像,すなわち完成相としては捉えることができない,ということが,完成相に現在がない,という事柄と対応するのである.

(b) 進行と結果

　継続相のシテイルは,出来事の過程が進行中であることか,または出来事が達成された後の結果状態が存在することか,のどちらかを表すと考えられている(松下1928,金田一1950など).前者を**進行**(progressive),後者を**結果**(resultative)と呼んでおこう.

(20) a. 田中さんが本を読んでいる．〈進行〉
     b. 窓が開いている．〈結果〉

シテイルの継続相が〈進行〉を表すか，〈結果〉を表すかを決定するためには，次のような要因が絡むとされている．

(21) a. 動詞固有の意味のアスペクト的な性質
     b. 受身，使役，あるいは主語・目的語など項の性質，連用修飾語などの形態的・構文的条件
     c. 発話状況やテキストなど，文脈的条件

このうち最も重要なのは，(21a)である．(21a)は，言い換えれば，動詞が表す出来事の，時間的な構造である．シテイルは，動詞から一定のやりかたでその時間的な構造の中から，特定の段階を取り出す．ここで，取り出された段階は運動の過程か，終了後の状態かのどちらかである．前者が取り出されれば〈進行〉，後者であれば〈結果〉ということになる．両方が候補に上がる場合もあり，その場合はさまざまな条件によってどちらかに絞り込まれる(二側面動詞，再帰動詞の場合．1.3節参照)．ただし，取り出された段階が過程であるのか終了後の状態であるのかが動詞だけでははっきりしない場合もあり，その場合は〈進行〉とも〈結果〉とも一概に決められないことになる(内面動詞，弱運動動詞など．1.3節参照)．

シテイルがどのようなやりかたで特定の段階を取り出すかについて考えるためには，まず出来事の時間的な構造について知らなければならない．

(c) 出来事の時間的な構造

運動動詞が表す出来事の時間的な構造は一般的に次のようなものとして捉えられる．

(22)
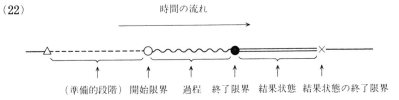

すべての動詞が表す出来事がこのような構造を明確に持っているわけではなく，むしろこの構造のどの部分を持っているかによって動詞の意味的特徴が分かれる．すなわち，過程の段階を持たない動詞もあるし，結果状態がない動詞もある．以下，それぞれの段階について説明しておく．

準備的段階とは次のようなものである．例えば「猫が魚を食べる」という出来事の前には，「猫が魚に近づく」という状況が必要であるが，この場合の「猫が魚に近づく」という状況を準備的段階と呼ぶのである．これは出来事が生起する状況によってさまざまであり，普通は動詞の語彙的意味に一定の状況が含まれているわけではない．しかし，例えば「猫が魚を食べようとしている」という表現によって準備的段階は捉えられる．

過程とは，運動の主体の活動（意志的なものが典型であるが，無意志的なものもある）を指し示す．典型的には**開始限界**と**終了限界**を持ち，終了限界を過ぎると主体は開始限界以前の状態に戻る．奥田 (1978) は，このような意味での過程を持つ運動を**動作**と呼び，動作を表す動詞を**動作動詞**と呼んだ．シテイルで〈進行〉を表せる動詞は，すなわち，上のような意味での過程を持つ動詞，すなわち動作動詞であると言うことができる．

開始限界と終了限界は過程の始まりと終わりの時点を表している．多くの動作は，明瞭な開始限界と終了限界を持ち，現実の時間の中にそれぞれの限界点を位置づけることができる．例えば，「本を読む」という動作について，「3時から5時まで本を読む」のように言うことができるが，この場合の「3時」が開始限界，「5時」が終了限界に相当する（ただし，「3時から5時まで」のような成分で修飾できるのは，後に述べるように，非限界動詞に限られる）．

結果状態とは，動詞が表す出来事が達成されたときに必然的にもたらされる状態のことを言う．例えば，「熊が死ぬ」という出来事が達成されると，必然的に熊の死体が残される．これが結果状態である．また，「熊を殺す」という出来事が達成されたときも，同様である．結果状態は，主体すなわち動詞の主語の指示対象に現れる場合と，目的語の指示対象など，主体以外に現れる場合がある．「熊が死ぬ」は前者であり，「熊を殺す」の場合は後者である．シテイルが継続相として〈結果〉を表すのは，前者の，主体に結果状態が現れる場合に

限る．すなわち，「今，熊が死んでいる」は熊の死体の存在を直接指し示しているが，「今，猟師が熊を殺している」はそうではなく，過程を表す．奥田 (1978) では，主体に現れる結果状態を語彙的意味として含む動詞を**変化動詞**と呼んだ．

結果状態にもまた終了限界が認められるものがあり，また認められないものもある．「熊が死ぬ」のような出来事では，普通は死んだものは生き返らないという意味で，結果状態の終了限界はないと言える．一方，「窓が開く」のような出来事では，開いた窓が閉まる段階が結果状態の終了限界であると言える．また，「熊が死ぬ」の場合でも，熊の死体はいずれなくなるのであり，その段階で直接的な結果状態は消滅することになる．

(d) 動作動詞と変化動詞

ある動詞が表す運動に過程または結果状態があるかどうか，すなわち動作動詞か変化動詞か，ということを直感的な判断以上に，ある程度客観的なテストで調べることができるであろうか．

例えば，理由はあとで考えるとして，次の(23)のような文脈のAに任意の動詞からなる文を入れて意味の通る文になるかどうかということを考えてみよう（「が」「は」は適宜選択する）．

(23) ついさっき A たので，当然今 A ている．

ここで，最初の A とあとの A は一連の出来事であるとする．例えば「田中さんが死ぬ」「窓が開く」といった文を入れてみると自然につながることを確認されたい．

(24) a. ついさっき田中さんが<u>死んだ</u>ので，当然今田中さんは<u>死んでいる</u>．
b. ついさっき窓が<u>開いた</u>ので，当然今窓は<u>開いている</u>．

ところが，「田中さんが窓を開ける」「田中さんが運動場を走る」「田中さんが机を拭く」を入れると，前文と後文は一連の出来事として解釈できない．

(25) a. ?ついさっき田中さんが窓を<u>開けた</u>ので，当然今田中さんは窓を<u>開けている</u>．
b. ?ついさっき田中さんが運動場を<u>走った</u>ので，当然今田中さんは運

動場を走っている.
　　　c. ?ついさっき田中さんが机を拭いたので，当然今田中さんは机を拭いている.

このようにして，(23)に入れて自然に解釈できる「死ぬ」「開く」のような動詞は，主体の結果状態を持つが動作の過程は持たない動詞，すなわち変化動詞である．したがって，(24)の「死んでいる」「開いている」は〈結果〉である．一方，自然に解釈できない「開ける」「走る」「拭く」のような動詞は，結果状態を持たない動詞である．

　また，次のようなテストを考えてみよう（金田一 1950）．
(26)　今，B ている最中だ.

ここで，「開ける」「走る」「拭く」を B に入れた文は自然な文として受け入れられる．

(27)　a. 今，田中さんは窓を開けている最中だ.
　　　b. 今，田中さんは運動場を走っている最中だ.
　　　c. 今，田中さんは机を拭いている最中だ.

ところが，「死ぬ」「開く」は自然な解釈ができない．

(28)　a. ??今，田中さんが死んでいる最中だ.
　　　b. ??今，窓が開いている最中だ

このような「シテイル最中」は〈進行〉の解釈しかできないので，〈進行〉の解釈がしにくい動詞は，(26)に入れると，不自然になってしまう．(27)の「開けている」「走っている」「拭いている」はしたがって〈進行〉であり，それゆえに動作動詞であると認められる．一方，「死んでいる」「開いている」は(28)では自然な解釈ができなかったので，これらの動詞は過程を持たないということになる．

(26)に入れて自然に解釈できる動詞「開ける」「走る」「拭く」は，運動の過程が明瞭に存在する動作動詞である．

　ところで，上の二つのテストを使うと，どちらにも適合する動詞があり，またどちらにも適合しない動詞がある．また，別の理由で適合しないものもある．例えば，

(29) ？ついさっき田中さんが太ったので，当然今田中さんは太っている．

という場合，奇妙なのは「ついさっき…太った」という部分で，後半は結果状態と解釈してよいと思われる．つまり，「太る」という出来事はきわめて緩慢に進展するので，「ついさっき」という時間副詞では修飾できないのである．一方，

(30) 今，田中さんは太っている最中だ．

という表現は，「今」を長い期間としてとれば，解釈可能である．よって「太る」という動詞は，〈結果〉と〈進行〉を両方表せるということになろう．この「太る」のような類型を**二側面動詞**(奥田1978)と呼ぶ．

次のような例もある．

(31) ついさっき田中さんがスーツを着たので，当然今田中さんはスーツを着ている．

(32) 今，田中さんはスーツを着ている最中だ．

このように，「着る」はやはり〈結果〉と〈進行〉の両方を表せるが，その理由は「太る」とはまた異なっている．「着る」の類型を**再帰動詞**(森山1988，工藤1995)と呼ぶ．

また，次のような動詞ではどうか．

(33) a. ？さっき銃が暴発したので，当然今銃は暴発している．
　　 b. ？さっき田中さんは山田さんをちらっと見たので，当然今田中さんは山田さんをちらっと見ている．

(34) a. ??今，銃が暴発している最中だ
　　 b. ??今，田中さんは山田さんをちらっと見ている最中だ．

これらの動詞は，ここで示したテストを見る限り，〈結果〉も〈進行〉も表さないということになる．漢語サ変動詞であったり「ちらっと」という様態副詞付きであったりするなどといった特殊性に注意しておく必要がある．この類型を，**瞬時性動詞**と呼んでおく．

以上，動作性，結果性という観点から動詞を分類すると，次の(35)に示すような類別ができることが分かった．

(35)

過程	結果	種類	語彙
+	−	動作動詞	開ける,走る,拭く,など多数
−	+	変化動詞	死ぬ,開く,咲く,立つ,など多数
+	+	二側面動詞,再帰動詞	太る,増える,着る,など
−	−	瞬時性動詞	暴発する,ちらっと見る,ドカンと鳴る,など少数

なお,金田一(1950)の分類における継続動詞,瞬間動詞は,奥田(1978)の動作動詞,変化動詞にほぼ相当する.金田一の命名に対する批判(特に「瞬間動詞」に対する)は奥田(1978)を参照のこと.

(e) 継続相の意味論

継続相の意味は,設定時(RT)および出来事時(ET)を用いて次のように規定できる.

(36) 〈運動の過程または結果状態〉⊃ RT

この関係を図示すれば,次のようになろう.

(37) 〈進行〉

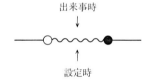

(38) 〈結果〉

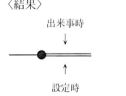

そして,「設定時 < 発話時」ならばシテイタで過去,「設定時 = 発話時」ならばシテイルで現在,「発話時 < 設定時」ならばシテイルで未来,ということになる.

(39)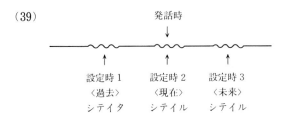

　ここで，設定時と出来事時はほぼ等しいのであるから，設定時という概念を導入する必要性は薄いようにも見える．しかし，シテイルの派生的意味であるパーフェクト相との関係を考えると，設定時を仮定しておくことには十分意味がある．すなわち，出来事時と設定時がずれていくことでパーフェクト性が生じるのである(1.5 節)．
　継続相は時間副詞によって時点あるいは期間を示すことができる．
(40)　a.　田中さんは今，運動場を<u>走っている</u>．
　　　b.　田中さんは3時から5時まで運動場を<u>走っていた</u>．
このような時間副詞は，出来事時を規定していると考えられる．
(41)　a.　〈「運動場を走る」の過程〉⊇「今」＝ 出来事時 ⊃ 設定時
　　　b.　〈「運動場を走る」の過程〉⊇「3時から5時まで」＝ 出来事時 ⊃ 設定時
　(40b)の場合，「3時から5時まで」は必ずしも「運動場を走る」出来事の過程のすべてに一致するとは限らない．3時以前に走り始め，5時以降に走り終えたとしても，この表現は成り立つ．その点が，次の完成相の表現と異なる．
(42)　田中さんは3時から5時まで運動場を{走る／走った}．
　完成相の表現では，「3時から5時まで」がそのまま「運動場を走る」出来事の出来事時と一致していることを表す．
　さて，重要な問題として，なぜ「運動の過程」か「結果状態」が設定時の位置として選ばれるのか，二つの段階のどちらかはどのようにしてふるい分けられるのか，といった問題が残っている．この点を明らかにするためには，さらに動詞の意味や文の統語構造などについて深く分析していく必要がある．

1.3 継続相と語彙・構文

(a) 主体と継続相

継続相のシテイルは，〈進行〉または〈結果〉の意味を表すが，なぜこの二つであるかというと，運動にとってその過程または結果状態がもっとも特徴のある，目立つ段階であるからと考えられる．すなわち，主体が活動している最中の段階か，運動が達成されてその結果が現れた段階かのどちらかが，その動詞が表す出来事を最も強く特徴づけるのである．

では，なぜ動詞によって〈進行〉または〈結果〉に分かれるかと言えば，個々の動詞が表す出来事の特徴として，過程と結果状態のどちらがより鮮明に捉えられるかという点での相違として現れるのではないかと仮定できる．これは，人間の認知的な能力に依存する問題である．例えば「棚から本が落ちる」という出来事の場合，落ちる過程はもちろん存在するが，人間にとっては一瞬のことであり，捉えづらい性質を持っている一方，落ちた後というのははっきりと認識できるので，後者の認識のほうがより鮮明であると言える．したがって，「棚から本が落ちている」は通常の解釈では〈結果〉が優先されるのである．しかし，「棚から本が落ちる」状況を高速度撮影し，スローモーションで再生している映像を見ながらならば，「今，本が落ちている最中だ」という表現はさほど不自然ではない．あるいは，スカイダイビングを体験しながら「私は今猛烈なスピードで落ちている最中だ」ということも十分できる．したがって，〈進行〉が言えるかどうかは，人間が〈過程〉として認識できるだけの十分な時間的長さを持っている過程がその出来事にあるかどうか，という点にかかっているとまずは言えそうである．

もう一つ重要な点は，過程なり結果状態なりが現れるのが主体かどうか，という点である．まず過程は主体の活動の過程であるから，必ず主体に属するものと言えよう．しかし結果状態についてはそうとも言えない．客体に結果状態が現れる出来事もあるが，しかしその場合は，シテイルは〈結果〉の意味を持たない．

24——1 時の表現

以上のような問題を最初に明示的に示したのは奥田(1978)である。以下この節では，奥田(1978)での議論を踏まえて，継続相の性質について考察していく．

(b) 二側面動詞

出来事において過程と結果状態のどちらが鮮明であるか，という点から〈進行〉と〈過程〉が分かれると述べたが，出来事によっては，過程も結果状態も，ともに取り出せる場合がある．その一つが，「太る・痩せる」「増える・減る」「伸びる・縮む」のような漸進的な量の増減を表す動詞である．すでに見たように，これらの動詞は，〈進行〉も〈結果〉もともに表せる．

(43) a. 田中さんは今もどんどん太っている．〈進行〉
b. 田中さんは去年と比べてすっかり太っている．〈結果〉

これらの動詞が表す出来事は，量が変化する過程を進行的に捉えることもできるし，変化した結果を静的に捉えることもできる．奥田(1978)にそって，これらの動詞を**二側面動詞**と呼ぼう．

このことは，もしある出来事に運動の過程も結果状態もともに見いだせる場合は，シテイルは両義的になる，すなわち述語のシテイルの部分だけではどちらの意味であるかは決められず，文脈上のさまざまな条件によって絞り込まれるということを示している．例えば，(43)であれば「どんどん」「去年と比べて」「すっかり」といった修飾語句によって明確化が果たされる．ただし，〈進行〉の読みをとるか，〈結果〉の読みをとるかは二者択一であり，中間的というような段階はない．この様子を図示すれば次のようになる．

(44)

太っている1　　太っている2
〈進行〉　　　〈結果〉

(c) 弱運動動詞

ところが，「水道が止まる」のような場合はどうであろう．(23)(26)を適用してみると，両方適合するようである(高橋1985:85-87参照)．

(45) さっき水道が止まったので,当然今水道は止まっている.
(46) 今,水道は止まっている最中だ.

しかし,これは二側面動詞のシテイルが,異なる段階をそれぞれ〈進行〉および〈結果〉と捉えたのと違って,「水道が止まっている」が捉えているのは同じ一つの段階である.それが,〈進行〉に見えたり,〈結果〉に見えたりしているのである.この種の動詞としては,「光る」「消える」「点く」「鳴る」「咲く」などがある.これを**弱運動動詞**と呼ぼう(工藤 1995:279「状態性動詞」を参照).

このような現象が起こる背景として,我々が運動の過程をどのように認識しているかという問題がある.単に出来事に始まりと終わりがあるだけでは,結果状態の持続と終結と捉えられる可能性もある.「止まる」については,まさしくその両方のことが起こっている.

(47)
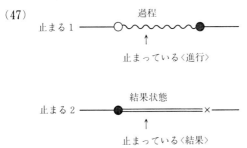

この両義性は,完成相として事態をまるごと捉える場合にも現れる.(48a)は動作動詞としての把握,(48b)は変化動詞としての把握である.

(48) a. 水道は3時間止まった.
　　 b. 地震と同時に水道は止まった.

ある段階を過程と捉えるか,結果状態と捉えるかの違いは,一つにはその段階がどれほど活動的かという点に求められるであろう.すなわち,目に見えるような動きが強く感じられれば感じられるほど,その段階は過程と見なされやすい.もう一つは,意志性の有無である.意志的に動機づけられ,計画された行為は,大きな構造として捉えられやすいはずである.「水道が止まる」という出来事は,活動性の面でも意志性の面でも,過程と見なす要素は小さい.た

だ，「水道の供給」という意志的な事業の中での一こまとして，かろうじて過程として捉える契機があるのではないか．いずれにせよ，過程性の乏しさがこの出来事の両義性につながっている．

(d) 意志性の問題

意志性との関連を別の例から考えてみよう．「ぶら下がる」「立つ」などは意志的な行為と無意志的な出来事の両方を表す．シテイルにした場合，意志的な場合も無意志的な場合もともに〈結果〉の意味は持つが，〈進行〉の意味は，意志的な場合にしか現れない．「ぶら下がる」を例に取ってみよう．

(49) a. さっき田中さんが鉄棒にぶら下がったので，当然今田中さんは鉄棒にぶら下がっている．
b. さっき風で飛んできた洗濯物が枝にぶら下がったので，当然今洗濯物は枝にぶら下がっている．

(50) a. 田中さんは鉄棒にぶら下がっている最中だ．
b. ??洗濯物は枝にぶら下がっている最中だ．

(50a)は自然に解釈できるのに対し，(50b)は奇妙である．またこのことは，完成相の解釈にも関係する．意志的な用法では，ぶら下がっている状態の終わりまでを出来事として捉えられるのに対し，無意志的な用法では，ぶら下がった状態に入った段階で出来事は終わったと見なされる．

(51) a. 田中さんは鉄棒に3時間ぶら下がった．
b. ??洗濯物は枝に3時間ぶら下がった．

このように，意志性の有無は出来事の時間的な構造の認識に大きく影響を及ぼす．

(e) 内面動詞

「思う」「信じる」「知る」「考える」「悲しむ」「驚く」など，人間の心の働きを表す動詞を**内面動詞**（あるいは**心的動詞**）と呼んでおく．一般に，内面動詞によって表される出来事は，空間内で起こる外的な出来事と比べて限界性が明瞭でなく，また運動性も乏しいので，過程のある出来事なのか，心的な状態の変

化なのか,はっきりしない場合が多い.

しかし,それでも動詞によって,変化動詞的なのか,動作動詞的なのかはある程度分かれる.まず,変化動詞的な性質を示す動詞の例をテストによって抜き出してみる.

(52) a. さっき我が子を無実だと信じたから,当然今我が子を無実だと信じている.
b. さっき正解が分かったから,当然今正解は分かっている.
c. さっき正解を知ったから,当然今正解を知っている.
d. さっき正解はAだと思ったから,当然今正解をAだと思っている.

これらの動詞のシテイルは,逆に〈進行〉の意味を表しにくい.次のテストを見られたい.

(53) a. ??我が子を無実だと信じている最中だ.
b. ??正解が分かっている最中だ.
c. ??正解を知っている最中だ.
d. ??正解をAだと思っている最中だ.

次は,比較的・動作動詞的な特徴を強く表す動詞である.

(54) a. 名前を考えている最中だ.
b. 田中さんは悲しんでいる最中だ.

これらの動詞は,限界性を伴う完成相で表すこともできる.

(55) a. 3時間名前を考えた.
b. 3日間田中さんは悲しんだ.

逆に,結果状態を取り出すテストはうまく適合しない.

(56) a. ??さっき名前を考えたから,当然今名前を考えている.
b. ??さっき田中さんが悲しんだから,当然今田中さんは悲しんでいる.

しかし,「驚く」などはどちらのテストでも不自然さがつきまとうようである.

(57) ?さっき田中さんが驚いたから,当然今田中さんは驚いている.
(58) ?田中さんは驚いている最中だ.

これは,「驚く」という出来事がたいていは瞬時に終わり結果状態も残さないからであると考えられる.すなわち,瞬時性動詞に近い性質を持っているのであろう.次の例も参照されたい.

(59) 田中さんは{一瞬／??5分間}驚いた.

(f) 主体動作・客体変化動詞

シテイルが〈結果〉の意味になるのは変化動詞であり,変化動詞とは主体に変化結果が現れる動詞であると述べた.しかし,変化結果は主体だけに現れるものとは限らない.主体が客体に働きかけた結果,客体が変化するという意味を語彙的意味として含む動詞が多数ある.「(窓を)開ける」「(熊を)殺す」「(家を)建てる」「(夕食を)作る」などの動詞がそうである.これらの動詞は,シテイルの意味としては〈進行〉になり,動作動詞と認定される.次の例を見られたい.

(60) a. 今,田中さんは窓を開けている(最中だ).〈進行〉
b. 今,田中さんは熊を殺している(最中だ).〈進行〉
c. 今,田中さんは家を建てている(最中だ).〈進行〉
d. 今,田中さんは夕食を作っている(最中だ).〈進行〉

「最中だ」というのは,これらの例文の解釈が〈進行〉であることが自然であることを示すために付したもので,「最中だ」がなくても当然〈進行〉の読みになる.これらの動詞のシテイル形がなぜ〈進行〉になるかというと,主体の運動としてはあくまで過程があるだけで,なんら結果状態を伴わないからである.次の図を見られたい.

(61)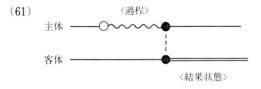

主体は,終了限界(●)を超えた時点で動作が終了し,開始限界以前の状態に戻るが,客体はその時点で変化が達成され,結果状態を残す.これらの動詞を,

主体動作・客体変化動詞と呼ぼう（工藤1995）．継続相のシテイルで〈進行〉しか出ないのは，主体動作の部分がシテイルの意味として生き，客体変化の部分は抑圧され，表面には出てこないためと考えられる．この点から，シテイルの意味にとって「主体」という概念がきわめて重要であることが知られる．

なお，日本語の典型的な主体動作・客体変化動詞は語彙的・形態的に興味深い性質を持っている．それは，形態的に対応する自動詞をペアとして持つものが多く，その自動詞の方は典型的な主体変化動詞であるという点である．例えば次のようなものである．

(62) ［切る｜切れる］，［倒す｜倒れる］，［付ける｜付く］，［壊す｜壊れる］，
    ［建てる｜建つ］，［破る｜破れる］，［焼く｜焼ける］，……

(62)では，前項が他動詞の主体動作・客体変化動詞，後項が自動詞の主体変化動詞である．「殺す・死ぬ」は形態的にはこの種の対には入らないが，意味的には対応するものと考えられる．すでに見てきたように，これらの対では，他動詞のシテイルは基本的に〈進行〉を，自動詞のシテイルは〈結果〉を表す．

(63) a. 今，木こりが木を倒している．〈進行〉
    b. 今，（目の前に）木が倒れている．〈結果〉

このように，日本語のアスペクト，ことに継続相は，動詞の語彙・形態の体系に深く絡み合って実現している（奥田1978，工藤1995）．

(g) 再帰動詞

継続相と主体との関わりをよく示す現象として，再帰動詞の例を挙げよう．すでに例を示したように，「着ている」も〈結果〉と〈進行〉の両方の意味を持つ．

(64) a. ついさっき田中さんがスーツを着たので，当然今田中さんはスーツを着ている．〈結果〉
    b. 今，田中さんはスーツを着ている最中だ．〈進行〉

しかし「着ている」の両義性は，「太っている」のような二側面動詞とはまったく異なる原理によって生じてくると考えられる．この動詞の時間的な構造は，主体動作・客体変化動詞とほとんど同じである．ただ違うのは，結果状態が生じる場所が客体ではなく主体であるという点である．次のように図示され

(65)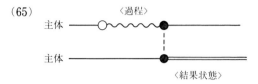

　ここで,「着ている」は〈過程〉の段階を取り出すことも,〈結果状態〉の段階を取り出すこともできる.逆に言えば,「着ている」だけでは意味が絞り込めないので,他の名詞句,副詞的成分,文脈などによって解釈が決定される.

　通常の主体動作・客体変化動詞と異なって「着ている」が〈結果〉も表せるのは,動作によって引き起こされるのが**主体変化**だからである.「再帰」という命名もそこに由来している.同種の動詞としては,「(身に)付ける」「穿く」「(体・顔に)掛ける」「かぶる」「羽織る」「はめる」「結ぶ」「しめる」「(荷物を)積む」「背負う」「担ぐ」「載せる」「脱ぐ」「はずす」「取る(取り去る)」などが挙げられる.

(h) 受身と継続性

　さらに,主体と継続相の意味をよく表す現象として,受身文におけるシテイルの意味を挙げることができる.主体動作・客体変化動詞はシテイルでは〈進行〉の意味となるが,受身文にすると,〈結果〉の意味が表せる(奥田 1978).

(66)　a. 今,木こりが木を倒している.〈進行〉
　　　b. 今,木が倒されている.〈結果〉
(67)　a. 今,猟師が熊を殺している.〈進行〉
　　　b. 今,熊が殺されている.〈結果〉

これは,受身という統語操作によって,客体が新たな主体となり,抑圧されていた結果状態が前景化されたことによると考えられる.以上見てきたように,日本語の共通語の継続相は動詞の意味的特徴と統語構造によって意味が決定されるという特徴を持つので,統語論的アスペクトと呼ぶことができる(竹沢 1991,金水 1995).

ところで，主体動作・客体変化動詞のシテイルは〈結果〉だけではなく〈進行〉も表せるようである．
(68) 今，木こりによって木が倒されている最中だ．
(69) 今，猟師によって熊が殺されている最中だ．

そうであるとするならば，継続相の意味を決定する主体の概念は，必ずしも表層的な統語構造のみに依存するのではなく，語彙概念的な，より深い構造とも関連するようである．この点については，シテアルの意味を考察する際にも問題になる(1.7節)．

(i) 限界動詞と非限界動詞

シテイルの意味の現れ方という観点から，運動動詞を動作動詞と変化動詞という観点から分類してきた．この分類には主体との関連が不可欠であることも確認した．一方，動詞の時間的構造から見ると，終了限界が意味的に内在されているかどうかという観点から，別の分類ができる．すなわち，主体変化動詞と主体動作・変化動詞はともに終了限界が動詞の意味に含まれており，その終了限界を超えなければ，運動が達成されたとは見なされない．例えば「木が倒れる」にしても「木を倒す」にしても，木が倒れた状態になってはじめて運動が達成されたと見なされるのである．これに対し，「歩く」「騒ぐ」「見る」「なでる」などの主体動作動詞は，どのような状態に達すれば運動が達成されたかという基準があらかじめ決まっているわけではない．このような観点から，前者を**限界動詞**，後者を**非限界動詞**と呼ぶ．

(70)

主体変化動詞	主体動作・客体変化動詞	主体動作動詞
倒れる，死ぬ，…	倒す，殺す，…	歩く，撫でる，…
変化動詞	動作動詞	
限界動詞		非限界動詞

非限界動詞は，あらかじめ定まった終了限界がないので，例えば「歩く」を例に取ると，1歩歩いても，10km歩いても，「歩く」という運動は達成されたことになる(Vendler 1957)．また，非限界動詞は，動詞以外の文の成分によって限界性を定めることができる．次のようなものである．

(71) a. <u>10 km</u> 歩く
 b. <u>3 時間</u>歩く
 c. <u>4 時から 7 時まで</u>歩く
 d. <u>東京・大阪間を</u>歩く

このような成分を**外的限界設定**と呼ぶことにする．限界動詞には逆に，外的限界設定は付けられない．

(72) 3 時間{*木が倒れた／*夕食を作った／*熊を殺した}

ところで，非限界動詞は，上に見たように外的限界設定がない場合，運動が始まるとそれだけで運動が達成されたと見なせることになる．したがって，運動が持続していても完成相が用いられる場合がある．例えば，赤ん坊が 1 歩踏み出すのを見て「あ，歩いた」と言えるが，その段階でまだ赤ん坊が歩き続けていてもよいのである．このようなことは限界動詞では起こらない．例えば「あ，木を倒した」と言った段階では木が倒れていなければならず，運動の過程にあるということはありえない．

限界動詞・非限界動詞の区別は，継続相シテイルの意味の区別には直接関与しない．主体から見て変化動詞か，動作動詞かという観点の方が重要である．しかし，アスペクトの体系によっては，限界動詞・非限界動詞の区別の方が重要になる場合がある．工藤(1995: V 章)に示された，宇和島方言などがそうである．

(j) 多回的動作

本来，限界動詞と見なせる動詞を用いても，細かい動作の連続をひとまとまりと見なすことによって，非限界的な動作動詞のように扱う場合がある．次のようなものである．

(73) a. 田中さんが庭のありを<u>殺している</u>．
 b. 田中さんがとんとんとたくわんを<u>切っている</u>．

このような動作を**多回的な動作**と呼ぼう(cf. 高橋 1985: 第 2 章)．限界的な運動も，多回的動作になると限界性を失う．したがって，外的限界設定を付することができる．

(74) a. 田中さんが庭のありを3時間殺している．
b. 田中さんがとんとんとたくわんを20分間切っている．

ところで，シツヅケルは，非限界動詞に適用すると1回的な運動と解釈されるが，限界動詞に適用すると，多回的な運動と解釈される(1.13節(d)参照).

(75) a. 田中さんはなおも歩き続けた．〈1回的〉
b. 田中さんはなおもありを殺し続けた．〈多回的〉
c. 皿はなおも割れ続けた．〈多回的〉

1.4 単なる状態と静態動詞

(a) 単なる状態

主体変化動詞のシテイル形の中には，変化の〈結果〉ではなく，変化を伴わない〈単なる状態〉を表していると考えられるものがある．

(76) a. この道は東に曲がっている．
b. 山羊の蹄は割れている．
c. 二つの町は100 km離れている．
d. この答えは間違っている．

これらは，動詞本来の運動性を失い，形容詞にも相当するような状態を表現するための述語になっている．次の図を参照されたい．

(77) （実現しない）

```
(───●)═══════
        ↑
     曲がっている
```

括弧で括った部分は本来の〈結果〉の用法であれば存在する段階であるが，現実の時間の中ではこの段階を欠いているのが〈単なる状態〉である．

ところで(77)の例は，運動を仮定すると，常識から考えて奇妙であるので，〈単なる状態〉と判断できた．すなわち，例えばまっすぐだった道が東に曲がる，というようなことは普通起こらないからである．しかし，そのような状況がなくても〈単なる状態〉は使用しうる．例えば

(78) 田中さんは太っている.

と言った場合,田中さんが太っていない段階から太った段階へと移行したことをこの文は含意しうる.すなわちそれが継続相の〈結果〉の解釈である.しかしそうではなくて,変化の有無はともかく,現在知られる田中さんの状況が太っている状態だ,という意味で用いることもできるわけである.それが〈単なる状態〉である.その意味で,(78)は〈結果〉と〈単なる状態〉との間で両義的に判断できることになる.したがって,我々はさまざまな文脈的情報を用いて,どちらであるかを判断するが,どちらの解釈であってもかまわない場合もある.

〈結果〉と〈単なる状態〉のどちらかの読みをより強調する成分として,次のようなものが考えられる.

(79) a. 田中さんは{この前より／すでに／もう／知らない間に／ここ三日間で／3 kg／すっかり}太っている.〈結果〉
b. 田中さんは{ころころ／でっぷりと／まるまると／吉田さんより}太っている.〈単なる状態〉

(b) 静態動詞

動詞の中には,運動・変化を表すことができないものがある.これを**静態動詞**と呼ぶ.静態動詞は形態的には動詞であるが,意味的には形容詞に近い.形態的特徴から,静態動詞は次の3種に分けられる(奥田 1978).

(80) a. シテイル形を持たないもの: ある,居る,要る,できる(可能),など
b. シテイル形しか持たないもの: ばかげている,優れている,変わっている,など
c. スル形とシテイル形でアスペクト性の対立のないもの: 存在する,相関する,対立する,上回る,など

なお,上のシテイル形を持つとか持たないとかいう形態的な特徴は,テンスの対立がある(したがって典型的には主節)場合の話で,テンスの対立のないある種の連体修飾節などでは別の形を取るものがある(1.16節).

また,(80b)の「変わっている」について述べておくと,「変わる」自体は

変化動詞であり,「変わっている」にはアスペクトとしての用法もある.
(81) 坂井さんは昨日から職場が変わっている.〈結果〉
一方,静態動詞としての「変わっている」は次のようなものである.
(82) 坂井さんは食べ物の趣味が相当変わっている.

これはほかの人や常識と比べて「変わっている」という意味で,時間的な変化の意味をまったく含まない.また〈結果〉の用法から時間的変化の含意を取り去っただけとも言えない.なぜなら,食べ物の趣味が変わったとしても,一般的に変わった結果が常識から離れているとは限らないからである.その点で,「道が曲がっている」のような〈単なる状態〉とも違う.結局,静態動詞「変わっている」は変化動詞「変わる」から派生したには違いないが,現在では別の動詞になったと見るべきであろう.一方,〈単なる状態〉の方は,主体変化動詞であればたいてい〈結果〉のほかに〈単なる状態〉も表せるので,〈結果〉と〈単なる状態〉は連続的なものであり,一動詞の用法の差異としてよい.「変わっている」は,通常の動詞と静態動詞の隣接性と非連続性を示すよい例であろう.

静態動詞には,「ある」のように古くから静的な意味しか持たなかったものもあるが,たいていはかつて運動性の意味を持っていたと考えられる.歴史の流れの中で特定の慣用的な表現で用いられるうちに,時間的な意味を弱めてアスペクトの対立を失い,空間的・範列的・背景的な特性のみを表すように変わっていったのであろう.

なお,金田一(1950)では,(80a)を**状態動詞**,(80b)を**第四種動詞**と呼んでいる.

1.5 シテイルのパーフェクト相

(a) パーフェクト相の特徴

シテイルのパーフェクト相とは次のような例である.
(83) 「あの荒井って人ですが,自供こそしてるけど,果たして本当にやったのかどうか……」
    「何か矛盾でも?」

「ええ．手で首を絞めたと言ってるんですがね——」
と谷口は首を振って，「普通手で絞めれば指の跡がはっきり残るものなんです．指紋だって採れるぐらいにね」
「それがなかったの？」
「そうなんです．幅の広い布のような物で絞めている．たぶんネクタイか何かじゃないかと鑑識では言ってるんですがね」
　　　　　　　　　　　　　　　　（赤川次郎「女社長に乾杯！」）

このシテイルが表しているのは，過去にすでに達成された出来事である．三つ前の発話には「手で首を絞めた」と，シタによって表されていることからもそれが明らかである．また〈進行〉や〈結果〉ではないことも次の点から確かめられる．〈進行〉や〈結果〉の場合は，すでに例示してきたように，現在の出来事として捉えられている場合は，「今」という時間副詞が付けられる．(83)の文脈では，(84)のように「今」を付けるとまったく違う文意になってしまう．すなわち，現在における〈進行〉の読みしか取れないのである．

(84)　今，幅の広い布のような物で絞めている．

逆に，この種の用法では，過去の出来事時を表す時間副詞や時間の従属節と共起できる．例えば次のような具合である．

(85)　［犯人が殺害に及んだとき］，幅の広い布のような物で絞めている．

上の例では「絞める」という動作動詞（主体動作動詞）であったが，次の例のように，主体変化動詞でも同様の用法が見られる．

(86)　耳を切った夜，難行苦行を記録する者だと告げる謎めいたインド僧が，明恵の眼前に現れている．
　　　　夢のさなか，であった．　　　（「朝日新聞」2000.9.24 日曜版）

すなわち，動作動詞，変化動詞という動詞のアスペクト的な性質にかかわらず同じ意味が表されるという点で，継続相とは異なったパラダイムと見なされるのである．

継続相と異なる特徴として，期限を表す「-までに」という修飾成分と共起できる点も上げられる．

(87)　先月までに5人の若者がこの病気で亡くなっている．

(88) 会期が終了するまでに，50万人の観客が会場を訪れていた．

　従来このような用法は，シテイルの一用法として「経験」(藤井1966)，「記録」(鈴木1972)などと呼ばれることがあった．また，〈結果〉の用法と同一視されることもあった．これに対し工藤(1989, 1995)では「パーフェクト相」という名前を与え，継続相から派生した独立のパラダイムとして扱った．工藤があえて完了という伝統的な用語を使わず，原語である「パーフェクト」(perfect)を用いたのは，伝統文法において「完了」という用語が明確な定義なしに用いられてきたため，使用する研究者によってその指示対象が一定でなかったという理由による．本書でも，工藤にならって「パーフェクト」を用いておく．

(b) パーフェクト相の意味論

工藤(1995)では，次のようにパーフェクト相を定義している．
(89) a. 発話時点(ST)，出来事時点(ET)とは異なる〈設定時点〉(RT)が常にあること．
　　 b. 設定時点にたいして出来事時点が先行することが表されていて，テンス的要素としての〈先行性〉を含んでいること．
　　 c. しかし，単なる〈先行性〉ではなく，先行して起こった運動が設定時点との結びつき＝関連性をもっていると捉えられていること．つまり，運動事態の〈完成性〉とともに，その運動が実現した後の〈効力〉も複合的に捉えるというアスペクト的要素を持っていること． 　　　　　　　　　　　　　　　　　　　　　　　(工藤1995:99)

　すなわち，パーフェクトの特徴は，設定時に対する出来事時の**先行性**，運動を**完成性**において捉えること，設定時における**効力**の認識，という三本柱で捉えられる．

　さらにこの体系では，シテイル／シテイタというテンスの対立は，設定時と発話時との関係で決まることになる．すなわち，RT<STならば過去パーフェクトのシテイタ，RT＝STならば現在パーフェクトのシテイル，ST<RTならば未来パーフェクトのシテイルが用いられるわけである．それぞれの例を挙げておこう．

(90) 調べてみると,容疑者は三ヶ月前にこの旅館に立ち寄っていた.〈過去パーフェクト〉
(91) この報告書によれば,容疑者は三ヶ月前にこの旅館に立ち寄っている.〈現在パーフェクト〉
(92) この本が出版される頃には,研究者たちはみな原稿で読んでしまっているさ.〈未来パーフェクト〉

ここで,継続相とパーフェクト相の意味的な関係について確認しておこう.継続相では,設定時すなわち視点は出来事時の中にあった.したがって,出来事を丸ごと捉えることはできず,運動の過程または結果状態の段階のどちらかに位置づけられたのである.一方,パーフェクト相は,視点が出来事時から離れることによって事態を丸ごと捉えることが可能になる.次の(93)の図を参照されたい.

(93) 継続相

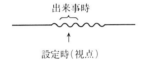

パーフェクト相

(c)「効力」について

ある時点を基準とし,先行する出来事を完成性のもとで捉えるというだけであるなら,それはテンスというべきである.シテイルのパーフェクト相がアスペクトと呼べるのは,設定時に先行する出来事をいわば設定時の状態(広い意味で)として捉えるという特徴を持っているからである.言葉を換えれば,出来事の過去における生起そのものを述べるのではなく,視点者(現在パーフェ

1.5 シテイルのパーフェクト相 — 39

クトであれば話し手)が,ある出来事の達成後の段階にあると認識していることを述べるのがパーフェクト相の意味である.その際,先行する出来事を設定時と関連づけて述べるための動機となるのが工藤の言う**効力**であると見ることができよう.しかしその効力といってもさまざまであり,出来事との関連には濃淡がある.そして,出来事との関連が最も濃い部分は,結果状態と連続していると言ってよいであろう.例えば,熊の死体を目の前にして

(94) 熊が<u>死んでいる</u>.

と言えば,それは〈結果〉を表す継続相であるが,おなじ状況で

(95) この熊は 1 時間前に<u>死んでいる</u>.

と言うこともできる.この場合は,過去の出来事時を表す「1 時間前に」という成分があることから分かるように,パーフェクト相である.

同じ状況で,主体動作・客体変化動詞を用いると,パーフェクト相としか解釈できない.なぜならば,眼前にあるのは客体の結果状態であるからであり,継続相によって現在の状態として表現することはできないのである.

(96) この熊は猟師が 1 時間前に<u>殺している</u>.

さらに,出来事の達成が間接的に引き起こす物理的な痕跡がきっかけとなることもある.この場合は,動詞の意味的な種類を問わず,あらゆる運動動詞が対象となる.次のような場合である.

(97) (熊の足跡を見て)
 ちょっと前に,熊がここを<u>通っている</u>.

(98) (タンスの中のセーターの位置が変わっているのを見て)
 あの子,こっそり,私のセーターを<u>着てる</u>.

(工藤 1983:108 より改変)

言語的,音声的,映像的などの記録ももちろん効力として機能しうる.

(99) このメモによれば,容疑者は 30 日に銀行から 300 万円<u>引き出している</u>.

単に記憶のみが効力として機能することもある.

(100) 今思い出しましたが,確かにこの写真のひとはうちの店に<u>来ています</u>.

このように，一概に効力と言っても，出来事にとって直接的なものから間接的なものまで濃淡さまざまである．効力とは，結局パーフェクト相を用いるための動機付けにすぎないのであり，極端な場合，具体的な効力を表す徴証がなくてもパーフェクト相は使える．その場合，完成相（シタなど）との意味の相違は，結局，主観的な出来事の捉え方，視点の違いというところに求めざるを得ない．

(d) 時間の修飾成分とパーフェクト相

工藤(1995)では，時間の従属複文がパーフェクト相の出来事時を指し示すのか，設定時を指し示すのかという観点から，次のような観察を行っている．

(101) a.「-ときに，-ころに，-まえに，-以前に」など，「に」の場合には，出来事時点を示す．
b.「-ときには，-ころには，-まえには，-以前には」など，「は」がつくと，設定時点を表す．
c.「-とき」のように，「に」も「は」も伴っていない場合には，出来事時点をも，設定時点をも示しえて，どちらであるかは，文脈的に判断しなければならない． （工藤 1995:107-109）

次のような例が，上の記述の妥当性をよく示している．

(102) a. 個室をでる<u>ときに</u>，麻酔をうたれていた．〈出来事時〉
b. 個室をでる<u>ときには</u>，麻酔をうたれていた．〈設定時〉
c. 個室をでる<u>とき</u>，麻酔をうたれていた．〈出来事時／設定時〉
 （工藤 1995:108 の例を改変）

しかし，(101a)と(101b)の差異については，もう少し検討が必要であろう．例えば「には」の場合でも，出来事時を指し示せないことはない．現在パーフェクトにしてみれば，よく分かるはずである．

(103) 調査したところ，その患者は，個室をでる<u>ときには</u>，麻酔を打たれている．〈出来事時〉

対比的な文脈にすればもっとはっきりする．

(104) 個室をでる<u>ときには</u>薬を飲まされ，手術室に入った<u>ときには</u>麻酔を

打たれている.〈出来事時〉

また,「-に」の場合に設定時が表せないというのも疑問の余地がある.例えば,連体修飾節の中に入れてしまうと,「-に」で設定時を表していると解釈できるようになると思われる.

(105) ［個室をでるときに(すでに)麻酔をうたれていた］患者を捜している.

結局,「-に」にできることは「-には」にもでき,また,「-には」にできることは「-に」にもできると考えた方がよい.ただし,実際の表現の中では,「-に」はより運動に深く組み込まれた解釈を受けやすく,「-には」はより背景的・状況設定的な解釈を受けやすいという傾向性の違いが出るのであろう.「-∅」(「に」も「は」も付かないもの)はその点で中立的であり,どちらの解釈にも偏らない.

1.6 反復相

同型の出来事が反復的に生起することを属性的に表現するのが**反復相**である(吉川 1973「くりかえし」,工藤 1995「反復相」など).

(106) 「日記を見れば,直ぐ分るわ.」
　　　「日記？　日記をつけてるの？」　　　　　　（川端康成「雪国」）
(107) 「毎日君は蕎麦畑の下の墓にばかり参ってるそうだね.」（「雪国」）
(108) 「いや,そうおっしゃいますがね,フン先生,ここ二,三日の間に全世界で何十万件という不思議な事件が起こってるんです.自由の女神のタイマツからアンパンのヘソにいたるまで,あらゆるものが盗まれてるんです.きのうなんぞ,台湾沖に発生した低気圧が盗まれましてね,とたんに天気がよくなりました」
　　　　　　　　　　　　　　　　　　　　（井上ひさし「ブンとフン」）

シテイルの反復相は,継続相の〈進行〉の用法から派生したものと見てよいであろう.ただし,継続相のように動詞のアスペクト的な性質に依存することはない.変化動詞でも動作動詞でも,また限界動詞でも非限界動詞でも意味上の差はない.

なお,工藤(1995)が指摘するように,反復相はシテイルだけでなくスルでも表せる.例えば,次の(109a)と(109b)とでは,表される内容の差はない.

(109) a. わたしは毎日晩酌をしている.
      b. わたしは毎日晩酌をする.

シテイルとスルの違いを問うならば,シテイルの方が一時的・偶発的な傾向を表しやすいのに対し,スルがより本質的・恒常的な特性を表すのに適しているという点に求められよう.

例えば,次のような,辞書的な属性記述も反復相の一種と見られるが,これをシテイルにすると,特定の個体の一時的な観察のように読める.(111)と比較されたい.

(110) アユ (中略)北海道南部,本州,四国,九州,朝鮮,台湾,華北の一部などに分布,河川の上・中流域の岩盤や礫石底の瀬や淵にすみ,おもに珪藻,藍藻などの付着藻類を独特の構造を持った両唇でそぎ取って食う(／?食ッテイル).

    (中村守純「原色淡水魚類検索図鑑」北隆館,1963:107)

(111) 「それで,いまはそうやっていて,いったいどうして食っているのだね?」
    「どうして食っているかって? へ,へ.このビルマの国では,坊主になってさえいれば食うにはこまらない.信心ぶかい人たちがあまるほどお布施をくれる.おれだってもっと心がけがよければ,こんな乞食みたいななりはしてはいないんだがね」

    (竹山道雄「ビルマの竪琴」)

さらに,次のような法則的な記述では,シテイルは用いられず,もっぱらスルが用いられる.

(112) 「へい,もうすっかり冬支度です.雪の後でお天気になる前の晩は,特別冷えます.今夜はこれでもう氷点を下っておりますでしょうね.」 (「雪国」)

(113) 「どうしてその曲をひくのだい?」
    「これをひくと,イギリス人がお金をくれます」

(「ビルマの竪琴」)

反復相には，テンスの対立がある．(114)(115)はシテイタの例である．

(114) 「実家へ行く時は，また商売に出るなんて夢にも思わなくて，スキイも人にくれて行っちゃったのに，出来たことと言えば，煙草を止めただけだわ.」

「そうそう，前にはずいぶん吹かしてたね.」　　　　　　(「雪国」)

(115) ハドロサウルス類(カモノハシ竜)がはじめて掘り出されたとき，この恐竜のエサは水草だとされていた．たてに平たい尾を振り動かして沼や湖のなかを泳ぎ，アヒルのくちばしに似た歯のない口でやわらかい水草を食べていたに違いない，と科学者たちは考えたのだ.

(J. ウォーレス 1994:18)

(116)はシタの例である．

(116) テスケロサウルス

特徴……全長3.3mの中型恐竜．じょうぶな後ろ足で歩き，短い前足と5本の指を利用して，植物を集めて食べた．かたい尾は身体のバランスをとるのに役立った．　　(J. ウォーレス 1994:106)

スルとシテイルでアスペクト的な対立がないのは，反復性が動的な意味を捨て，属性的・背景的な意味に踏み込んでいるからである．しかしテンスの対立があるのは，それが一時的な状態であるからであろう．しかし，次の例のように，完全に超時間的判断の域に達すると，テンスの対立もなくなる(工藤1995: 160)．

(117) 1時間に1200回転するモーターは1分間に20回転する．〈超時間的・恒常的〉

なお，反復相と似てはいるが異なる意味を表す表現として，次のようなものがある．

(118) 毎朝6時に私が縁側の雨戸をあけるとき，お向かいさんの雨戸はいつも既に開いていた(／*開いた).

(119) 私が公園に着くと，いつも5,6人の子供たちが遊んでいた(／*遊んだ).

これらの例では、ある反復的な出来事が表現されているが、反復相とは言えない。なぜなら、スル(シタ)とシテイル(シテイタ)の対立があるし、〈結果〉と〈進行〉の相違もあるからである。(118)は〈結果〉、(119)は〈進行〉と見られる。すなわち、これらの表現は、継続相の反復とでもいうべき類型ということになる(工藤1982、高橋1985：Ⅲ-2-2)。

1.7 シテアル

(a) シテアルの継続相

シテアルの用法は大きく分ければ、結果の状態を表す用法と、なんらかの準備のためにあらかじめ行為を達成しておく用法とが認められる。前者を〈結果〉、後者を〈準備〉としておこう。それぞれの典型的な用例を挙げておく。

(120) 「(前略)二銭か三銭の雑記帳にね、定規をあてて、細かい罫を引いて、それが鉛筆を細く削ったとみえて、線が綺麗に揃ってるんですの。そうして帳面の上の端から下の端まで、細かい字がぎっちり<u>書いて</u><u>ある</u>の。(後略)」〈結果〉　　　　　　　　　　(「雪国」)

(121) 「学生さんかと思ってたわ」
「そういうこと<u>にしてある</u>のよ。ね、黙ってて、私がモデルだってこと」〈準備〉　　　　　　　　　　(「女社長に乾杯！」)

〈結果〉と〈準備〉との関係は、シテイルの継続相とパーフェクト相の関係に並行的である。シテイルの方がより一般的・中立的で、シテアルはより制約が強く、特殊な性質を持つが、シテイルと補い合いながらアスペクト体系を作っている面がある。工藤(1995)の基本アスペクト体系では、継続相という概念はシテイルにのみ適用されているが、本章ではシテアルの〈結果〉用法を継続相、〈準備〉用法をパーフェクト相になぞらえて捉えていきたい。ただし、〈結果〉と〈準備〉は截然と分かれるわけではなく、連続性のうちにあると考えられるが、その点もシテイルの継続相とパーフェクト相との関係に等しい。

シテイルの〈結果〉は主体変化動詞において発現するのであったが、シテアルの場合は、主体動作・客体変化動詞において現れる。その点で、シテイルと相

補的であると言える．

(122)
	主体変化動詞	主体動作動詞	主体動作・客体変化動詞
シテイル	〈結果〉	〈進行〉	〈進行〉
シテアル	－	－	〈結果〉

(123) 主体動作・客体変化動詞

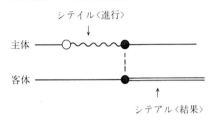

　継続相シテイルの意味にとって主体という概念は欠くことのできない要素であった．同様に，シテアルは客体中心のアスペクトであり，シテイルと一体となって体系をなしていると見るべきである（金水1994b, 1995, 1999，益岡2000: 第8章）．

　ところで，客体の結果状態を指し示すという点では，対になる主体変化自動詞のシテイルや受身のシテイル（サレテイル）も同様の機能を持っていた．例えば，(124a-c)はほぼ同じ意味を表す．

(124)　a．壁に絵が掛かっている．
　　　b．壁に絵が掛けてある．
　　　c．壁に絵が掛けられている．

　シテアルとサレテイルの機能分担は，意味的な特徴に関わる．シテアルは，視点者（多くの場合，話し手）にとってよくない意味（視点者自身にとって不利益であったり，不快を感じたりする意味，他者の被害に同情を感じ，遺憾であると思う意味など）の場合使えない．

(125)　a．あ，鍵が壊れている．
　　　b．??あ，鍵が壊してある．
　　　c．あ，鍵が壊されている．

(126) a. あ，人が死んでいる．
　　　b. ??あ，人が殺してある．
　　　c. あ，人が殺されている．

　この継続相の〈結果〉に相当するシテアルの意味は，「当該の行為の結果，客体に生じた変化が客体において存在する」というものである．構文的な特徴として，行為の主体を直接的な成分として表示することができない．この点は，サレテイルと異なる（ただし，サレテイルの場合，行為の主体を表示すると〈進行〉の解釈になりやすい点に注意）．

(127) a. 壁に{*父が／*父に／*父によって}絵が掛けてある．
　　　b. 壁に{*父が／*父に／父によって}絵が掛けられている．

　では，表示されない行為の主体はどのように解釈されるのであろうか．例えば，(128)の例で，絵を掛けた人は誰かという問題である．

(128) 壁に絵が掛けてある．

　まず，話し手の場合と話し手でない場合があるが，主体が話し手である場合，次節のパーフェクト相との境界がはなはだあいまいになってくる．三人称者，特に話し手に知られていない人物であるほうが，〈結果〉の意味に取りやすい．

(b) シテアルのパーフェクト相

　シテアルの継続相的意味とは，設定時において，すなわち視点者の眼前に，出来事の結果状態が存在するということであった．したがって，設定時と出来事時は重なる．これに対して，パーフェクト相に相当するシテアルの意味は，設定時に先行して出来事が達成されていることを表す．出来事は完成的に（すなわちまるごと性において）捉えられる．動詞のアスペクト的な意味による制約もなくなり，主体変化動詞でも，主体動作動詞でも，主体動作・客体変化動詞でも用いられるようになる．この点ではシテイルのパーフェクト相と同じである．

(129) a. 専門学校を卒業してあるから就職には有利だ．（主体変化動詞）
　　　b. この肉はよくもんであるから柔らかい．（主体動作動詞）

(130)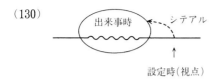

シテイルのパーフェクト相と違うところは,〈準備〉の意味が発生する点にある.すなわち,描かれる出来事は設定時における視点者の意志的行為であり,その行為は設定時以降に起こる事態を予期し,それによりよく対処するためのものであった,ということを表すのである.例えば,(129a)では「専門学校を卒業する」という行為は「就職」のための準備であり,(129b)で「肉をもむ」という行為は「肉を柔らかく食べる」ための準備である,という具合である.この意味があるために,〈準備〉のシテアルを作るための動詞には,アスペクト的な制約がない代わりに,「意志的な行為を表す動詞でなければならない」という制約が課せられることになる.このような,〈準備〉の意味がどのような機構のもとに発生するかは,なお検討を要するが,先に述べた,〈結果〉のシテアルの「よくない出来事を表せない」という制約との連続性は十分考慮すべきである.

シテアルの〈結果〉との違いという点では,動作主の表示の可否ということを挙げておかなければならない.すでに述べたように,〈結果〉のシテアルでは動作主を表示する手段が文法的に欠如していたが,〈準備〉の場合,次のように動作主を表示することができる.

(131) 私は専門学校を卒業してある.だから就職には有利だ.

ただし,動作主には視点的な制約が課せられる.すなわち,〈準備〉は視点者の立場からしか述べられないので,動作主は当然視点者に限られるのである.一人称者(話し手)は常にその資格を有しているが,二,三人称者の場合には次の例のような,特定の文法的な手段や文脈的な条件がそろわなければ,用いにくい.

(132) a. ?あなたはもう昼食を食べてある.

b. あなたはもう昼食を食べてあるの? (疑問文)

(133) a. ?田中さんは試験勉強を十分してある.

b. 田中さんは試験勉強を十分してあるらしい．(間接形)

なお，シテアルの〈準備〉の意味は，シテオクとも関連する(1.12節(c)参照)．

(c) シテアルの統語論と意味

シテアル構文の大きな特徴として，動詞にとっての客体(意味上の目的語)がヲ格ではなくガ格で表示されるという点が挙げられる．

(134) 「ええ，でも，別れ別れに暮して来たのよ．東京へ売られて行く時，あの人がたった一人見送ってくれた．一番古い日記の一番初めに，そのことが書いてあるわ．」 (「雪国」)

この傾向は，ことに〈結果〉，すなわち継続相相当の用法において著しい．この点から，〈結果〉のシテアルは一種の受動結果相(passive-resultative)とも見なせる．しかし，このような格表示の変換は絶対的なものではない．例えば次のような例が見られる．

(135) 「駅長さんずいぶん厚着に見えますわ．弟の手紙には，まだチョッキも着ていないようなことを書いてありましたけれど．」 (「雪国」)

すなわち，〈結果〉のシテアルにおける客体の格表示は，ガ格を典型としながらも，ヲ格との間で揺れているということになる．

さて，益岡(1987,1992)では，シテアル構文の意味を2種4類に分類している．次のようなものである．

(136) A_1型: 行為の結果としての事物の存在を表す．
　　　(例) リビングテーブルには花が飾ってある．
A_2型: 行為の結果もたらされる事物の状態が視覚可能な形で存在していることを表す．
　　　(例) 入り口に近い片すみが一畳余りの広さだけあけてある．
B_1型: 基準時における行為の結果の存続性を表す．
　　　(例) 荷物も所持金も一切をレイクサンドのホテルに残してあった．
B_2型: 基準時以後における行為の結果の有効性を表す．
　　　(例) 京都府警に鑑定をたのんである．

この4類型は，益岡の考える，基本的意味から派生的意味への推移にそって並べられている．すなわち，A_1 型が基本的意味に相当し，順次 A_2, B_1 と派生していって，B_2 が最も基本的意味から遠くなる．なお，本章の分類で言えば，A_1, A_2, B_1 は継続相相当の〈結果〉の用法であり，B_2 はパーフェクト相相当と見なせる．B_2 は〈準備〉の用法であるが，B_1 は〈結果〉と〈準備〉の中間的な位置にあると見ることができる．

さて，益岡が A_1 型を基本的意味とみなすのは，シテアルの「ある」が本動詞「ある」の特徴を最も色濃く残しているからであるとし，その根拠とみるべき現象を三つ挙げている．

第一の根拠は，

(137) <u>冷蔵庫に</u>ビールが冷やしてある．

のように，A_1 型と見るべきものには場所表現(この場合「冷蔵庫に」)を V_1(「冷やす」)ではなく V_2(「ある」)が選択していると考えられるものがある，というものである．第二の根拠は，A_1 型の場合，場所表現がデ格ではなくニ格名詞句で表される，という点である．第三の根拠は，A_1 型のガ格名詞句が原則として非情物(人間・動物以外の物・事)に限られる，という点である．次の例を参照されたい．

(138) a. あそこに<u>風鈴</u>がつるしてある．
  b. *あそこに<u>人</u>がつるしてある．

ただしこの現象についてはやや例外もあることを益岡(1987)は指摘し，「ガ格に現れる典型的な名詞は非情名詞である」と記述を修正している．問題となる例は次のようなものである．

(139) a. <u>馬</u>が放ってある．
  b. <u>犬</u>が鎖につないである．
  c. ?<u>人</u>が鎖につないである．
  d. ?<u>生徒</u>が廊下に立たせてある．

ここで重要であると思われるのは，補助動詞構文の基本的意味を，V_2 の本動詞的用法に近いものと見ている点である．つまり，補助動詞構文は本動詞の用法から順次派生し，意味を拡張してきたと見るのである．益岡の場合，この

ことは共時態における「内的連関」として作業仮説的に述べられているのだが，これはある程度通時的変化として確認することができる（野村 1969，坪井 1976，金水 1995, 1999 など）．いわゆる，典型的な**文法化**（grammaticalization）のプロセスと見てよいであろう．

益岡の分析を受けて，シテアル構文の発達について考えてみよう．まず，基本となる存在動詞文の構造とは次のようなものであろう．NP は名詞句，VP は動詞句を表す．

(140)　NP_1(場所) ニ NP_2(存在物) ガ アル

ここに，出来事を表す動詞句をはめ込んだものが原初的なシテアル構文である．

(141)　NP_1(場所) ニ NP_2(存在物) ガ $[(NP_3 ヲ) V_1 テ]_{VP}$ アル

ここで，NP_2 と NP_3 は同一物であるので，NP_3 は表層に現れない．また，V_1 の意味上の主語，すなわち動作主は，すでに見たように，表層に現れることがない．これをもともと欠けていると見るか，見えない範疇を立てるかは，仮定する統語理論に依存する事柄であるので，今はこれ以上立ち入らない．同様に，NP_2 と NP_3 の関係についても，NP_3 の削除と見るか，NP_3 の位置に空代名詞があり，NP_2 と照応関係にあると見るか，いくつかの可能性が考えられるが，やはり今は詳しく論じない．

なお，場所のニ格名詞句はこの構文では「ある」に選択されるようになっている．これは(137)のような例があることをふまえてのことである．しかし，V_1 に選択されたニ格名詞句が現れていると考えられる例もある．すなわち次のような構造である．

(142)　NP_2(存在物) ガ $[NP_4$(場所) ニ $(NP_3 ヲ) V_1 テ]_{VP}$ アル

益岡の A_1 型が(141)の構造をとっているのか，(142)の構造をとっているのかは，一概には決められないので，今は両方の可能性を認めておく．

さて，動詞 V_1 の意味上の目的語がガ格ではなくヲ格で示される構文については，次のような構造が仮定される．

(143)　$[NP_3 ヲ V_1 テ]_{VP}$ アル

すなわち，ここで動詞「ある」は動詞句だけを選択し，自分自身のガ格名詞

句を選択しない．このようなガ格名詞句のない構文が可能であることは，次のように，トによる引用節をとり，ガ格もヲ格も現れない構文があることからも確かめられる．

(144) 「ええ，[無断欠勤があまり続く場合は死亡したものとみなす]と規則に書いてあります」　　　　　　　　　　　　（「女社長に乾杯！」）

すなわち，この構文は次のような構造を持っていると考えられる．

(145) [… ト 書イテ]$_{VP}$ アル

パーフェクト性の〈準備〉の文型も，基本的に，(143)のような動詞句だけを選択する構文であると考えられる．なお，〈準備〉の場合に動作主が表されるのは，V$_1$に選択された名詞句ではなく，構文全体に付加された経験主を指し示す名詞句であるとする考え方が外池(1994)などに示されているが，本章でもその考え方を採用したい．

(146) NP$_5$(経験主) ハ [… V$_1$ テ]$_{VP}$ アル

このNP$_5$とした成分は，(147)のような所有構文における所有者の名詞句に近く，また(148)のようなシタコトガアル構文の経験主と共通する成分であろう．これらは，ハなどの主題成分として現れることを典型とし，ガ格では表示しにくいという特徴が共通して認められる．

(147) 私は(??が){家族／会社／予定}がある．
(148) 私は(??が)[10年前にUFOを見たこと]がある．

1.8 その他のアスペクト

(a) シツツアル

シツツアルは，シテイル，シテアルと同様に，動詞に存在動詞を付加した形を起源に持ち，動詞の動的な意味を状態的な意味に変える働きを持つ．したがって，静態動詞「ある」「いる」などにはつかない．主体変化動詞(149)，主体動作動詞(150)，主体動作・客体変化動詞(151)など幅広い動詞につくことができる．

(149) 第二に，両外相が明らかにしたように，軍備管理・軍縮交渉でかな

りの進展があった．戦略兵器の削減，とくに中距離核（INF）や核危機防止センター設置などで合意が<u>生まれつつある</u>という．なにか具体的な成果を生む見通しがなければ，首脳会談は開けないと両国とも考えている．その条件が<u>整いつつある</u>とみることができるだろう．
　　　　　　　　　　　　　　　　　　　　　（「朝日新聞」1986.9.23）
(150)　いま日本は，中国の経済近代化に<u>協力しつつある</u>ところであり，中国もまた確実に近代化への道を歩んでいる．
　　　　　　　　　　　　　　　　　　　　　（「毎日新聞」1986.9.30）
(151)　指紋押捺を含む在日韓国人問題など懸案処理に向け，中曽根政権も努力を<u>傾けつつあった</u>ところである．　（「読売新聞」1986.9.10）

　その意味は，「設定時が運動の動的・進展的な過程の最中にある」というふうにまとめられよう．(149)のように，シテイルでは取り出せないような主体変化動詞の過程をも，シツツアルなら取り出せる（「生まれている」と言えば，すでに生まれてしまった後の結果状態しか表せない）．
　しかし，シツツアルは次のような点でやや特殊な制約を持った語であると言える．
(152)　a. 書きことば的であり，日常的な会話の中では使いにくい．
　　　　b. 否定形がない（*シツツナイ）．すなわち，出来事の描写にのみ用いられる形式であり，属性的な表現としては用いられない．

(b) シナイデイル・セズニイル・セズニアル

　シナイデイル，セズニイルは，ある運動の不在状態に設定時を位置づける意味を持つ表現である．シナイデイルが新しく，セズニイルはやや古いという程度で，意味にはほとんど違いが認められない．
(153)　暫くは黙っていたけれど，いつまで話も<u>しないでいる</u>は猶おかしい様に思って，無理と話を考え出す．　　　（伊藤左千夫「野菊の墓」）
(154)　この男は尻を端折って，帽子を<u>被らずにいた</u>．余程無教育な男と見える．　　　　　　　　　　　　　　　　（夏目漱石「夢十夜」）
　シテイル，シテアルなどのように生起する出来事の中から一部の段階を取り

出すのではなく，出来事が起こっていない上に，設定時以降に起こる保証もないのであるから，アスペクトと言えるかどうかは微妙なところである．その代わりに，「本来なら行っていなければならない動作を行っていない」「普通なら起こる出来事が起こっていない」のように，ありうべき事態を予測しつつその否定を行うという点で，様相的な意味を帯びているとも言える．次のように，動詞の部分が可能表現になることがある点も，様相とのつながりを示唆している．

(155) 六年におよぶイラン・イラク戦争，カンボジア問題，アフガニスタンへのソ連軍の侵攻，どれをとっても非同盟諸国会議は解決のイニシアチブをとることができないでいる．　(「毎日新聞」1986.9.1)

なお，「-{ないで／ずに}(は)いられない」など，さらに否定表現を付加することによって，強い衝動・欲求を表す慣用句が派生される．

(156) これも基礎・基本の一部，それも具体的に例示しないではいられない最重要部分ということであろう．　(「朝日新聞」1986.9.21)

(157) 懸念せずにいられないのは，こうした無法行為が，国鉄改革という国民にとっての重要課題を民主的なルールにそって進めるのを困難にしてしまうことだ．　(「朝日新聞」1986.9.2)

シナイデイル，セズニイルは大部分が有情物(人など)を主語とする．「いる」の部分の意味的制約がまだ生きているためかと考えられる．しかし，少数ながら非情物主語を採る場合もある．

(158) 中陰の翌日からじめじめとした雨になって，五月闇の空が晴れずにいるのである．　(森鷗外「阿部一族」)

セズニアルは，シテアルに対応する形式と言える．動詞の客体(意味上の目的語)に未だ作用が及んでいない状態にあるという意味を表す．客体が表層では主語化される場合があるという点も，シテアルに似ている．

(159) 野々宮君は「どうです，見えますか」と聞く．「一向見えません」と答えると，「うんまだ蓋が取らずにあった」と云いながら，椅子を立って望遠鏡の先に被せてあるものを除けてくれた．

　　　　　　　　　　　　　　　　　　　　(夏目漱石「三四郎」)

(c) スルコトガアル・シタコトガアル

スルコトガアル・シタコトガアルは，組立形式で，「-ことが～にはある」「-こともある」など，さまざまな変異が文脈によって生じるが，ここではそれらを一括して扱っておく．

スルコトガアルは，設定時における背景的知識を述べる表現で，設定時の前後に出来事の不定期的・偶発的な生起があることを示す．

(160) その時居士は，自分が坐禅をしながら，何時か気が付かずにうとうとと眠ってしまっていて，はっと正気に帰る間際に，おや悟ったなと喜ぶことがあるが，さて愈眼を開いてみると，やっぱり元の通の自分なので失望するばかりだと云って，宗助を笑わした．

(夏目漱石「門」)

シタコトガアルは，設定時以前における出来事の達成の存在を述べる表現で，一種のパーフェクト性の表現である(工藤 1989)．

(161) 六月の中頃に既に寒暖計が八十九度まで上ったことがあった．

(田山花袋「田舎教師」)

(162) 「読めないことはありますまい．この本の事は聞いていただけで，まだ見たことはなかったのです．しかし私が Paedagogik を研究した時，どうしても心理学から這入らなくては駄目だと思って，少し心理学の本を覗いて見たことがあります．どこを読みましょう」

(森鷗外「二人の友」)

1.9 シタとスルのアスペクト性・時制性

(a) シタのアスペクト的な性格

シタは，これまで見てきたように，基本アスペクト体系における完成相過去の形態として分析できた．しかし一方で，パーフェクト的な用法があることも確認されてきた(寺村 1984 など)．パーフェクト的なシタには少なくとも二つのタイプがあるようで，一つは次のようなものである．

(163) A: もう昼御飯食べた？

B: いや，まだ食べてない．

　これは，発話時点における，ある出来事の実現の有無を言明する意味を持つもので，シテイルに言い換えることができる．(163)のBの答えを見れば分かるように，否定の表現を取るためにはシテイルの否定形シテイナイを用いざるを得ない．この点からも，このシタとシテイルとの親近性が伺われる．なお，日常の口頭表現では，シテイルは持って回った固い言い方に聞こえることが多く，シタの方が好まれる．ただし，過去パーフェクトのシテイタに当たる意味はシタでは表せない．

　もう一つは，次のようなものである．

(164)　あ，バスが来た！

　これは，眼前の状況が，ある出来事が達成された直後の段階にあることを言うもので，現在のことを述べるという点でパーフェクト的であると言える．内面動詞に属する一部の動詞の次のような用法も，(164)に近いものがある．

(165)　さて，困ったな／これは驚いた／あ，分かった

　後者のシタは，シテイルに換えると，表現される段階としては同じであるが，シタが持つ緊迫性，当事者性が大幅に薄れ，第三者的な視点からの冷静な報告という意味合いが強くなる．

(166)　バスが来ている．

(167)　私は困っている／驚いている／分かっている

　このように，シタのパーフェクト的用法と考えられるものには少なくとも二つのタイプがあるようであるが，どちらも「視点が出来事の限界達成後の段階にある」ことを表す，という点では共通しているとも考えられる．前者は設定時(視点)(＝発話時)から反省的に振り返って，出来事の有無を言明するのに対し，後者は限界達成後の段階に今到達したことを生々しく伝える，という違いは存在するが，それは使用の場面による相違であり，道具としてのシタの機能は同一と考えることは可能であろう．

　さて，例えば工藤(1995)は，このようなシタのパーフェクト的な意味を，シタの完成相過去の意味から切り離し，シタを多義語と認める立場に立っている(ただし，多義性を歴史的な派生関係として連続的に捉えようとしている)．こ

れに対し，完成相的用法とパーフェクト的用法とは使用上の差異にすぎず，多義語とすべきではないという見解もある．例えば岩崎(2000)は，シタは「過去」を表す形態であり，パーフェクト的用法もその用法の一つにすぎないと述べている．国語学では，シタを「過去・完了」と捉えるが，「完了」を本義とする見方が強い．

そもそも，完成相過去とパーフェクト相現在とは，意味的にはきわめて近い関係にある．前者は，発話時から完成的に捉えられる出来事を過去に位置づけるというものであるのに対し，後者は，設定時（視点）＝発話時が出来事の限界達成後の段階にあるという認識を示すものであるということになるが，つまるところ出来事の主観的な捉え方の違いであり，その境界を引くことは難しい．

(168) 完成相過去

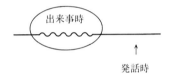

(169) パーフェクト相現在

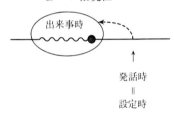

これが，シタ対シテイルや，英語の過去形対現在完了形のように，形態的な対立によって支えられているならば，境界はその体系において明確に捉えられていると認めることができるが，シタという一つの形態の中では，両者の間に境界を設けることは原理的に難しいであろう．とすれば，シタに完成相過去とパーフェクト相現在という多義性を認めることはあまり得策とは言えないという結論になる．

では，シタは完成相過去か，パーフェクトか．基本アスペクト・テンス体系を保持するためには，シタを完成相過去とし，パーフェクト的な用法は（歴史

的な事情などから)たまたまシタに与えられた用法であり,完成相過去からの連続性のうちに捉えられるとすることはむろん可能である.

しかし一方で,シタはパーフェクトであるという見方を取ることもできないことはない.完成相過去的な用法は,パーフェクトとしての用法の一部がそのように見えるだけだとするのである.その方が,従属節内の用法(1.15節および1.16節)を説明するときにすっきりするし,歴史的な変化もなめらかにつながるかもしれない(この立場は金田一(1955)に近い).しかしこの立場をとると,基本アスペクト・テンス体系は放棄せざるをえない.シテイタやシテアッタなどの状態的なアスペクトのタ形と静的述語のタ形は明らかに「過去」というテンスを表すが,運動動詞のシタはパーフェクトであり,テンスとしてのあり方は見かけ上のものである.このような考え方も,認める余地は十分にあるが,シタの多義性を認めるか,過去としてまとめるか,パーフェクトとしてまとめるかなどの判断はここではひとまず保留しておく.

(b) スルのアスペクト的な性質

シタにおいて見られた時制性とアスペクト性の切り分けの難しさは,スルにおいても認められる.完成相未来としての用法が認められることは確かであるが,一方で,視点を発話時現在においた非・完成相的な用法があることもまた確実である.例えば,

(170) 今,バスが<u>出る</u>.

のような用法は,視点が運動の開始限界直前にあることを述べる**未発相的表現**(金田一 1955)と言ってさしつかえない.ちょうどそれは,

(171) 今,バスが<u>来た</u>.

と鏡像関係にあるのである.

鏡像的という意味では,次のような「予定」を表すスルも,今のことを表しているという点で未発相的である.これは(163)と鏡像関係にある.

(172) a. 君はまだ試験を<u>受ける</u>のか.
　　　 b. いや,もう受けない.

また,眼前に展開される出来事を実況的に述べるとき,スルが用いられるこ

とがあるが，これも未発相的用法と言えよう．これは，視点が終了限界以前にあることを述べるものである．

(173) 今，走者はゆっくりと二塁ベースを回ります．
(174) めぐるめぐるよ　時代はめぐる　別れと出会いを繰り返し
　　　　　　　　　　　　　　　　　　　　　　　　（中島みゆき「時代」）

また，工藤(1995:185-186)によれば，発話行為の現場で起こる出来事に関して，感情的評価を下したり，理由を問いただしたりするときにスルが用いられると言う．

(175) 「まだ先生は眠っているんだろう」
　　　　「よく寝るな」　　　　　　　（「太郎物語」，工藤1995:186より）
(176) 「どうしてその曲をひくのだい？」　　　　　　（「ビルマの竪琴」）
(177) 「どうして私の後を尾けるんですか？」　　　　（「女社長に乾杯！」）

ただし，進行中の運動を表す用法はシテイルに大部分を譲り渡しているので，スルが用いられるのは，状況に密着した表現や詩歌など特殊な文脈に限られる（丹羽1996）．そこで，とりあえずスルの未発相的な性質は，「視点が開始限界以前の段階にあることを表す」というものであるとしておこう．これはやはり，シタの場合と鏡像的であり，「発話時において未来の出来事を完成的に捉える」という完成相未来と，区別が付きにくいのである．

(178) 完成相未来

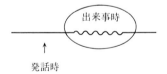

(179) 未発相

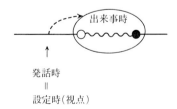

伝統的な国語学では，シタを完了，スルを未了とすることがあるが，これはスルとシタの鏡像関係と未発相的な性質に重点をおいた捉え方であるということができよう．

シタを完成相過去とパーフェクト相現在の多義とするならば，スルもまた，完成相未来と未発相現在の多義と認めるべきである．シタとスルの間には，かなりの点で鏡像関係が認められるからである．そうでなければ，シタにあわせて，完成相未来でまとめるか，未発相的なアスペクトとしてまとめるか，判断をせまられるであろう．

1.10 シタ・スルのその他の用法

(a) 疑似命令表現

寺村(1971, 1984)で,「差し迫った要求を表す」タの用法として，次のようなものがあげられている．

(180)　a. ドイタ，ドイタ
　　　　b. サア買ッタ買ッタ
　　　　c. 待ッタ！　　　　　　　　　　　　　　　　　　（寺村 1981:341）

寺村は「ムードのタ」の一種と見ているが，これはかなり慣用的な，特殊な表現であると見られる．まず，丁寧形がない．

(181)　{どきなさい／*どきました}／{買いなさい／*買いました}／
　　　　{売りなさい／*売りました}

また，どんな場面でも使われるわけではなく，語彙的にもかなり絞られそうである．

(182)　さっさと晩ご飯を{食べろ／??食べた}／子供は早く{寝ろ／??寝た}

この表現を考える際に，スルでも似た表現があることを考慮に入れる必要がある(尾上 1979)．

(183)　子供はさっさと寝る！／そこにすわる！／開けたら閉める！

この種の表現は，丁寧形がないという点でシタと似ている．

(184)　*さっさと寝ます／*そこにすわります／*開けたら閉めます！

しかし使用場面や語彙などの点で，シタとはかなり異なることも確かである．また，次のように，打ち消し形が存在することもシタと違っている．

(185) 文句を言わない！／ぐずぐずしない！

シタはやや品位の低い，乱暴で勢いのある表現であるが，スルの方は親から子，教師から生徒など，明瞭な上下関係のある中で上から下に用いられる，高圧的な指示というニュアンスが強い．このように使用場面の違いはあるが，丁寧形がないという点から，動詞をいわば名詞的・ラベル的に相手に投げかけるという性質を共通に見て取ることはできるであろう．つまり，タに様相的な力があるわけではない．

スルとシタを比べると，スルがこれから行う行為の指示であるとするならば，シタが行為の達成を先取りして宣言するという点で，やはりアスペクト的な対立があるとも言える．ただし慣用的に固定された表現でもあり，アスペクト対立が全面的に生かされているわけではない．

(b) 遂行的な文

スルに特徴的な表現として，次のような**遂行的な文**がある．

(186) a. 私はあなたに，四月一日から名古屋支社営業課に転勤することを<u>命じる</u>．
  b. 私はここにアジア大会の開会を<u>宣言する</u>．
  c. 私はこの船を武蔵丸と<u>命名する</u>．
  d. 我々はスポーツマンシップに則り，正々堂々と戦うことを<u>誓います</u>．
  e. おくやみ<u>申し上げます</u>．
  f. <u>感謝します</u>．

これらの文では，話し手がそう言うことによって，そうしたことになる．つまり，いま行いつつあることを話し手が言っているのである．これに対して，通常の世界の状況に関する描写や判断を問題にする文を**叙述的**(constative)な文と呼ぶ．

遂行的な文には，形態的に大きな特徴がある．それは，英語で言えば一人称，

現在形かつ肯定文に限るというものであるが，これは日本語でも同じである．すなわち，一人称主語で，スルのみが有効（丁寧形シマスは可）であり，シタ，シナイ，スルダロウは遂行的な発話としては不適格である．次の文はすべて，叙述的な文である．

(187) a. 私はあなたに名古屋支社に転勤することを<u>命じた</u>．
　　　 b. 私はアジア大会の開会を<u>宣言しない</u>．
　　　 c. 私はこの船を武蔵丸と<u>命名するだろう</u>．
　　　 d. <u>彼</u>がおくやみ申し上げます．

遂行的な文に用いられる動詞を**遂行動詞**（performative verb）と呼ぶ．遂行動詞は何らかの発話を表す動詞である．ただし，遂行動詞は遂行的な文に用いられるだけではなく，叙述的な文にも用いられる．

まとめると，遂行的な文には

(188) a. 主語が一人称で，動詞がスル（シマス）である．
　　　 b. 動詞が遂行動詞である．

という特徴があることになる．

　この特徴は，スルの完成相的な機能から説明することができる．通常の叙述的な文では，発話時は点的であるために，動詞が描く出来事全体を発話時中に捉えることはできない．したがって，完成相は過去または未来に限られたのである．しかし遂行的な発話に限って，発話時間とぴったり同期して，かならず行為の全体が達成される．したがって，スル（非過去）により把握することが可能になるというわけである．この原理は，英語においてもまったく同じである（杉本1998:19.6節参照）．

（c）その他

　スルに反復相の用法もあることは，1.6節で述べた．ここでは，工藤（1995:185）が指摘している，現在話し手が抱いている感情の表出としてのスルとシタの表現を挙げておこう（高橋1994:1-3-3も参照）．工藤は，スルの方が能動的，シタの方が受動的と述べているが，(189)に見るように，スルの場合はしばしば条件節とともに用いられることから，法則的・一般的情報として述べる傾向

が強い.すなわち,「ある特定の状況になると,私は … という感情を抱く.そして今がそのような状況である」という表現である.

(189) 「困るわ,あんなとこお通りになっちゃ.」　　　　　　　　　（「雪国」)

(190) 「君とさっぱりつきあいたいから,君を口説かないんじゃないか.」
「あきれるわ.」　　　　　　　　　　　　　　　　　　　　　（「雪国」)

(191) 「私に謝られても困りますわ.謝るのなら,奥様へどうぞ」
　　　　　　　　　　　　　　　　　　　　　　　　　　（「女社長に乾杯!」)

一方,シタの方は,すでに当該の感情が生起したあとの段階に今あることを述べる,パーフェクト的な表現である.

(192) 「あら,困ったわ」　　　　　　　　　　　　　　　　（「女社長に乾杯!」)

(193) 「あ,谷口さん.来て下さってホッとしたわ」（「女社長に乾杯!」)

1.11　静的述語のタ形

(a) 静的述語と出来事時

運動動詞のシタは,1.9節(a)で見たように,完成相とパーフェクト相との境界があいまいで,どちらともとれる(あるいはどちらにもまとめきれない)性質を持っていたのに対し,継続相のシテイル／シテイタは,はっきりと時制の対立として位置づけられることを述べた.静的述語の基本形とタ形の対立は,基本的には継続相の場合と同じように位置づけられるであろう.そもそも継続相シテイル／シテイタは,運動動詞に静的述語「いる」を付加することによって,動詞の意味を状態的に捉える機能を持っていたからである.

ここで,静的述語の時制について考えるとき,別の問題があらわになってくる.それは,運動動詞が描写する出来事と異なり,静的述語の場合は出来事時そのものがなってくるからである.これはすでに1.1節(d)で述べたとおりであるが,静的述語の中でも超時間的判断ないし恒常的状態を表す述語はテンスの対立を持たない.継続相シテイル／シテイタは一時的状態に相当するので,テンス対立が認められたが,継続相から派生した〈単なる状態〉では超時間的・恒常的意味を表すことによりテンスから解放されている例も認められた(1.1

節(k)).一般に静的述語では,表されている事柄が外的な状態なのか主観的な判断なのかがあらかじめ明らかでない場合が多いために,テンスの現れ方もまちまちになる.

(194)

意味	動的な出来事	一時的状態	超時間的・恒常的
品詞	運動動詞	静的述語	
アスペクト	○	×	×
テンス	○	○	×

((5)を再掲)

(b)「ムードのタ」

その一方で,静的述語のタ形の現れ方には,出来事時とは別の要素が関与する場合が実は多い.それが,寺村(1971,1984)で「ムードのタ」として取り上げられた現象である(高橋1985:Ⅷ-4も参照).寺村(1984)にそってその類型と用例を挙げておく(用例も寺村(1984)から採る).

1. 過去に実際に起こらなかったことを,起こり得たことと主張する.
(195) 同病院の渡辺正大外科医長は「運ばれてきたときは,からだは冷たく,危険状態だった.もう少しおそかったら<u>助からなかった</u>」といっている.　　　　　　　　　　　　　　　　　　(「朝日新聞」)

2. 過去に実際しなかったことを,すべきであったと主張・回想する.
(196) 山田は5二歩を見た瞬間,「こんな手を読み落としていたか.バカな」とイヤ気がさし「そんなら9二竜でなく<u>7四竜だった</u>」とくやみ……」　　　　(「朝日新聞」A級順位戦観戦記,1969.11.21)

3. 忘れていた過去の認識を思い出す.
(197) 失礼ですが,お名前は<u>何でしたかね</u>?

4. 未然のことを,すでに実現したことのように仮想して言いなす.
(198)　a.-シタ(ホウ)ガイイ

　　　b.-シタトコロデ(ラチガアカヌ,など)

　　　c.-シタト(仮定)シテ……

　　　d.-起訴に<u>した</u>ものか不起訴に<u>した</u>ものか

　　　　e．月ガ鏡デアッタラナ……
5．差し迫った要求を，すでに実現したことのように言いなして表す．
（用例略）
6．（過去の）期待の実現を表す．
（199）　多分そうだとにらんでいたが，やっぱり彼が犯人だった．
　　　　（cf. ?やっぱり犯人だ）　　　　　　　　（寺村 1984:334-344）

(c) 出来事としての情報の流れ

　寺村が挙げた類型のうち，1は反事実条件文として1.17節で取り上げる．4は複文内部の慣用的な表現であるので，これも今はおいておく．5はすでに1.10節(a)で取り上げた．ここでは，残りの2,3,6に注目したい．そこで述べられている「（正しい指し手が）7四竜であること」「相手の名前がxであること」「彼が犯人であること」などは，いずれも静的述語で表されており，内容はむしろ時間に関わりのない判断に属する．では，なぜタ形で表されているかといえば，内容自体の外的な出来事的側面ではなく，話し手がその内容に関する情報にいつどのような形で接したかという点に深く関わっているようである．すなわち，(196)では，「7四竜」を指すべき局面が過去に属しているということであり，(197)では，相手の名前を聞いたことが過去に属しているということであり，また，(199)では，「多分そうだとにらん」だのが過去に属しているということである．すなわち，ある情報を入手したり，当該の情報が必要とされたりするのは，時間の流れの中で生起する出来事であるが，その出来事に即して選ばれたタ形が命題内容を表す静的述語に直接付されているのである．そもそも，次のようなごく普通の用例にさえそのことは伺える．

（200）　昨日，田中さんに会ってきた．背の高い人だったよ．

「田中さんが背が高いこと」は昨日今日で変わる事柄ではないから，非タ形によって現在のこととして表してもよいはずである．しかしこの例では，タ形のほうがより自然である．それは，田中さんに会って，「背の高い人である」という情報を入手したのが「昨日」のことだからである．

　このように，情報の流れや情報の要求に対応する形で時制が選ばれるのは静

的述語に著しい特徴であり，運動動詞にはあまり見られないが，これは静的述語では出来事時というものがそもそも希薄であるが故に，時制が運動動詞とは異なる機能を担うようになった結果であろう．すなわち，運動動詞と静的述語で，時制が機能分担をしているのである．

また次のような例も見ておこう．

(201) （コンタクトレンズを探していて，やっと見付けて）
　　　あ，あったあった．

この例でも，やはり情報の流れに即してタ形が選ばれていると考えるが，このタ形は過去というよりは，「視点が情報がない段階から情報がある段階へと移行した直後にある」という，パーフェクト相的なタ形であろう（高木 1993）．すなわち，

(202) あ，見付けた見付けた．

というのとほぼ等しいのである．このように，静的述語は多くの場合，外的な出来事時ではなく，情報の流れという面から形態が選ばれる．その場合，タ形は時制性に関わる場合だけでなく，アスペクト性にも関わる．その点は運動動詞と並行的といってよいのである（金水 1998 参照）．

1.12　その他の形態

(a) シテイク・シテクル

シテイク，シテクルには，大きく言って次の6種類が認められる（高橋 1969, 吉川武時 1973, 今仁 1990, 坂原 1995 参照）．

I 移動の様態を表す動詞を前項とし，空間的な移動を表す．
　　例：走っていく／くる，飛んでいく／くる，転がっていく／くる，ついていく／くる，など

II 意志的な運動を表す動詞を前項とし，「…してからいく／くる」という継起的な意味を表す．
　　例：持っていく／くる，食べていく／くる，（映画を）見ていく／くる，など

Ⅲ 出現・消失を表す動詞を前項とし,出現・消失の意味を強調する.出現系にはシテクル,消失系にはシテイクしかない.
　　また,出現系は運動の始発を,消失系は運動の終了を強調する傾向がある.
　　例: 現れてくる,浮かんでくる,(電話が)掛かってくる,(雨が)降ってくる,生まれてくる,消えていく,沈んでいく,死んでいく,など
Ⅳ 対人的な動作を表す動詞を前項とし,動作の方向性を表す.
　　例: 話しかけてくる,なぐりかかってくる／いく,など
Ⅴ 多回的な動作を表す動詞を前項とし,動作の進展を表す.主にシテイクが多い.「つぎつぎと」「順番に」「一つずつ」など,順次的な進展を表す副詞類と共起することが多い.
　　例: 穴を埋めていく,席がふさがっていく,皿が空いていく,など
Ⅵ 量の漸進的な増減を表す動詞(主に二側面動詞),あるいはそれに対応する他動詞を前項とし,変化の進展を表す.
　　例: 太っていく／くる,増えていく／くる,育っていく／くる,など
　なお,「やってくる」のように一語化していると考えられるものは除く.また,「飛行機に乗って(アメリカに)行く」のように,本動詞の「行く／来る」に様態のテ節がついたものも当然除かれる.
　シテイク・シテクルは,時間性よりもむしろ視点の操作に関わる形態である.しかし視点の操作とは,時間性の面から見れば,設定時の操作につながる.シテイク・シテクルを用いると,特定の視点すなわち設定時を強調することになる.したがって,発話時から運動を完成的に捉えるよりは,設定時を運動の開始前か終了後に置いた捉え方を強制する.ことに,シテイッタ・シテキタは,後者の,パーフェクト的な表現に傾く(野村剛史氏のご教示による).
　なお,否定が絡んだ形態としてセズニイク,セズニクルがあるが,シテイク・シテクルのⅡ型に対応するものに偏るようである.

(b) シテシマウ

　シテシマウは,形態上の縮約形として,シチマウ,シチャウなどがおもに話しことばの中で用いられる.最近では,タ形に限りシチッタなども見られる.

1.12 その他の形態

ここではこれらを一括して扱っておく．

シテシマウには，典型的には，動作を完全にすませるという意味を表す場合と，表される運動が話し手にとって望ましくない帰結をもたらすという評価的な意味を表す場合とがあると言われる（高橋1969，吉川1973，杉本1991，1992他）．また，その意味の分岐には，動詞の意味的性質が関わるとも言われる．すなわち，一般的に話し手が行う意志的な動作の場合には評価的な意味は薄く，他者の行為や無意志的運動の場合には評価的な意味が濃く現れやすいというものである（杉本1991,1992他）．

(203)は話し手の意志的な動作で評価的な意味が薄く，(204)は無意志的な変化で，評価的な意味が加わっていると見なせる．

(203)　「そうですか．文学の本がございますの．全集というような物が揃えてございますの．その外は歴史のような物が多いのでしょう．亡くなった主人は法律学者でしたが，その方の本は大学の図書館に<u>納めてしまいましたの</u>」　　　　　　　　　（森鷗外「青年」）

(204)　「まだ<u>引かない</u>．その内電気にする積りだそうだ．洋燈は暗くて不可んね」と答えていると，急に，洋燈の事は忘れたと見えて，「おい，小川，大変な事が<u>出来てしまった</u>」と云い出した．　　（「三四郎」）

しかし，上に見たことは傾向性にすぎず，話し手の意志的動作であっても評価的意味が感じられる場合もあるし，無意志的運動であっても中立的に見える場合もある．

シテシマウ（シテシマッタ）を時間性の面から見ると，スル（シタ）と基本的には変わりがない．例えば，「食べてしまった」で表される時間的意味のうち，「食べた」で表せない意味はないのである．

(205)　りんごを一度に五個食べてしまった ≒ りんごを一度に五個食べた

(206)　（子供が月見だんごをつまみ食いするのを陰で見ていて）
　　　あ，食べちゃった ≒ あ，食べた（どちらも，まだ食べ続けていてよい）

しかし，次の対立は重要である．

(207)　a. 田中さんは夕食を<u>作っている</u>．

b. 田中さんは夕食を作ってしまっている.

（207a）はすでに見てきたように，〈進行〉の意味を表せるが，（207b）はどうであろうか．これを〈進行〉と見ることは難しい．「夕食を作る」という行為の達成後の段階しか表せず，したがって（207b）はパーフェクト相現在の意味にしか取れない．

ここでは，シテシマウの「しまう」は，限界をあえて乗り越える，という意味を付け加えると考えておこう．すなわち，シテシマウはスルの限界達成をさらに前景化した表現なのである．もともと動詞自身には限界を達成する意味が含まれているのだから，それに「しまう」を付加することによって，限界達成の意味が強調されるのである．この場合，非限界動詞ならば，限界は終了限界，開始限界の両方の可能性がある．例えば，（206）は開始限界を乗り越えたことを表している．しかし限界動詞の場合には，終了限界を達成する意味にしかならない．（207b）はそのことを表している．

限界点の達成を前景化するという意味は，次のような現象からも支持される．動作動詞の場合，シテシマウは「早く」「さっさと」「すぐに」など，すみやかな達成を意味する副詞類とはよく結びつくが，「ゆっくり」「じっくり」など，普通以上にゆっくり行う意味の副詞類とは共起しにくい．これは，前者が終了限界を前景化しやすいのに対し，後者は過程の方を前景化しやすいためと考えられる．

（208） a. ｛早く／さっさと／すぐに｝食べてしまえ
  b. ?｛ゆっくり／落ち着いて／よく味わって｝食べてしまえ

では，シテシマウの評価的意味はどこから生じるか．ある出来事が，限界点を超えて達成されるという局面を強調するということは，もう後戻りできないという含意を生じさせる．これがあらかじめ予定されていた動作であり，望ましい結果をもたらすべく行われたならば，とくに悪い評価は生じないであろうが，話し手が自分でコントロールできない出来事であれば，「意図に反して取り返しのつかない局面に立ち至った」という含意と容易に結びつく．ただし，どのような出来事が話し手に悪い評価をもたらすかは，文脈に依存する部分が多く，法則的には決定できない．

シテシマウと関連する，否定と絡んだ表現として，セズニシマウ，シナイデシマウがある．これらは，「普通ならば，その状況の中で当然起こるべき出来事が起こらないまま状況が変わる」あるいは「普通ならば，その状況の中で当然行うべき行為を行わないまま状況が変わる」という意味である．これも，意図して出来事の不生起を維持する場合もあり，また行う義務や必要があったのに行わなかったという悔悟の念を含む場合もある．また，単に生起が予測されたが生起しなかったという事実を淡々と述べる場合もある．どのような評価的意味が加わるかは，文脈に依存する．また，前項動詞の部分には可能の意味を表す表現が置かれる場合もある．

(209) と云うのは，こう聞かれた時に，安さんの名前がつい咽喉の先まで出たんである．所をとうとう<u>云わずにしまった</u>のが自慢なのだ．
(夏目漱石「坑夫」)

(210) 己は良心の軽い呵責を受けながら，とうとう<u>読んで見ずにしまった</u>ラシイヌの一巻を返した．　　　　　　　　　(「青年」)

(211) その時私はぼかんとしながら先生の事を考えた．どうも何処かで見た事のある顔の様に思われてならなかった．然しどうしても何時何処で会った人か<u>想い出せずにしまった</u>．　(夏目漱石「こころ」)

(c) シテオク

シテオクは，シテアルとかなり並行した性質を持っており，意味的にも深く連関している(高橋1969，吉川1973)．まず，シテアルに継続相とパーフェクト相に相当する内部区分があったのと同じように，シテオクにも，具体的・物理的な意味を表す用法と，抽象的なパーフェクト的意味を表す用法とが区別できる．

A: 場所を表すニ格名詞句を取り，実際に対象(客体)をその場所に「置く」意味を持つ．つまり，前項動詞と「置く」とが継起的な意味を持つ．
例：積んでおく，出しておく，立てておく，つないでおく，つるしておく，浸けておく，など

B: 意志的な行為を表すすべての動詞に付き，〈準備〉の意味を表す．

例：読んでおく，話しておく，知っておく，走っておく，など

なお，動詞語彙だけで言えば，B類はA類の動詞を含んでより広いので，A類の例として挙げた語彙でもB類の解釈を取るべき場合がある．

時間性の面から見ると，A類のシテオクは本動詞「置く」に近く，したがって例えば「机の上に本を積んでおいた」は完成相過去を表す．一方，B類は，パーフェクト性の表現である．すなわち，設定時以前に達成された意志的な行為が，なんらかの効果を狙って行われた〈準備〉の意味を含むものであることを表す．例えば，(212a)はパーフェクト相現在，(212b)はパーフェクト相未来に相当する．

(212) a. 調査書は<u>読んでおいた</u>．
　　　 b. 明日までに調査書を<u>読んでおく</u>よ．

(212a)が完成相過去でなくパーフェクト相現在であるという一つの根拠は，発話時において視点制約を持つ，という点にある．例えば，(213a)は不自然であるが，(213b)は自然である．すなわち，通常の言い切りの主節で，シテオイタは主語として一人称を強く要求する．

(213) a. ^{??}<u>田中さんは調査書を読んでおいた</u>．
　　　 b. <u>田中さんは調査書を読んでおいた</u>らしい．

視点制約があるということは，出来事時とは別に，特定の視点と結びついた設定時があるということと仮定できる．シテオイタの場合は，特別な文脈がなければ，設定時は発話時と同一，すなわち現在であるということになる．

関連する形態として，否定の絡んだセズニオク，シナイデオクがある．出来事時以降の効果を見越して，当の状況にあっては行ってもおかしくない動作をあえて行わない，という意味を持つ．やはり，視点制約を持つ．

(214) 「君もし宗近へ行ったらね．井上先生の事は<u>話さずに置いて</u>呉れたまえ」　　　　　　　　　　　　　　　　　　　（夏目漱石「虞美人草」）

(215) 「秀子さんそれじゃ済みませんから，どうぞそんな心配は<u>しないで置いて</u>下さい．此方で出来ないうちは，兎も角もですけれども，もう間に合ったんですから」　　　　　　　　　　　　（夏目漱石「明暗」）

(d) シヨウトスル

シヨウトスルは，開始限界前の準備的段階を述語化した表現である．

(216)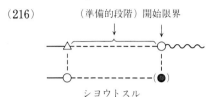

すなわち，準備的段階に入って開始限界に達するまでが，シヨウトスルの全体であると言うことになる．例えば「歩こうとする」ならば，歩くための準備段階(例えば，歩こうと思い，足を上げる，など)に入って一歩を踏み出すまでがその全体である．

ただし，終了限界が明示的に与えられている場合は，上とは少し違ってくる．例えば，「夕食を作ろうとする」であると，動作を開始したあとも含み，動作の終了限界，すなわち夕食の完成までがその全体となる．また，「大阪から東京まで歩こうとする」であれば，東京の到着までがその全体となる．

すなわち，シヨウトスルの終了限界は，スルの部分が非限界動詞であればその開始限界，スルの部分が限界動詞であればその終了限界が該当する．

(217) 明示的な終了限界がある場合

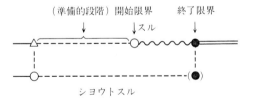

シヨウトスル全体としては，非限界動詞に相当する．スルの開始限界がシヨウトスルの終了限界に当たるわけであるが，準備的段階で終わって，運動が開始しなかった場合でもシヨウトスルとは言える．例えば，「歩こうとしたが歩けなかった」と言えるわけである．すなわち，シヨウトスルの終了限界は，あらかじめ意味的に決まっているわけではないということである．言葉を換えれば，準備的段階に入りさえすればシヨウトシタは言える．これは非限界動詞と

同じ性質である．

なお，現代語では普通，ショウが意志動詞専用の形であることと関連して，ショウトスルも多くは意志動詞に適用される．しかし，「日もようやく暮れようとしていた」のように，非意志的な出来事にも適用される．以下，実例から，非意志動詞の例を挙げておく．

(218) 延びようとする枝が，一所で伐り詰められているので，股の根は，瘤で埋まって，見悪い程窮屈に力が入っている．
(夏目漱石「永日小品」)

(219) 芳子の美しい力に由って，荒野の如き胸に花咲き，錆び果てた鐘は再び鳴ろうとした．　　　　　(田山花袋「蒲団」)

1.13　運動の局面を取り出す複合動詞

(a) 複合動詞の分類

ここでは，運動の局面を取り出す複合動詞として，シカケル，シハジメル，シツヅケル，シオワル，シオエルなどを取り上げる(高橋 1969，奥田 1978 など)．これらの動詞は，取り出す局面によって次のように分けられる．

(220) 準備的段階：シカケル
　　　 開始：シハジメル
　　　 過程：シツヅケル(-ツヅク)
　　　 終了：シオワル，シオエル(-ヤム)

(b) シカケル

シカケルは，スルの準備的段階を取り出す．その範囲は，ショウトスルとほぼ重なるようである．つまり，終了限界が明示されない非限界動詞では準備的段階の開始から動作の開始前までの間，限界動詞や終了限界の明示された非限界動詞では準備的段階の開始から動作・変化の終了前までの間である．

(221) 明示的な終了限界のない場合

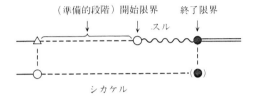

(222) 明示的な終了限界がある場合

 ショウトスルとシカケルの違いは，前者が意志動詞に傾き，「動作を開始する意志を持っている」という意味を強く表すのに対し，後者は意志的な意味を含まず，外面的な意味だけを持つ点にある．例えば，(223a)と(223b)の対比を見られたい．

(223) a. ロープをつかもうとしたがつかめなかった．
    b. ロープをつかみかけたがつかめなかった．

 (223a)は動作主の意志の面に重点を置いているので，例えば実際の運動は伴っていなくてもよい．しかし(223b)は，実際の運動を伴わなければ不自然になる．次のように変えてみるとよく分かる．

(224) a. ロープをつかもうとしたが，まったく腕が上がらなかったのでつかめなかった．
    b.??ロープをつかみかけたが，まったく腕が上がらなかったのでつかめなかった．

 無意志的な運動を表す動詞では，シカケルは自然に作れるが，ショウトスルは不自然であったり，やや書きことば的に聞こえたりする．例えば，「日が暮れようとしていた／日が暮れかけていた」で，前者は日常的な会話文では使いにくいが，後者は普通に使える．特に人を主語とする無意志的な運動では，シ

ヨウトスルは不自然だが、シカケルは自然になる。例えば、「??病気になろうとしていた／病気になりかけていた」などの対比で確かめられる。

(c) シハジメル

シハジメルは、スルの動作の開始の部分を特に取り出す複合動詞である。スルの開始がシハジメルの開始であるが、シハジメルの終了は特に決められない。

(225)
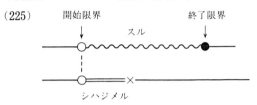

シハジメル自体としては、変化動詞相当と言えるであろう。スルの開始限界を過ぎたら、シハジメタが使える。シハジメテイルは、開始限界以後、動作の初期段階にあることを指し示す。ただし、初期段階がどこまでかは一概に決まらない。

なお、主体変化動詞にもシハジメルは適用できる。その場合、変化を過程と見なして、その初期段階を取り出す表現の場合と、多回的運動として捉え、その初期段階を取り出す表現の場合とがある。(226a)は前者、(226b)は後者の例である。

(226) a. 小さな穴から、堤防が次第に壊れ始めた。
　　　 b. 伝染病のために作物がつぎつぎと枯れ始めた。

(d) シツヅケル

シツヅケルは、スルの運動の過程を取り出す。特に、過程の連続性、持続性を強調し、「間断なく」「ずっと」「延々と」などの副詞類とよくなじむ。

シツヅケル自身のアスペクト的性質は非限界動詞なので、スルが限界動詞の場合でも、シツヅケルにすると非限界的になる。したがって、外的限界を設定することができるようになる。

(227) a.??五時間夕食を作った。

b. 五時間夕食を作り続けた.

　限界動詞から作られるシツヅケルは, 多回的な動作に解釈されやすい. 次の(228a)は主体変化動詞(自動詞), (228b)は主体動作・客体変化動詞(他動詞)の例で, どちらも多回的動作ととる方が自然である.

(228) 　a. その後, 横綱は五場所の間, 負け続けた.
　　　b. 木こりは山の木を十年間切り続けた.

　また, 主体変化動詞の場合, 結果状態の維持が過程として捉えられる場合がある. 次のようなものである.

(229)　その花は, 開花した後, 三日間咲き続けた.

　なお, 類似の表現として「-ツヅク」という複合動詞があるが, これはほとんど「(雨・雪などが)降り続く」の形でしか用いられない.

(e) シオワル・シオエル

　シオワル・シオエルは, スルの動作の終了部分を取り出す. シオワル・シオエルの過程は存在せず, スルの終了限界が, シオワル・シオエルの開始限界かつ終了限界ということになろう. シオワル・シオエルの結果状態というものも存在しないので, シオワル・シオエル全体としては, 瞬時性動詞に近い性質を持っていると言える.

(230)

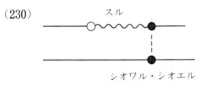

　「??死に終わる・??死に終える」「??倒れ終わる・??倒れ終える」のように, 一般に主体変化動詞にはシオワル・シオエルは適用しにくい. しかし, 「咲き終えた花が散っていく」のように, 結果状態の維持の終了を捉える場合も一部にはある.

　また, シオワルとシオエルは時間的な性質はほとんど変わらないが, 一般にシオワルは意志的・非意志的のどちらにも用いられるが, シオエルは非意志的な運動には用いにくい.

(231) ベルが{鳴り終わったら／??鳴り終えたら}鉛筆を放しなさい．

ただし，「花が咲き終える」などはこの点でも例外的である．やや擬人的な意味合いが含まれているかもしれない．

なお，同じく終了の局面を取り出す複合動詞として「-ヤム」があるが，これは「泣きやむ，降り止む，鳴り止む」など一部の非限界動詞の語彙に限定され，一般性に乏しい．

1.14 「まだ」「もう」

(a) 想定と推移

この節では，時間副詞のなかでも「まだ」「もう」を取り上げる．「まだ」「もう」については，池田(1999, 2000)が詳しいが，池田とは少し図式の方法その他を変えて，これらの副詞の意味・用法を概観しておく．

まず，「まだ」「もう」を用いる場合には，発話時において前提的に，ある状態が想定されているということを確認しておこう．例えば，

(232) 11時だと思ったら，まだ10時だ．

(233) 9時だと思っていたのに，もう10時だ．

といった例では，「…と思ったら」「…と思っていたのに」という部分にその想定が示されている．この想定は発話者が持っているとは限らない．次の場合は，聞き手の想定を前提としている．

(234) 今何時だと思っている．もう10時だぞ．早く起きろ．

「まだ」「もう」は，このような想定を前提とし，現実が想定とずれていることを示す標識であると言える．例えば，時間は「9時→10時→11時」と推移していくが，想定より現実が遅れていると認識した場合は「まだ」が，逆に想定より現実が進んでいると認識した場合は「もう」が用いられる．

上で述べたことを図式化してみよう．上の説明では分かりやすさのために「現実」と言ったが，「まだ」「もう」によって示される事柄は現実である必要はないので，以下の図式化では「主張」としておく．また「発話時」というのも，正確ではない．「もう10時だった」では発話時が基準にはなっていない．

そこで，設定時を用いる．「まだ 10 時だ」「もう 10 時だ」はそれぞれ以下のようになる．

(235) まだ 10 時だ．

	以前	設定時	以後
想定	**10 時**	11 時	12 時
主張		**10 時**	

(236) もう 10 時だ．

	以前	設定時	以後
想定	8 時	9 時	**10 時**
主張		**10 時**	

上の例では，時刻の推移の例を挙げたが，時間の進展とともに推移していく状態があれば，「まだ」「もう」は使えるのである．例えば，日没とともにあたりが暗くなっていく状況では，「明るい→暗い」という推移が前提される．ここで，やはり想定と主張に推移段階のずれが生じれば，「まだ明るい」「もう暗い」などが使えることになる．

(237) まだ明るい．

	以前	設定時	以後
想定	**明るい**	暗い	暗い
主張	明るい	**明るい**	

(238) もう暗い．

	以前	設定時	以後
想定	明るい	明るい	**暗い**
主張	明るい	**暗い**	暗い

以上の例に示されているように，「まだ」「もう」が用いられる条件として，次の 2 点が必要である．

(239) a. 時間の進展とともに推移・変化する状態が前提される．
　　　b. 発話に先立って推移の段階についての想定があり，その想定と発話によって主張される段階が食い違っている．
　　　c. 想定より主張が遅れている場合は「まだ」，進んでいる場合は

「もう」が用いられる．

(b) 継続相・パーフェクト相の場合

上に見た例は，名詞述語や形容詞という静的述語による，状態の表現であった．同様のことが，継続相やパーフェクト相でも言えることを見ておく．

商店は夜になって閉店時間になると閉まる．この場合，「開いている → 閉まる」という推移が前提される．この条件のなかで，「まだ開いている」「もう閉まっている」は次のように図式化される．

(240) あの店，まだ開いている．

	以前	設定時	以後
想定	**開いている**	閉まっている	閉まっている
主張	開いている	**開いている**	

(241) あの店，もう閉まっている．

	以前	設定時	以後
想定	開いている	開いている	**閉まっている**
主張	開いている	**閉まっている**	閉まっている

否定が絡まっても，同じことである．商店が開店時間になると，「開いていない → 開いている」という推移が前提される．この状況のなかで，「まだ開いていない」は次のようになる．

(242) あの店，まだ開いていない．

	以前	設定時	以後
想定	**開いていない**	開いている	開いている
主張	開いていない	**開いていない**	

ところで，(241)の状況では，同じことが「もう開いていない」でも表現できるはずであるが，「もう閉まっている」の方が好まれるかもしれない．これは，「もう」が状態の変化を認識した場合に用いる表現であるために，直接的に状態変化を含意する肯定形がふさわしいと感じられるためであろう．「まだ」の方は，状態の維持の認識であるので，否定形でも違和感がないのである．

では，次のような会話はどうなるであろうか．

(243)　A: 田中さん，もう来た？

　　　　B: いや，まだ来ない．

　まずAの発話の「来た」は，完成相過去ではなく，パーフェクト相と見るべきである．すなわち，設定時＝発話時が「田中さんが来る」という出来事の達成後の段階にあるという認識を示す表現である．したがって，「もう来てる？」と言っても，同じことになる．この例を図式化すると，次のようになる．

(244)　田中さん，**もう来た**？

	以前	設定時	以後
想定	来ない	来ない	**来た**
主張	来ない	**来た**	来た

　一方，「まだ来ない」の方も，パーフェクト性の表現と見られる．すなわち，「まだ来ていない」の意味である．一定の条件のもとで，シテイナイとシナイは中和するのである（金田一1950，高橋1994:1-3-4，日高1995など）．「まだ来ない」について図式化すると，以下のようになる．

(245)　いや，**まだ来ない**．（＝来テイナイ）

	以前	設定時	以後
想定	**来ない**	来た	来た
主張	来ない	**来ない**	

　なお，以上のような図式化に基づいて，「*田中さんがまだ来た」のような表現が不適であることも説明できる．「まだ」は，想定に比べて主張に表された段階が遅れていることを表す．したがって，「まだ来た」というためには，想定においてはもう「来た」という段階が成立していなければならない．ところが，一旦「来た」が成立すると，以後も引き続き「来た」の段階のうちにある．したがって，設定時における想定と主張のずれが生じないことになるのである．すなわち「まだ」を用いるための条件(239b)に合わないのである．

(246)　*田中さんが**まだ来た**．

	以前	設定時	以後
想定	**来た**	来た	来た
主張	来ない	**来た**	来た

(c) **もう来る・まだ来る**

では,次のような例はどうか.

(247) 田中さん,もう来ると思いますよ.

この「来る」も,完成相未来ではない.設定時＝発話時が,「来る」という出来事の開始前の段階にあることを示す表現である(池田1999).未発相と言っておこう(1.9節(b)).図式化すれば,次のようになる.

(248) もう来る

	以前	設定時	以後
想定	来ない	来ない	来る
主張	来ない		来る

なお,(248)の表における「来ない」は,未発相「来る」に対する否定形の「来ない」ということになる.(243)のBで示したパーフェクト性の「来ない」とこの未発性の「来ない」は,同一形態のなかで意味が連続していると見るべきである(金田一1950).

では,次のような状況を考えてみよう.閉店まで時間があるが,客足が途絶えてしまった商店で,店員同士が会話をしている.

(249) A: お客さん,もう来ないのかな.
　　　 B: いや,まだ来るよ.

ここでの「来ない」「来る」の意味は,それぞれ次のように図式化される.

(250) もう来ない

	以前	設定時	以後
想定	来る	来る	来ない
主張	来る	来ない	来ない

(251) まだ来る

	以前	設定時	以後
想定	来る	来ない	来ない
主張	来る	来る	

(251)の「来る」は未発相に近いが,(247)のような個別的・一回的な出来事の表現ではなく,もっと潜在的な,可能性について述べる表現であり,スルの

反復相にも近い．すなわち，「近い将来に客が来る可能性がある」という意味である．(250)の「来ない」はその否定形であり，「近い将来に客が来る可能性がない」という意味である．

(d) もう＋数量表現

池田(2000)では，次のような対比について述べられている．
(252) a. まだ50円足りない．
　　　 b. まだ足りない．
(253) a. もう50円足りない．
　　　 b.＊もう足りない．

「まだ」と数量表現が共起する場合には，数量表現を除いても意味が保存されるが，「もう」と数量表現が共起する場合には，数量表現を除くと意味をなさなくなる(「もう足りない」という表現自体は文脈を変えればありうる)．

この現象について池田の説明はやや込み入っているので，別の説明をしたい．(252a)の場合は，数量表現を取り去っても，同じ状況を指し示せることから，今まで見てきた「まだ」の図式化と同じ説明が成り立つと考えられる．すなわち次のようなものである．

(254) まだ(50円)足りない

	以前	設定時	以後
想定	足りない	足りる	足りる
主張	足りない	足りない	

すなわち，「すでに足りている」という想定に対して，依然として「足りない」のだが，その度合いが「50円」である，という意味である．

一方，「もう50円足りない」の方は，数量表現を除いて「もう足りない」とすると意味をなさないが，述語を省略して「もう50円」とすると，文脈の支えがあれば通じる．ここから，「もう」は述語「足りない」ではなく，数量表現「50円」と構成素をなしているという可能性が出てくる．すなわち「[もう50円]足りない」という構造である．このことは，次のように語順を入れ換えるテストでも確かめられる．

(255) a. まだ 50 円足りない．
　　　b. 50 円まだ足りない．
(256) a. もう 50 円足りない．
　　　b. *50 円もう足りない．

「もう」が修飾しているのが述語ではなく数量表現であるとするならば，想定される段階の推移は，数量そのものであろう．今問題にしている例では，金額の足りない度合いが徐々に減っていくスケールを想定すればよい．

(257) もう 50 円

	以前	設定時	以後
想定	500 円	100 円	50 円
主張		50 円	(0 円)

すなわち，「金額が足りないといっても 100 円 500 円ではなく，もう 50 円だ」ということを主張しており，金額の小ささを強調しているのである．この場合には，以前とか以後とかいう前後関係は必ずしも実際の時間の推移に対応しているわけではなくて，目標額への心理的な接近の段階を示していると見なせる．

上の例では「もう」が数量の小ささを強調していたが，必ずしも小さい数量ばかりが強調されるのではない．次の例では，スケールは逆に増大しており，数量の大きさが強調されている．

(258) かれこれ，もう 20 年この町に住んでいる．

	以前	設定時	以後
想定	5 年	10 年	20 年
主張		20 年	

このように見れば，異なる用法に見える「もう」も統一的に説明できるのである．

1.15 従属節と主節のテンス

(a) 主節時基準と発話時基準

　日本語の従属節のテンスが，主節のテンスとどのような関係にあるかという点について，早くには Josephs(1972)，久野暲(1973)などで論じられてきた．最近では，三原(1992)，橋本(1995a, 1995b, 1996)，丹羽(1997)，岩崎(1998)などで詳しく論じられている．

　これまで，例えば次のような現象が問題になっている．

(259) 太郎は電車の中で，傘を{持っている／持っていた}人に話しかけた．

(久野 1973:175)

ここで，連体修飾節で表されている「人ガ傘ヲ持ッテイル」という出来事と，主節で表されている「太郎ガ人ニ話シカケル」という出来事は，同時に起こっている．「持っている」のように〈非過去〉が用いられる場合は，連体修飾節の出来事が主節の出来事と同時であるという観点でテンスが決定されており，また「持っていた」のように〈過去〉が用いられる場合は，発話時から見てその出来事が〈過去〉だから，という観点からテンスが決定されていると見ることができる．橋本(1995a)などにならって，前者のように，主節の出来事時を基準として従属節のテンスを決めることを**主節時基準**，後者のように，発話時を基準として従属節のテンスを決めることを**発話時基準**と呼ぶことにする．

　なお，以後，スル，シテイルを**ル形**，シタ，シテイタを**タ形**と呼ぶ．そして，主節の出来事時を**主節時**，従属節の出来事時を**従属節時**と呼ぶ．また，従属節にはル形，主節にはタ形が用いられていることを，[[ル形]タ形]のように表記しよう．

(b) 形態と時制の対応

　では，主節時基準と発話時基準がどのように分布するか，整理してみよう．なお，整理のための例としては，内の関係の連体修飾節(いわゆる同一名詞句削除タイプのもの)で制限的用法のものに限っておく．

1 時の表現

発話時,主節時,従属節時の生起順序についてすべての組み合わせを挙げ,それぞれについて可能なル形,タ形の分布を示し,それぞれについて,主節時基準か,発話時基準かを判断する.

(260) 1. 主節時 < 発話時 の場合

 (a) 従属節時 < 主節時 の場合

  [[タ形]タ形]: **発話時基準または主節時基準**

   例:[田中さんは[一昨日結婚した人]に昨日会った](発話時基準)

   [田中さんは[前日結婚した人]に昨日会った](主節時基準)

 (b) 主節時 ≤ 従属節時 の場合

  [[タ形]タ形]: **発話時基準**

   例:[田中さんは[昨日結婚した人]に一昨日会った]

  [[ル形]タ形]: **主節時基準**

   例:[田中さんは[翌日結婚する人]に一昨日会った]

2. 発話時 ≤ 主節時 の場合

 (a) 主節時 ≤ 従属節時 の場合

  [[ル形]ル形]: **発話時基準または主節時基準**

   例:[田中さんは[明後日結婚する人]に明日会うらしい](主節時基準)

   [田中さんは[翌日結婚する人]に明日会うらしい](発話時基準)

 (b) 従属節時 < 主節時 の場合

  [[タ形]ル形]: **主節時基準**

   例:[田中さんは[前日結婚した人]に明後日会うらしい]

  [[ル形]ル形]: **発話時基準**

   例:[田中さんは[明日結婚する人]に明後日会うらしい]

上の整理の限りで言えることは,発話時基準と主節時基準は,かなり自由に選べるらしい,ということである.しかし,どのような場合でもそう言えるであろうか.次に,意味的な制約について考えてみる.

（c）**内包動詞**の場合

この節では，主節に**内包動詞**と言われるタイプの動詞が用いられる場合のことを考えてみよう．内包動詞とは，「思う」「考える」「信じる」など，主体の思考・想起を節としてとる動詞のことである．これらの動詞がとる節は，主節動詞の主体の視点から眺められているので，主節時基準に制約されるという予測が成り立つ．この予測が正しいかどうかを検証してみよう．主節時基準と発話時基準の違いがよく出るように，主節時 ≤ 従属節時 ≤ 発話時 のケースで確かめてみよう．

(261) a. 一昨日，田中は[山田が翌日結婚する]と信じていた．（主節時基準）
　　　b. *一昨日，田中は[山田が昨日結婚した]と信じていた．（発話時基準）

(262) a. 一昨日，田中は[山田が翌日結婚すること]を知っていた．（主節時基準）
　　　b. *一昨日，田中は[山田が昨日結婚したこと]を知っていた．（発話時基準）

このように，発話時基準の表現が不適格となるところから，予測は成り立つようである．なお，内包動詞には次のように節ではなく名詞句をとるものもあるので，同じ要領で確かめてみよう．

(263) a. 一昨日，田中は[翌日結婚する人]を探していた．（主節時基準）
　　　b. *一昨日，田中は[昨日結婚した人]を探していた．（発話時基準）

このケースでも，予測は成り立つことが分かる．

では，今度は同じ動詞を使って，発話時 < 従属節時 ≤ 主節時 のケースで試してみよう．この場合もやはり主節時基準のみ適格となると予測される．

(264) a. 明後日，田中は[山田が前日結婚した]と信じるだろう．（主節時基準）
　　　b. *明後日，田中は[山田が明日結婚する]と信じるだろう．（発話時基準）

(265) a. 明後日，田中は[山田が前日結婚したこと]を知るだろう．（主節

時基準)
   b. 明後日,田中は[山田が明日結婚する<u>こと</u>]を<u>知る</u>だろう.(発話時基準)
(266) a. 明後日,田中は[前日結婚<u>した</u>人]を<u>探す</u>そうだ.(主節時基準)
   b. ?明後日,田中は[明日結婚<u>する</u>人]を<u>探す</u>そうだ.(発話時基準)

このケースでは,一部予想に反して,発話時基準で許容可能な例が出てくるようである(265b, 266b).同様の現象は,岩崎(1998)でも指摘されている.ト節とコト節で大きく差が出ることからみて,いわゆる節の**事実性**にも関わる問題があるかもしれない(久野1973:第17章).主節時 < 発話時 の場合と,発話時 < 主節時 の場合とでは,主語の人物に対する共感度に差があるという可能性もある.

1.16 連体修飾節におけるテンスの解放

(a) 状態のシタ

〈単なる状態〉を表すシテイルや,静態動詞のうち,主節でシテイルの形しか採らないもの(80b),同じく静態動詞のうち,主節でスルかシテイルを採るもの(80c)は,連体修飾の位置に入ると,シテイルよりもシタの形をとった方が落ち着く.

(267) a. 曲が<u>った</u>道,屋根の間から突き出<u>た</u>塔 〈単なる状態〉
   b. ばかげ<u>た</u>話,優れ<u>た</u>業績 (静態動詞)
   c. 異な<u>った</u>見解,港に隣接し<u>た</u>建物 (静態動詞)

これらのシタは,テンスを担わない.しかも,なんの変化も前提としないので,アスペクトとも関わらない.すなわち,テンスからもアスペクトからも解放された,形容詞相当の表現であるということができる.テンスから自由になれるのは,これらが用いられているのが連体修飾節内だからである.連体修飾節内の述語は,テンスを担う場合もあるが,必ずしも担わなくてよい.なぜなら,連体修飾節の出来事や状態と,主節の出来事との時間関係さえ分かれば,主節のテンスを通じて,相対的に発話時間と連体修飾節内の出来事・状態との

関係が分かることが多いからである．たとえば，英語の形容詞は be なしに直接に名詞を修飾する（例: a *beautiful* flower）．ここでは述語がないので，テンスを表現しようがないが，形容詞で表される状態・属性は主節の述語で表される時点と同時であることが普通だから，直接に形容詞が名詞を修飾する場合は主節の出来事時と同時と見てよいのである．同じことは日本語でも起こっている．

(268)　きのう，きれいな花を見た．

下線部の「きれいな」はテンスとして〈現在〉を表しているかというとそうとは言えない．なぜなら，「きれいな」は時制を表すべき語尾がすり減って，存在しないからである．テンスから解放され，単に状態を表している（この「テンス／アスペクトからの解放」という概念は，高橋1985のものである）．「(花が)きれい(だ)」という状態が存在した時間は，「見た」の出来事時と同時と解釈される．

このように連体修飾節は，テンスから自由でいられる環境である．それゆえに，(267)のシタはテンスではない別の機能を担えるのである．(267)の場合は，シタはテンスでもアスペクトでもなく，形容詞相当の状態的な表現であることを示す形態ということになる．

では，次のようなシタはどうか．

(269)　曲がった釘，開いた窓，死んだ魚

これらの表現は「釘ガ曲ガルコト」「窓ガ開クコト」「魚ガ死ヌコト」といった出来事を前提としているので，シタは何らかの時間性の表現に関わっているが，完成相過去やパーフェクト相現在ではない．やはりテンスからは解放され，しかしアスペクトとしては結果状態を表現していると見られる．もしこれらの連体修飾を主節の位置に戻すと，それぞれ「釘が曲がっている」「窓が開いている」「魚が死んでいる」などシテイルになり，テンスとアスペクトをともに表現しなければならない．

また，次のような類型もある．

(270)　ゆでた卵，広げたハンカチ，絨毯を敷き詰めた部屋

これらの表現も，結果状態を表しているという点では(269)と同じである．

やはり，テンスからは解放されているが，シタは〈結果〉というアスペクトを表しているとみられよう．しかし(269)と異なるのは，連体修飾を主節の位置に戻したとき，シテイルではなくシテアルになる点である．なぜシテアルになるかというと，動詞が他動詞だからである．

(271) a. 卵が<u>ゆでてある</u>
　　　b. ハンカチが<u>広げてある</u>
　　　c. この部屋は絨毯を<u>敷き詰めてある</u>

以上の現象をまとめると，次のようになる．

(272) a. 連体修飾のシタの中には，テンスから解放されて，結果状態というアスペクトのみを表すものがある．
　　　b. さらにアスペクトからも解放されて，形容詞相当の状態を表すものがある．
　　　c. 結果状態を表すシタには，シテイル相当の場合(自動詞)とシテアル相当の場合(他動詞)とがある．

なぜ，シタがテンスから解放されたときに結果状態を表せるのか，またなぜ，その場合にシテイルとシテアルの区別が中和するのかは，シタの歴史を見ることによって説明できる．シタの前身であるシタリは，かつては主節の述語においても結果状態を表す形式であり，シテイルとシテアルに相当する区別を持たなかった．この古いシタリの性質が，連体修飾という特殊な位置で現代語にも保存されているのである(時枝 1950:168-169)．詳細については鈴木(1992)，高橋(1994:1-2-2)，金水(1995, 1999)を参照されたい．

(b) 連体修飾節でのスルの不完成的な用法

連体修飾節内でテンスから解放されるという現象は，スルについても起こる(高橋 1994:1-2-2)．次のような例を見てみよう．

(273) <u>流れる</u>川の水音を聞きながら食事をした．
(274) 激しく<u>降る</u>雨の中で強く抱き合った．

この「流れる」「降る」を，主節の位置に戻すと，「(食事をしたとき)川が流れた」「(激しく抱き合ったとき)雨が降った」ではなく，「川が流れていた」

「雨が降っていた」となるところである．すなわち，「流れる」「降る」という基本形は，未来ではなく，完成相でもなく，不完成的な，出来事の進行過程を表しているのである．この現象でも，連体修飾というテンスから自由になれる環境において，述語が古いアスペクト的意味を保存していると解釈できる．かつて，基本形が不完成的意味を表していたことについては，鈴木(1992)を参照されたい．

さて，テンスから解放されたシタがさらにアスペクトをも失って，形容詞相当の状態的述語に転じた例を示したが，スルの場合にも類似の現象がある．次のようなものである．

(275) 背後に聳える六甲山系，東西に走る幹線道路

これらの場合も，主節の言い切りの位置に置くと，「六甲山系が聳えている」「幹線道路が東西に走っている」のように，シテイルに置き換えられる．

なお，(275)の2番目の例で，なぜ運動動詞「走る」が静的な状態を表すのに用いられるのかという点については，主観的移動(subjective motion)あるいは想像上の移動(fictive motion)という概念(Langacker 1987)で説明されることがある．金水・今仁(2000:177)も参照されたい．

1.17 反事実条件文

(a) 反事実条件文前件と状態性

日本語には，反事実条件文であることを示すための専用の形態がない．しかし，条件文前件に，静的述語やシテイル(シテイタラ／シテイレバ)などの状態性の述語を用いると，反事実としての解釈が強められることが田窪(1993)で指摘されている．

(276) パーティに田中が来なくてよかった．田中が来ていれば大変なことになっているだろう．

シテイル形が反事実の解釈を強めることは，次のように非状態形とともに前件だけで比べてみればはっきりするであろう．

(277) a. 田中が来たら……

b. 田中が来れば……
c. 田中が来ていれば……

この現象について，田窪の説明の骨子を述べれば次の通りである．

条件形の「-れば」「-たら」は，設定時の状態に対する仮定を述べる形式である．そして，非状態形は，設定時以後の動的な段階の進展を述べるので，非状態形の「-れば」「-たら」は，設定時以後の分岐的条件を定義することになり，設定時における反事実的な仮定を含まない．設定時において，当該の出来事はいまだ成立していないからである．一方，状態性の述語の場合は，設定時における状態を述べる形式である．したがって，話し手が真偽を知っている状態について仮定を述べるとすれば，それは反事実的にならざるを得ないわけである．

(b) 反事実条件文の後件のタ形

次に，反事実条件文の後件に目を移す．ここで，興味深い現象が見られる．反事実条件文においては，後件の出来事が発話時以後に生起するはずの事柄であっても，タ形が用いられる（高橋 1985: Ⅷ-3-4）．ル形も用いられることがあるが，タ形のほうがより自然である．

(278) 一昨日ポストに投函していたら明日には{着いていた／着いた／?着く}．　　　　　　　　　　　　　　　　　　　　　　（鈴木義和氏による）

この現象は，寺村(1984)で「過去に実際に起こらなかったことを，起こり得たことと主張する」という「ムードのタ」の一種として取り上げられていた(1.11節(b))ものと関連する．寺村は次のような用例を示している．

(279) 同病院の渡辺正大外科医長は「運ばれてきたときは，からだは冷たく，危険状態だった．もう少しおそかったら<u>助からなかった</u>」といっている．　　　　　　　　　　　　　　　　　　　　　　（「朝日新聞」）

(280) 「それがみんな瀬川のせいか」
「そうね．あの人が刑事事件にしなかったら，<u>会社はつぶれなかった</u>．父は瀬川さんを恨んで死んだわ」
　　　　（結城昌治「危険な匂い」）（以上2例，寺村1984:335 より）

これらの例では，後件で想定された出来事は発話時以前に起こったかもしれなかった事柄である．その意味では，シタで表されることもそれほど不思議ではない．しかし(278)に示したように，発話時以降に起こる出来事でも，タ形が用いられるという点が非常に特異である．普通，「明日」など発話時以降を明示的に指し示す時間副詞類は，シタ／シテイタとは共起しないが，反事実条件文の後件に限ってそれが許容されるのである．

(281) *明日手紙が{着いた／着いていた}．

岩崎(2000)などでは，このようなタ形を過去とは見ず，話し手から見て事態を「こっち」ではなく「あっち」のものとして位置づける形式であるとしている．しかし，反事実条件文の前件が必ず過去に関する仮定であることを考えるならば，このタ形の用法も過去と関連づけて解釈するのが望ましい．

1.11 節(c)で，日本語のテンスは外的な出来事時に依存するばかりでなく，話し手の情報取得に関わる出来事に依存して決定されることがあることを見た．単文では，それは静的述語やシテイルなど状態述語に顕著であることを述べた．この反事実条件文の後件も，そのようなタイプのテンスの発現と見る余地があるのではないか．

反事実条件文の前件は，事実と確定した過去の状態 p に対して，¬p を設定する．それによって，世界は事実だけからなる現実世界と，p を ¬p に入れ替え，その結果，帰結される状態を付け加えた反事実世界とに分岐する．後件には，帰結としての ¬p に対する帰結 q が示されるが，これは現実世界では ¬q でなければならない．

(282)
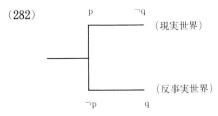

なお，もし q が現実世界に含まれるなら，譲歩文になり，後件はタ形をとれない．

(283) 一昨日投函したので,明日には着く.もし昨日投函していても,やはり明日には{着く／*着いた}.

すなわち,後件 q の真偽は,前件 ¬p を仮定した段階で決定されているわけである.その意味で,後件 q の真偽を決定する情報は,発話時以前のある時点で p が成立したことに由来すると言ってもよい.加えて,後件の出来事は反事実的であることが決まっている以上,発話時を中心とする現実世界における出来事時をしるしづけても,あまり情報的価値がない.その2点が相乗効果を挙げて,p 成立の時点に基づいて後件のテンスが決定されることになるのであろう.

2
否定の表現

2.1 否定文の諸側面

現代日本語の否定をめぐっては十分な記述がなされているとは言いがたいと思われるのだが，欧米における優れた研究が示しているように，否定が複合的な意味・機能領域であることは間違いないであろう．
　まず，問題になるのは次の二つの文の違いである．
（ⅰ）彼女は幸せではない．
（ⅱ）彼女は不幸せだ．
（ⅱ)の「不幸せだ」が〈派生〉による語彙的否定形式であって，「彼女は幸せでも不幸せでもない」と言えるように，肯定の「幸せだ」とは**反対**関係にあるとすれば，（ⅰ）の文法的否定は，肯定とは**矛盾**関係にあって，主語と述語とのむすびつきを否定する**文否定**（Jespersen(1924)の用語ではネクサスの否定）である．
（ⅱ）では「彼女はとても不幸だ」とは言えても「彼女はけっして（ちっとも）不幸だ」とは言えないのに対して，（ⅰ）では「彼女はけっして（ちっとも）幸せではない」とは言えても「彼女はとても幸せではない」とは言えない．（ⅱ）は，単一概念を否定する**語否定**であって主語と述語の結合自体は〈肯定的〉であるのに対して，（ⅰ）は，主語と述語の結合を否定する〈文否定〉であるとまずは言えよう．
　しかしながら一口に〈文否定〉とは言っても，次の表のような有標のモダリティ形式のパラダイムをみると，Lyons(1977)などが指摘するように，(α)文の命題の側面に関わる否定であるのか，(β)モダリティに関わる否定であるのか，

(α)命題＼(β)モダリティ	断定（主張）	否　認
存　在	スルのだ わけだ はずだ	スルのではない わけではない／わけがない はずがない
非存在	シナイのだ わけだ はずだ	シナイのではない わけではない／わけがない はずがない

がただちに問題になってくる．(α)では述語が表す〈属性の非存在〉が問題になり，(β)では話し手の〈否認（打消）〉という主体的作用が問題となる．(α)は，文の命題（対象的内容）の側面に関わるがゆえに「シタのだ」「シナカッタのだ」のようにテンスの分化があるが，(β)は，対象化されえないモーダルな側面に関わるがゆえに「～の(わけ)だった」「～の(わけ)ではなかった」のような過去形式は典型的なかたちではテンス対立を形成せず，否定（否認）の対象は，肯定的事態(スル)であっても否定的事態(シナイ)であってもよい．

このような有標のモダリティ形式の場合には，文否定の二つの側面が形式上分化するのであるが，無標の，したがって基本的な文の場合には，次の表のように，命題の側面の否定なのか，モーダルな側面の否定なのかが形式上区別できないのである(「シナイ，寒クナイ」が〈非存在〉を「シハシナイ(シヤシナイ)，寒クハナイ」が〈否認〉を表すというかたちでの明確な分化はないと思われる)．

(α′)命題的側面 ＼ (β′)モーダルな側面	断定(主張)[assertion]	否認[denial]
存在[p]	スル 幸セダ	シナイ(シハシナイ) 幸セデハナイ
非存在[not-p]	シナイ 幸セデハナイ	シナクハナイ 幸セデナクハナイ

したがって，「彼は来ない」「彼女は幸せではない」のような文否定において，次の二つの可能性が常につきまとってこざるをえない．

(α′)［彼が来ないこと，彼女が幸せではない］ことを［断定する］
(β′)［彼が来ること，彼女が幸せである］ことを［否認する］

もし，(α′)の側面に焦点をあてれば，文否定はコンテクストを考慮しないで記述できるであろう．肯定文と否定文とは，〈属性の存在（の断定）〉か〈属性の非存在（の断定）〉かで，対称的関係にあることになる．〈真〉か〈偽〉かの問題が前面にでてくるのはこの命題レベルの側面であろう．

しかし，(β′)の側面に焦点をあてれば，〈話し手の否認〉の対象となるべき〈肯定〉が，コンテクストに存在していることが前提になる(Lyons(1977)の用

語では，propositional negation は context-free であり，modal negation は context-bound である）．したがって，具体的なコンテクストにおける文の実際的使用の観点から，文ならぬ発話レベルの問題として，否定を考察すべきであることになる．すでに，Givón(1979)などによって指摘されているように，日本語でも「昨日，突然，変な人がたずねてきたよ」とは言えても「昨日，突然，変な人がたずねてこなかったよ」とは言えない．「変な人がたずねてくる」という肯定的事態がコンテクスト上前提となっていないからである．否定文が適切に使用できるコンテクストとは「昨日，うちの子，学校に行かなかったのよ」のように，相手が「当然学校に行った」と思っている（可能性が高い）と話し手が判断した場合である．

否定文と肯定文とは，以上のようなプラグマティクス（語用論）の観点からみた場合，けっして対称的ではない．Leech(1983)などに指摘されているように，否定文は肯定文よりも情報性が低い．「大阪は関西一の都会だ」も「大阪は日本一の都会ではない」も間違いではないが，「日本一ではない都会」には複数のものがあるとすれば，否定文は，肯定文とは違って，非情報的である．にもかかわらず，このような否定文が，コンテクスト上適切であるとすれば，会話における協調の原理（量の原則と関連性の原則）から言っても，相手が「大阪は日本一の都会だ」と発話したか，そう思っている可能性が高い場合であろう．だとすれば，否定の研究は真偽関係が関わる命題的側面の研究が先行したとはいえ，コンテクストのなかでの実際的使用の問題ぬきには，文否定の重要な本質が抜け落ちてしまうのである．文をコンテクストのなかで考えるか否かが，重要な意味をもってくるといえよう．そして以上のような観点から考えるとき，「太郎は花子を愛している」「君の気持ち，分かるよ」と「太郎は花子を愛していなくはない」「君の気持ち，分からなくはないよ」とは同じではない．様態の原則から言っても，簡潔明瞭な肯定表現を選ばずに，二重否定表現を選ぶにはしかるべき理由があるのである．

さらに言えば，すでに Jespersen(1917, 1924)，川端(1979)，Givón(1984) などにおいて指摘されているように，コンテクストぬきに文否定を考えるとしても，肯定文と否定文の関係は，矛盾関係としてのみではなく，反対関係とし

ても考えるべき側面がある．反対関係として考える場合に前面化してくるのは，「推量，疑問」のような〈話し手の認識的態度〉に関わる側面の位置づけである．そして，このような反対関係の取り出しは，(否定質問文を含めて)質問文をどう位置づけるかという問題にも関わってくるであろう．

・矛盾関係として

　「彼女は幸せだ」⟷「彼女は幸せではない」
　　〈存在の断定〉　　　〈非存在の断定〉

・反対関係として

　「彼女は幸せだ」⟷「彼女は幸せかもしれない」⟷「彼女は幸せではない」
　　　　　　　　　　「彼女は幸せか(かしら)」
　〈現実存在の断定〉　〈可能存在の断定(存在の非断定)〉　〈非存在の断定〉
　(realis-assertion)　(irrealis-assertion)　　　　　(neg-assertion)

　このように，否定は複合的領域であるがゆえに，否定文の諸側面をどう分析するかは，文法論の根底そのものに関わってくるであろう．いま，筆者にそのための十分な用意があるとは言いがたい．したがって，以下の記述を，次のような構成で行なっていきたいと思う．

　まず，「不親切だ，無関係だ，非常識だ」のような**語彙的否定形式**と「来ない，寒くない，親切ではない，学生ではない」のような**文法的否定形式**とは，どのように〈否定のあり方〉が異なっているかを考える．ここで問題にするのは，基本的に，単語レベルのパラディグマティックな関係としての形態論的現象である．

　次に，「けっして，ちっとも，さほど」のようないわゆる否定と呼応する陳述副詞と，「全部は読まなかった」「半分も読まなかった」のような数量に関わる形式と否定との関係を考える．ここで問題にするのは，文レベルのシンタグマティックな関係としての構文的現象であるが，「けっして」のような述語のタイプを選ばない陳述副詞と「ちっとも，さほど」のように名詞述語とは呼応できない陳述副詞があるとすれば，話し手の判断に関わるモーダルな側面と文の命題(対象的内容)に関わる側面との関係の問題もでてくる．また，数量に関わる形式の否定は，主語と述語のむすびつきの否定ではない(ネクサスの否定ではない)とすれば，量的側面か質的側面かの違いはあるが，次の否定の焦点

の問題ともつながる．が，ここで扱う否定のあり方は，プラグマティックな条件づけとは相対的に独立している領域であると考えてよいであろう．

最後に，いわゆる否定のスコープと焦点の問題を扱う．ポテンシャルな否定のスコープをきめるのは構文的条件であるが，アクチュアルな実際の焦点をきめるのはコンテクスト（プラグマティックな条件）である．「山田さんは，風邪くらいでは，会社を休まないよ」といった場合，基本的には**述語否定**であろう．が，「山田さんがめずらしく休んでいるね．風邪をひいたんだよ」という先行発話があったとすれば，否定の焦点は「風邪くらいでは」という，述語以外の文の部分である．したがって，ここで問題にするのは，〈発話〉レベルのディスコース・プラグマティクス（談話の情報構造）に関わる否定のあり方である．

以上のように，まずは単語レベルの形態論的現象から出発し，文レベルの構文的現象をへて，発話レベルの文法論とプラグマティクスとが相互作用する領域へと向かいたいと思う．ロシアを含めて欧米の言語学は，Horn(1989)のいう「メタ言語的否定」を含めて，談話レベルの最も興味深い相互行為的なコミュニケーションの領域を総合的に扱える段階にまですでに成熟しているのかもしれないが，日本語における否定の研究はまだなお基礎的足場固めが必要な段階にあるかと思われる．したがって，本章も研究の中間段階としてのものにすぎず，きめ細かな記述とは言いがたいのではあるが，「なにをどのように否定しているのか」の観点から以下の記述を行なっていきたいと思う．

2.2 文法的否定形式と語彙的否定形式

(a) みとめ方の対立と派生形容詞化

現代日本語の基本的な否定文は次のようなものである（動詞「来る」，形容詞「若い，親切だ」，名詞述語「学生だ」で代表させることにする）．

① 動詞述語文　　太郎は(が)来ない／太郎は(が)来ません
② 形容詞述語文　太郎は若く(は)ない／太郎は若く(は)ありません
　　　　　　　　太郎は親切では(じゃ)ない／太郎は親切では(じゃ)ありません

③ 名詞述語文　　太郎は学生では(じゃ)ない／太郎は学生では(じゃ)ありません

　以上のような「来ない, 若くない, 親切ではない, 学生ではない」のような否定形式は,「来る, 若い, 親切だ, 学生だ」のような肯定形式と文法的に対立して, みとめ方の違いを表している. そして「けっして, かならずしも, さほど, ろくに, ちっとも」のような陳述副詞と呼応することが指摘されている.

　このようなみとめ方の対立は, 基本的にすべての動詞, 形容詞, 名詞述語に認められるが, 存在動詞「アル」の普通体には「＊アラナイ」という形式がなく(丁寧体にはアリマセンがある), 形容詞「ナイ」が補充法として機能する. 次のように陳述副詞と呼応することからいって, アルとナイとの文法的対立を認めてよいであろう.

(1)「あんなにおいしいサンドウィッチは<u>あまり</u>ないよ」
　　　　　(村上春樹「世界の終わりとハードボイルド・ワンダーランド」)
(2)「焼跡の街なので行舎も<u>ろくに</u>ない. 支店長も我々もつい最近まで同じ棟に住んでいたくらいなんだ」　　　(城山三郎「小説日本銀行」)

みとめ方＼丁寧さ	普通	丁寧	普通	丁寧	普通	丁寧
肯　定	来る	来ます	ある	あります	寒い	寒いです
否　定	来ない	来ません	ない	ありません	寒くない	寒くありません

　しかし一方,「くだらない, つまらない」のような形式は, もはや, 否定の意味がない**派生形容詞**とみなさなくてはならない. 動詞の否定形式から形容詞への品詞の転成が起こっているのだが, これらは表2.1のように段階的である.「動じない」には対応する肯定形式「動じる」がなくなっているが(「太郎はすぐ動じる」とは言いにくい), 陳述副詞との呼応はある. 一方,「くだらない」は, 陳述副詞とも呼応せず,「くだるモノカ」とも言えず, 丁寧体の「くだりません」もなく(丁寧体は形容詞と同じ「くだらないです」になる), 派生形容詞化が完成していると言えよう.

　〈みとめ方〉における肯定形式との文法的対立がなくなると, 派生形容詞化していくのであるが, このような現象は,「この論文は優れている」のように完

2.2 文法的否定形式と語彙的否定形式 —— 101

表 2.1 動詞の否定形式から形容詞への転成階段

	対応する 肯定形式	ケッシテ との呼応	チットモ との呼応	スルモノカ 形式の有無	丁寧体シマセン の有無
来ない	○	○	○	○	○
動じない	×	○	○	○	○
かまわない	×	×	○	○	○
たまらない	×	×	×	○	○
やりきれない	×	×	×	×	○
つまらない	×	×	×	×	?
くだらない	×	×	×	×	×

成相とのアスペクト対立がなくなったシテイル形式が派生形容詞化していく場合と共通する．肯定形式とのパラディグマティックな対立あっての文法的否定形式である．

　このような動詞派生の形容詞化（複合形容詞化）は，次のような形式においてもなんらかの程度において進行している．慣用句的なものも含めて，いずれも対応する肯定形式が存在せず，〈みとめ方〉の文法的対立がなくなっていることが特徴的である．

　　すまない，そぐわない，解せない，否めない，欠かせない，いたらない，しまらない，おぼつかない，いたたまれない，にえきらない，おもいがけない，はかりしれない，みあたらない，ものたりない，ままならない，のっぴきならない，心配いらない／気にくわない，話にならない，ばかにならない，比べもの（比較）にならない，苦にならない，始末におえない，隅におけない，意にかいしない，手につかない，腑におちない，心配におよばない，とるにたりない／やむをえない，ひけをとらない／釈然としない，ぱっとしない，びくともしない，まんじりともしない／気がおけない，抜き差し（が）ならない，身動きがとれない，得体がしれない，ろれつがまわらない，らちがあかない，腹の虫がおさまらない，あいた口がふさがらない／年端のいかない／見向きもしない，目もあてられない，足もとにもおよばない，歯牙にもかけない，おくびにもださない，手も足もでない，にっちもさっちもいかない，箸にも棒にもかからない／一筋縄ではいかない

　さらに，「だらし（が）ない，仕方（が）ない，申し訳（が）ない」のような形式

も,「自信がない,興味がない,人気がない,勇気がない」のような形式とは違って,一語化を進行させつつ,肯定形式との対立を失っている.肯定との対立がある後者では陳述副詞との呼応があるが,前者では呼応はない.
(3) けっして自信はない／さほど興味がない／ちっとも人気がない
(4) *けっしてだらし(が)ない(けっしてだらしなくない)
　　*さほど仕方(が)ない
　　*ちっとも申し訳(が)ない

このように複合形容詞化を進めているものには,慣用句的なものも含めて次のようなものがある.「如才,たあい」のように,宮島(1972)のいう無意味形態素化も進行する.

しよう(が)ない,抜け目(が)ない,如才(が)ない,屈託(が)ない,抜かり(が)ない,たあい(が)ない,申し分(が)ない,味気(が)ない,わけ(が)ない,際限(が)ない,切り(が)ない,はてし(が)ない,取り留め(が)ない,あてど(が)ない,揺るぎ(が)ない,しょざい(が)ない,かわり(が)ない,あと腐れ(が)ない,面目(が)ない／意気地がない,音沙汰がない,聞き分けがない,とらえどころがない,当たり障りがない／手の施しようがない,非のうちどころがない,立つ瀬がない,とりつく島がない／かけがえのない,けがれのない／眼中にない／あとかた(も)ない,途方もない,滅相もない,まぎれもない,ひとたまりもない,突拍子もない,あられもない,やくたいもない,にべもない,柄にもない,心にもない／どうしようもない,見る影もない／元も子もない,縁もゆかりもない,根も葉もない,油断も隙もない,愛想もくそもない,身も蓋もない,味もそっけもない,影もかたちもない

(b) 語彙的否定形式

ところで,次のような形式も否定的意味を表している.
・不幸せだ(不器用だ),無関心だ(無愛想だ),非常識だ,未婚だ／予想外だ
・言いかねる,言いがたい／言いそびれる,言いそこなう
・無理だ,駄目だ,否定的だ／欠けている,欠席する／否定する,打ち消す,

否認する

しかしながら,これらは基本的に,陳述副詞と呼応しない(例外的現象については後述参照).

(5) *彼女は必ずしも不幸せだ／彼女は必ずしも不幸せではない
　　 *彼女はちっとも非常識だ／彼女はちっとも非常識ではない
　　 *あなたの意見にはけっして賛成しかねます
　　 *一日で仕上げるのは別に無理だ／別に無理じゃない
　　 *まさか否定するだろう／まさか否定しないだろう

形容詞「ナイ」は動詞「アル」とみとめ方の文法的対立を形成し,したがって陳述副詞との呼応があるが,「欠けている」には呼応がない.

(6) 物証があまりない／*物証があまり欠けている

(7) 彼女にはろくに常識がない／*彼女には常識がろくに欠けている

そして,次のように,程度副詞と共起しうる(程度副詞が基本的に肯定に偏ることについては工藤浩(1983)参照).

(8) 「今の父系社会というのは本当はすごく不自然なんだ」
　　　　　　　　　　　　　　　　　(村上龍「愛と幻想のファシズム」)

(9) 「魚次郎さんって,とても不作法なところあるわ」
　　　　　　　　　　　　　　　　　(井上靖「憂愁平野」)

(10) そのブランドに対して,彼らの意見はかなり否定的である.
　　　　　　　　　　　　　　　　　(山田登世子「ファッションの技法」)

(11) 「すみません.大変不愉快なことを申し上げまして」
　　　　　　　　　　　　　　　　　(井上靖「氷壁」)

(12) 「そうじゃないけど,ずいぶん不用心だと思って」
　　　　　　　　　　　　　　　　　(森瑤子「砂の家」)

したがって,このような語彙的否定形式と「来ない,若くない,親切ではない,学生ではない」のような文法的否定形式とは,否定のあり方が,基本的に異なっていると考えなくてはならない.

第1に,文法的否定形式は基本的に〈述語否定＝文否定〉であって,主語と述語とのむすびつき(ネクサス)を否定するものである.したがって,陳述副詞と

の呼応がある．一方，語彙的否定形式の方は，主語と述語とのむすびつきを否定するものではない〈語否定〉である．したがって，陳述副詞とは基本的に呼応せず，程度副詞と共起しうる．語彙的否定形式の場合は，主語と述語のむすびつきは肯定的であると言えよう．

　第2に，述語否定＝文否定であれば，主語が表す実体（属性の持ち主）に述語が表す属性が存在するか否かをめぐって，肯定文とは**矛盾関係**（contradictory terms）になるが，述語否定でなければ**反対関係**（contrary terms）であってよい．したがって，「花子は幸せでも不幸せでもない」「太郎は器用でも不器用でもない」という言い方が可能である．（ただし，「可能でも不可能でもない」とは言えず，語彙的否定形式が矛盾関係を表す場合もある．また，「よくない＝わるい」というかたちで反対関係になるのは特別なケースであろう．）文法的否定では肯定と矛盾関係をなすがゆえに，肯定とのパラディグマティックな対立がなくなると，派生形容詞化しつつ，無標の肯定的意味になっていく（もどっていく）と言えるかもしれない．

　第3に，文法的否定形式はほぼすべての動詞，形容詞，名詞述語に規則的に存在し包括的であるが，語彙的否定形式には，対応する肯定形式が存在する場合もあればない場合もあって，非包括的である（表2.2）．

表2.2　語彙的否定形式（＊は存在しないことを表す）

肯定	否定	肯定	否定	肯定	否定
幸せだ	不幸せだ	＊	不慣れだ	＊	無関係だ
確かだ	不確かだ	＊	不向きだ	＊	無意味だ
完全だ	不完全だ	＊	不揃いだ	＊	無抵抗だ
可能だ	不可能だ	＊	不都合だ	＊	無邪気だ
親切だ	不親切だ	＊	不経済だ	＊	無責任だ
愉快だ	不愉快だ	＊	不用意だ	＊	無関心だ
正確だ	不正確だ	＊	不安定だ	＊	無神経だ
器用だ	不器用だ	＊	不器量だ	＊	無気力だ
現実的だ	非現実的だ	＊	非常識だ	＊	未発達だ
生産的だ	非生産的だ	＊	非効率だ	＊	未解決だ
				＊	未確認だ
専門だ	専門外だ	＊	予想外だ	＊	未経験だ

2.3 否定と呼応する形式

(a) 陳述副詞とその他の形式

否定と呼応する形式を，大きく次のように分けておくことにする．

(i) 陳述副詞

①けっして，かならずしも，あながち，いちがいに，まんざら，まさか，よもや，とうてい，ぜんぜん，すこしも，ちっとも，これっぽっちも，いささかも，みじんも，まるっきり，ゆめにも，もうとう，たいして，さして，さほど，いまひとつ，ろくに，めったに，ついぞ，ひさしく，どうにも，いっこうに

②とても，なかなか／まるで／あまり／それほど，そんなに，そう／べつに／さっぱり

(ii) その他の形式

①半年と，五メートルと，二度と／つゆほども，ちりほども／一つも，一人も，一度も(一度だって)，一言も，ひとかけらも，一銭も，一睡も，一刻も／指一本，雲一つ，身じろぎ一つ，口答え一つ／誰一人，何一つ／誰も，なにも，なんら

②しか

まず，(i)は，基本的に概念的内容(素材的意味あるいは指示性)をもたず，述語否定を強調，補足する機能をもつ副詞である．したがって，呼応する述語のタイプは，基本的に(一部を除き)一般化されている．一方，(ii)は，②のとりたて助詞「しか」を除けば，素材的意味があり，したがって呼応上の制限があるものである．「一人も，誰も」は人間に限定され「一つも，なにも」はものごとに限定される．「つゆほども」は基本的に心理活動関係に限定されていて，「つゆほども思わない(知らなかった)」「尊敬の念がつゆほどもない」とは言えても「*つゆほども食べない」「*時間がつゆほどもない」とは言いにくい(この点では一応(i)に入れた「ゆめにも，もうとう」と共通していて，後者も基本的に心理活動に限定されている)．ただし，「なにも」は，「私はなにも独

身主義者なんかじゃなかったのよ」のように，名詞述語とも呼応するようになって(i)のタイプへと発展していっているだろう．

次に，(i)の①は，基本的に，文法的否定形式と呼応するものである(例外的に語彙的否定形式と共起する場合については後述)．(i)の②は，肯定形式とも共起しうるものであるが，次のように構文的条件や，指示性，語彙的意味の有無が異なっている．「べつに，さっぱり」では語彙的意味が漂白化されているし，「それほど，そんなに」では指示性がなくなっていると言えよう．

	とても なかなか	あまり	まるで	それほど そんなに	べつに	さっぱり
肯定との共起	形容詞述語	従属文	比況	文脈指示	語彙的意味「他」	様態副詞
否定との呼応	動詞述語	主文	完全否定	不完全否定	完全否定	完全否定

(13) 彼女はとても(なかなか)優秀だ／*とても(なかなか)優秀ではない
　　　忙しくてとても(なかなか)行けない／*とても(なかなか)行ける
(14) あまりおいしいので，たくさん食べた．
　　　このパンはあまりおいしくない／*このパンはあまりおいしい
(15) まるで雪のようだ／*まるで雪のようではない
　　　まるで分からない／*まるで分かる
(16) 太郎は震えていた．それほど寒かったのだ．
　　　今日はそれほど寒くないね／*今日はそれほど寒いね
(17) あなたには，別に，いいものをあげる．
　　　あなたは別に悪くない／*あなたは別に悪い
(18) 今日の料理はさっぱり(と)仕上がった．
　　　さっぱり分からない／*さっぱり分かる

次に，(ii)のその他の形式は，常に否定形式と呼応するものである．「半年ともたない，五メートルと離れていない，五分とかからない」は，示された数値と0(無)との間を表す〈〜以下〉の意味になって，**不完全否定**になる．「二度と行かない」の場合も〈二度以下〉の意味で〈一度は実現したが再びは実現しない〉の意味を表すことになる．「つゆほども，ちりほども，爪のあかほども，微動

も」は〈小量以下〉,「一つも,一人も,一文も,一滴も,一枚も,一歩も」などは〈1以下〉,つまり〈0(無)〉を表して,**完全否定**になる.(i)の「すこしも,ちっとも,いささかも,みじんも,これっぽっちも」も〈小量以下＝0〉であって,論理は共通している.「指一本(触れない),身じろぎひとつ(しない),物音ひとつ(しない),雲ひとつ(ない)」のような慣用句的になっているものもある.「誰も,なにも,なんら」は,〈対象の非存在〉を表す〈完全否定〉である(数量に関わる形式の否定については後述参照).

(b) 陳述副詞

(1) 陳述副詞の三つのタイプ

否定と呼応する陳述副詞は,述語のタイプの観点から,大きくは,「けっして,まさか」のように述語のタイプを選ばないもの(名詞述語文であってもよいもの,表2.3A)と,「ちっとも,あまり,とても」のように述語のタイプが限定されているもの(名詞述語文とは呼応しないもの)との二つに分かれる(表2.3B,C).そして,後者のタイプはさらに,「とても」のように動詞述語文のみに限定されているものと,「ちっとも,あまり」のようにそうではないものに分かれる(なお,モーダルな意味の観点からは,叙述文・意志文・命令文す

表2.3 陳述副詞のタイプ

	述語のタイプ	否定のあり方		副　　詞
A	名詞述語 形容詞述語 動詞述語	判断	断定: 完全	けっして,べつに
			断定: 不完全	かならずしも,あながち,まんざら,いちがいに
			推量	まさか,よもや
B	形容詞述語 動詞述語	量・程度	完全	ちっとも,すこしも,いささかも,みじんも,まるで,まるっきり,ぜんぜん,さっぱり,いっこうに
			不完全	あまり,たいして,さして,さほど,それほど,そんなに,そう
C	動詞述語	実現	不可能 困難 頻度(時間) (量)	とても,とうてい なかなか,どうにも めったに,ついぞ,ひさしく (ろくに)

べてに表れるのは「けっして、あまり」である。その他の副詞は叙述文に限定されている）．

　Aは、述語のタイプを選ばず、したがって、文の対象的内容から解放されている最も典型的な陳述副詞である．Bは、基本的に形容詞述語と動詞述語に限定される．（ただし、「ちっとも（あまり）美人じゃない」のように程度性のある名詞述語とは呼応しうる．また「さっぱり、いっこうに」は形容詞述語より動詞述語との呼応の方が多い．）Cは、基本的に、動詞述語に限定されるものである．「めったに、ついぞ、ひさしく」は、時間に関わる量的側面を捉えている点ではBと共通するが、述語は動詞に限定されているため、Cに一応入れておく．また「ろくに」は「ろくに寝てない、ろくに食べない」のように動詞述語に限定されて、Bとは異なり「ろくに広くない」のように〈程度〉を表すことはない（以上の副詞の個々の用法については、大雑把な記述にすぎないが工藤（1998）を参照されたい）．

　Bのタイプの副詞は、「非常に、たいへん、ずいぶん、かなり」のような**程度副詞**が、肯定形式に偏ることに対応しているであろう．一方、Cのタイプの副詞は、「やっと、ようやく」のような広義アスペクト副詞が、肯定形式に偏ることに対応していると思われる．**広義アスペクト副詞**は、大雑把にいって、次のように分類される．

（ⅰ）肯定形式とのみ共起	実現達成 実現の急速性 漸進的過程 反復	やっと、ようやく 突然、たちまち、ただちに、にわかに しだいに、じょじょに、ますます、だんだん たまに
（ⅱ）否定形式とも共起して否定の焦点となる	実現の急速性 多回・反復	急に、すぐに、いきなり、即座に、とっさに たびたび、しょっちゅう、頻繁に、しばしば、しじゅう、たえず
（ⅲ）肯定とも否定とも共起	持続期間	しばらく、当分、生涯、あいかわらず、いぜんとして／ずっと、長い間、いつまでも

　（ⅰ）のタイプのものは、「やっと起きた、突然立ち上がった、だんだん痩せてきた、たまに来る」とは言えても、「*やっと起きなかった、突然立ち上がらなかった、だんだん痩せてこなかった、たまに来ない」とは言えない．（ただし、

「やっと騒がなくなった，突然ものを言わなくなった，だんだんものを言わなくなってきた」とは言える．また「たまにしか来ない」「たまに来ないことがある」だと可能である．)

（ii）の副詞は，否定述語の場合には「そんな大金は急にはできない」「会議はすぐには終わらない」「そうたびたびは行っていない」のように，否定のスコープ内に入って否定の焦点とはなるが，外から否定述語を限定できないものである．(ただし，〈多回・反復〉を表す副詞では，「園子は笑いをたえず忘れなかった」のように，否定述語を外から限定する場合がでてくる．後述参照．)

（iii）の副詞は，「しばらく軽井沢に行く／行かない(行ってない)」「あいかわらずよくしゃべる／あまりしゃべらない」「ずっと雨が降っている／降っていない」のように，否定のスコープ内には入らず，肯定であれ否定であれ，外から時間的限定をするものである．(ただし，「ずっと，長い間，いつまでも」では，後述するように，助詞「ハ」や副詞「そう，そうそう」を伴うと，「長い間はお邪魔しません」「そういつまでも親に頼れない」のように，スコープ内に入って否定の焦点となる．まれには，「いつまでも物事にこだわらないのが，友梨の身上である」のように，単独で否定の焦点になる場合もないわけではない．)

程度副詞，広義アスペクト副詞はどちらも，文の対象的内容（命題的側面）を詳しくするものではあるが，そのなかでは最も抽象度の高いもの（一般化の進んだもの）であり，評価的側面をも含んだものである．形容詞では〈特性の程度の評価〉に関わる副詞において，動詞では〈時間的現象（実現）のしかたの程度・量の評価〉に関わる副詞において，「肯定（属性の存在）-否定（属性の非存在）」というみとめ方の対立のどちらかに偏る場合がでてくると言えよう．

(2)　陳述副詞の呼応のありかた

大きくは，述語のタイプから解放されているか否かによって，つまりは名詞述語と呼応できるかどうかによって，陳述副詞は二分類できるのであるが，表2.3のBとCのタイプの副詞は，述語のタイプが限定されていることから，次のような現象が起こってくる．

まず，**名詞述語文**の場合は，次のように，**規定語**（連体修飾語）の部分が否定

の焦点になり，名詞述語部分は否定されない．したがって，「とても入れない大学だった」「たいして面白くない話だ」「それほど面白くない学問だ」「そんなに書かない人だ」「あんまりまともじゃない職業だった」「ちっとも幸せじゃない気分だ」に言いかえることができるが，形式上，名詞述語の部分を否定にした実例の方が多い．

(19) 生半可な勉強では，とても入れる大学ではなかった．
　　　　　　　　　　　　　　　　　　（高樹のぶ子「葉桜の季節」）
(20) 「たいして面白い話じゃないよ」
　　　　　　　　　　　　　　　（村上春樹「国境の南，太陽の西」）
(21) 「薬学というのは，たしかにそれほど面白い学問じゃないと思います」
　　　　　　　　　　　　　　　（「国境の南，太陽の西」）
(22) 「母さん，いつも新聞や雑誌の広告を気にして見よるんじゃが，先生の名前は見たことないもんね」
　　「あの人は，そんなに書く人じゃないのよ」
　　　　　　　　　　　　　　　　　　　（渡辺淳一「夜の出帆」）
(23) 「いったい，あの先生，何をやっていたんですか」
　　「あんまり，まともな職業じゃなかったようだ」
　　　　　　　　　　　　　　　　　　　（松本清張「眼の壁」）
(24) 税金や締切りのことで苦しいし，ちっとも幸せな気分ではないんだもの．　　　　　　　　　　　　　　（林真理子「そう悪くない」）

次の(25)は「あんまりセクシーじゃない踊りだ」に言いかえられなくもないが，(26)と(27)は不可能であろう．

(25) 「ミツが踊っているの，初めて見たわ．あんまりセクシーな踊りじゃないわね」　　　　　　　　　　　（宮本輝「海辺の扉」）
(26) 「とにかく，お嫁入り前の人が，あまり近寄るところではないの．好い人ばかりは来ないんです」　　　　（大仏次郎「宗方姉妹」）
(27) かつて洋輔を愛したように，そして桂子を愛しているように，自分は，自分を愛しているだろうか．とても，愛せるような自分ではなかった．
　　　　　　　　　　　　　　　　　　　（丹羽文雄「樹海」）

次に，Bのタイプの副詞は，形容詞述語とも動詞述語とも呼応が可能なので，**構文的位置**が重要となる．次の例(28)では，直後の「上等な」が否定の対象であって，述語の「行く」は否定されていない．「上等なところにはあまり行きません」にすると，動詞述語と呼応し〈頻度〉の否定になる．例(29)では，直後の「なかった」(述語)と呼応しているが，「さほどめあたらしいものはなかった」にすると**程度否定**となる．

(28) 「それで金が余ったんで，支社長に御馳走しようかと思ったんです」
　　 「よし，付合ってやろう」
　　 「余り 上等なところへは行きません」　　　　　　　　　（「氷壁」）

(29) 彼女の映画はたいてい観ていたので，画面にめあたらしいものはさほどなかったし，俳優たちの証言にもこれといった発見はなかった．
　　　　　　　　　　　　　　　　　　　　　　　（塩野七生「男たちへ」）

次の例ではすべて，形式上は動詞述語が否定形式になっているが，〈意味上〉否定しているのは直後の形容詞である．例(30)では「私たちはふつう〈感情〉という言葉を，あまりよくない意味で使っています」と言いかえられるが，述語を否定にした実例の方が多い．

(30) 私たちはふつう〈感情〉という言葉を，あまり いい意味では使っていません．　　　　　　　　　　　（斎藤環「社会的ひきこもり」）

(31) 「大丈夫よ．もっと自分に自信をもちなさいよ．あなたはそんなに ひどい間違いはしないから」　　　　　　　（「国境の南，太陽の西」）

(32) 「員数を点検する時にばれたらどうする？」
　　 「そのときはそのときのことよ．だいたい，ここのところ，それほど きびしく員数を点検しないじゃないか」　　（立原正秋「冬の旅」）

次の場合は，〈主語〉の位置にある形容詞が否定の対象である．「弁護士も優秀なのがあんまりついていなかったのでしょう」「いいお魚はあんまりなかった」とすると**量の否定**となる．

(33) 「そうなんです．今だったら，あるいは証拠不十分で無罪になったかもしれませんね．旧刑訴法の時代だし，弁護士もあんまり 優秀なのがついてなかったのでしょう．ついにそういう結果になったのです」

(松本清張「Dの複合」)
(34) 「スーパーには、あんまりいいお魚はなかったわ」 (「海辺の扉」)
(35) 「そうしましょうか。でも、とろろ芋は、あんまりいいのは残っていないと思いますが」 (井上靖「夏草冬濤」)

次の場合は、形式上は、名詞述語が否定形式だが、意味上の否定の対象は、直後の「積極的に」である。「ものをいう人だ」の部分は否定されていない。

(36) しかし、寺田さんはあまり積極的にものをいう人ではありませんでしたから、仮にスペンスの操縦がまずかった場合でも、はたしてどの程度それをハッキリいえたでしょうね。

(柳田邦男「マッハの恐怖」)

このようなことは、Aのタイプの「けっして」のような否定判断そのものに関わる陳述副詞にはおこらない。次の場合、どちらも同じ意味である。

(19′) 生半可な勉強ではけっして入れる大学ではなかった。
生半可な勉強で入れる大学ではけっしてなかった。
(28′) けっして上等なところには行きません。
上等なところにはけっして行きません。

しかし、BとCのタイプの陳述副詞は、形式上と意味上の**呼応のずれ**がおこる。そして、その場合には否定の対象の〈直前〉の構文的位置にあることが義務的であって、直後の文の部分のみを否定すると言えよう。

このような現象は、次のようないわゆる**否定繰り上げ現象**とも関わってくる。例えば、例(37)(38)において「ワシはあまり大変じゃないと思うけどね」「私の仕事は、ビルの設計図を引く仕事に比べて、そう劣らないものだと思うわ」と言いかえることが可能である。

(37) 「私も今は、真が高校へ行った方がよかったとは、ぜんぜん思わない。でも、これからまだまだ大変だなあと思う。真自身がね」
「ワシはあんまり大変だとは思わないけどね。けっこう楽しく生きていけそうな気がしてるんだ」

(干刈あがた「ゆっくり東京マラソン」)

(38) 「私の仕事が、ビルの設計図を引く仕事に比べて、そう劣るものだと

は思わないわ」　　　　　　　　（藤堂志津子「きららの星たち」）
(39) だが高明の仕事の量からして，<u>たいして</u> <u>収入がある</u>とは思えない．
　　　　　　　　　　　　　　　　　　　　　　　　（「夜の出帆」）
(40) そもそも古代において，夫婦は，しょせん赤の他人．<u>それほど</u> <u>安定した関係</u>とは考えられていなかった．　　（上野千鶴子「性愛論」）
(41) いま，風の音だけがきこえる雪のなかでしかと抱き合っていると，死も<u>さほど</u> <u>遠い</u>ことのようには思えない．（渡辺淳一「メトレス」）
(42) 「居酒屋みたいなところのカウンターで見かけたんだけど，<u>あまり</u> <u>ハッピーには見え</u>なかったわ」（落合恵子「スパイスのミステリー」）

次の例では，形式上の否定（主文の述語「思ってない」）と，意味上の否定の対象（従属文の修飾語「簡単に」）との距離はきわめて遠い．

(43) 「<u>それほど</u> <u>簡単に</u>ことが運ぶとははじめから思ってないさ」
　　　　　　　　　（「世界の終わりとハードボイルド・ワンダーランド」）

このような現象が起こるのは「思う，考える，見える」のような動詞である．「思う」の場合，次のようなパラダイムが考えられる．「いい仕事だとは思わなかった」と「いい仕事じゃないと思った」では，後者の方が否定性が強いだろうが，「あまりいい仕事だとは思わなかった」と「あまりいい仕事じゃないと思った」とでは，両者の否定の程度差は狭まってくるように思われる．しかし，「言う」のような動詞では，「いい仕事だとは言わなかった」と「いい仕事じゃないと言った」では意味がまったく異なる．したがって，「あまりいい仕事じゃないと言った」は可能であるが，「あまりいい仕事だとは言わなかった」とは言えないのである．ただし，「言う」という語彙的意味が漂白化されてモーダルな意味を表すようになった場合には「あまりいい仕事とはいえない（いえなかった）」という言い方が可能になる．

スルと思う	スルとは思わない	スルと言う	スルとは言わない
シナイと思う	シナイとは思わない	シナイと言う	シナイとは言わない

なお，形式上と意味上の呼応のずれは，「二度と」「一枚も」「一歩も」のような形式でも起こる．次の例(44)(45)(46)のように，直後の「手に入る」「欲

しい」「踏み込む」が否定の対象であって,主文の述語自体(「土地だ」「思った」「思っている」)が否定されているのではない.

(44)「アヴィニョンと地つづきで,もう二度と手に入る土地じゃありませんよ」　　　　　　　　　　　　　　　　　　　(宮本輝「花の降る午後」)

(45)「どれでも,二,三枚お取りになっていただいて結構です」
かおるは言ったが,美那子は一枚も欲しいとは思わなかった.
(「氷壁」)

(46)「私,江波さんに,一歩も踏み込もうなんて思っていません」
(「海辺の扉」)

以上,陳述副詞における形式上と意味上の呼応のずれの現象について記述したが,これは後述する否定のスコープと焦点の問題に関わる現象でもある.

(c)　陳述副詞と語彙的否定形式との共起

陳述副詞は,基本的に,文法的否定形式と呼応するのだが,表2.4のような

表2.4　陳述副詞と語彙的否定形式との共起

	陳述副詞	語彙的否定形式
A	けっして	言うのはやめよう(よそう)
	べつに	いい
	かならずしも	言いがたい
	いちがいに	言いがたい
	まさか	予想外だ
B	まるで	欠いている,能なしだ,無意味だ,無頓着だ,無感覚だ,無学だ,没交渉だ,未知だ,からっぽだ,失せる,忘れる,よす/違う,異なる,かけ離れている/間違っている,嘘だ,でたらめだ,反対だ,逆だ,別だ,他人だ,駄目だ,下手だ,めちゃくちゃだ,小学生じみている/いい,平気だ
	ぜんぜん	
	あ(ん)まり	(〜とは)言いがたい,言いかねる/ひどい,残酷だ,悲しすぎる
	いっこうに	無関心だ,うとい/平気だ
C	とうてい	不可能だ,無理だ,駄目だ/難しい
	とても	無理だ,駄目だ/賛成しかねる,耐えがたい
	なかなか	到達しがたい,見出だしにくい,分かりづらい,できかねる
	どうにも	救いがたい,歌いにくい/具合が悪い,苦しい,苛立たせる

陳述副詞は，語彙的否定形式と共起する場合がある．なお，リストにあげていない「あながち，まんざら，よもや／ちっとも，少しも，みじんも，いささかも／さほど，それほど，そんなに，たいして，さして／ろくに，めったに，ついぞ，ひさしく」は，常に文法的否定形式とのみ呼応する．「まるで駄目だ」とは言えても「ちっとも駄目だ」とは言えない(以下の記述の詳細は，工藤(1999)を参照されたい)．

以上のような語彙的否定形式を，意味の観点から，(I)から(VI)の六つのタイプに分けて図式化すると表2.5のようになる．このうち(VI)は，最も否定的意味の弱いもので，所属語彙も限定されている．

傾向としては，語彙的否定形式との共起は，Aのタイプの副詞ではきわめ

表2.5 語彙的否定形式のタイプ

副詞	意味\語彙的形式	(I)不可能	(II)困難	(III)欠如・消滅	(IV)不一致	(V)負の評価	(VI)気にしない
		不可能だ, 無理だ, 駄目だ	シかねる, シがたい, シにくい, シづらい, 難しい	欠けている, からっぽだ, 無意味だ, 無学だ, 無関心だ, 未知だ, 予想外だ, 失せる, やめる, 忘れる	違う, 嘘だ, でたらめだ, 反対だ, 別だ	駄目だ, めちゃくちゃだ, 苦しい, 下手だ, 中途半端だ, ひどい, 悲しすぎる	平気だ, いい
A	けっして			△			○
	べつに						
	かならずしも		△				
	いちがいに		△				
	まさか			△			
B	ぜんぜん			○	○	△	○
	まるで			○	○	○	△
	あ(ん)まり		△			●	
	いっこうに			△			○
C	とうてい	○	△				
	とても	○	○				
	なかなか		○				
	どうにも		○			○	

て特殊な場合しか起こらず，B, C のタイプの副詞に見られる．（「けっして」は「けっして言うのはやめよう」とは言えても「けっして言うのはやめた」とは言えない．否定意志を表す「言うまい」の形式にかわる補充法的にのみ使用されるのである．）

次に「不可能だ，未知だ」を除くと，接頭辞「不」「未」「非」を伴った「不機嫌だ，不景気だ，不確かだ」「未婚だ，未解決だ，未発達だ」「非現実的だ，非常識だ」と共起した例は見られず，「無関心だ，無意味だ，無感覚だ」のような接頭辞「無」を伴ったものに見られる傾向がある．すでに述べたように，接頭辞「未」を伴ったものを除けば，これらの形式は「非常に不自然だ，かなり不器用だ，きわめて不安定だ，すごく無愛想だ，ずいぶん無責任だ，ひどく非現実的だ」のような共起のしかたの方が多い．

このような(I)から(VI)のタイプの形式が，語彙的にはなんらかのかたちで否定的意味をもっている一方，文法的には〈肯定的〉である（ネクサスの否定ではない）とすれば，共時的にも歴史的にも副詞の共起の揺れが起こるのも不思議ではないように思われる．

第1に「まるで，ぜんぜん」は，次のようなかたちでの連続性がある．「まるですばらしい，ぜんぜんおいしい」などとは言いにくいが，「ぜんぜんいい」のような言い方が俗語で使用されるようになっても不思議ではないであろう．

〈文法的否定形式〉　　まるで分からない／ぜんぜん知らない
　　↕
〈語彙的否定形式・　　まるで無意味だ／ぜんぜん無学だ
　文法的肯定形式〉　　まるで下手だ／ぜんぜん平気だ（かまわない）
　　↕
〈語彙的肯定形式・　　まるでおとなしい／ぜんぜんいい
　文法的肯定形式〉

第2に「あ(ん)まり」が(V)のタイプの否定的評価を表す語彙的形式と共起する場合は，「あまり話がうますぎる」「あんまりひどい」のように「程度大」の意味を表し，〈不完全否定〉ではない．したがって「あまりすばらしいので見惚れてしまった」のような従属文における用法と共通するが，〈否定的な評価〉のものに限定されている点で異なる．

〈文法的否定形式：不完全否定〉　あ(ん)まりうれしくない／あまり働かない
　　　↕
〈語彙的に否定的評価・　　　あ(ん)まり惨めだ／あまり働きすぎる
　文法的肯定形式：程度大〉
　　　↕
〈語彙的に肯定的評価・　　　あ(ん)まりうれしいので／あまり働くので
　文法的肯定形式：程度大〉

第3に、「とても、なかなか」にも、次のようなかたちでの連続性がある．

〈文法的否定形式〉　とてもできない／なかなか言わない（言えない）
　　　↕
〈語彙的否定形式・　とてもできかねる／なかなか言いがたい
　文法的肯定形式〉　とても駄目だ／なかなか（実行が）難しい
　　　↕
〈語彙的肯定形式・　とても簡単だ／なかなかいい
　文法的肯定形式〉

次の場合の「とても」は、(47)では「とうてい」にしか言いかえられないが、(48)では「非常に」にしか言いかえられない．(49)ではどちらとも可能であろう．

（47）駄目ね．そんなことじゃ、とても紀尾井町まではむずかしいわね．
　　　　　　　　　　　　　　　　　　　　　　　（里見弴「多情仏心」）
（48）あの人には何でも見えていたから、人を信用することが、とても難しかったみたい．　　　　　　　　　　　　　（宮部みゆき「龍は眠る」）
（49）二人が結婚を望んだにしても、こんな大きい子供がいるのだから、とてもむずかしい話だということを、暗に彼女に知らせるのが目的であったとも思われる．　　　　　　　　　　　（石川達三「人間の壁」）

「なかなか」の場合も、(50)(51)の場合は〈非実現性〉が、(52)(53)の場合は〈程度性〉が前面化する．後者では「けっこう」に置きかえられるが、前者は不可能であろう．そして、(51)と(52)との間の違いには「なかなか」の構文的位置が関与しているだろう．

（50）中年が背負っている課題は、なかなか本人には自覚されがたいものである．　　　　　　　　　　　　　　　　（河合隼雄「中年クライシス」）
（51）小異を捨てて大同につくという、日本には立派な言葉はあるけれど、なかなか実行は難しいわけですね．　（荻野博司「日米摩擦最前線」）

(52) 特効薬をみつけるのはなかなか難しい． （朝日新聞「天声人語」）
(53) 煙草というものを買ったのは初めてのことだった．買い方もなかなか難しい． （「夏草冬濤」）

2.4 数量・程度に関わる形式と否定

(a) 矛盾関係としての否定

Jespersen(1924)でも指摘されているように，文法的否定は，数学的否定とは異なる．「−4は+4以外のすべてという意味ではなく，4が0より多いと同じ量だけ0より少ないことを意味するが，文法的否定は矛盾項に変える」のである．そしてその場合，特別な場合を除いて，〈〜以下〉の意味になる．

陳述副詞のなかの程度・量に関わるもの（Bのタイプ）のうち，次のものは，「少し食べる（寒い），いささか心配だ」「そんなに食べたら（心配したら）お腹がいたくなるよ」のような肯定文において，前者は量・程度的に〈小〉を表す形式であり，後者は〈大〉を表す形式である．そして，否定文と呼応する場合には，前者では助詞「モ」を伴って〈小量以下＝0〉というかたちで完全否定を表し，後者では〈大量以下〉というかたちで肯定の余地を残す不完全（部分）否定になる．

　　完全否定　　少しも，ちっとも，いささかも，これっぽっちも／みじんも
　　不完全否定　それほど，そんなに，あまり／そう

この論理は，次のような数量を表す形式においてもはたらく．すべて，否定文では〈〜以下〉の意味になって，前者では〈1以下＝0〉で完全否定となり，後者では肯定の余地を残す不完全否定の意味になる．したがって，前者では事態の不成立を表し，後者では述語部分自体は否定されないことになる．

肯　定	否　定
論文を一本書く	論文を一本も書かない
ひとかけら残っている	ひとかけらも残っていない
車が一台通った	車一台通らなかった
この部屋には十人入れる	この部屋には十人も入れない
一時間かかる	一時間と（も）かからない
予定の半分書けた	予定の半分も書けなかった

2.4 数量・程度に関わる形式と否定——119

このように，肯定文と否定文とは〈矛盾関係〉をなすのであるが，ここでは以下のような I〈存在量〉，II〈持続量〉，III〈頻度〉，IV〈程度・割合〉に関わる形式と否定との関係について順次述べていくことにする．

(b) 数量に関わる形式の三つのタイプ

数量に関わる形式は，大きく，X, Y, Z の三つのタイプに分けられる（表 2.6）．

表 2.6 数量に関わる形式のタイプ

	I	II	III	IV
X	全員，全部，すべて	いつまでも	いつも	完全に，百％
	たくさん，多く	ずっと，長い間	毎日，たびたび しょっちゅう	十分に
Y	半分，三分の一 百人，十個	半年，一時間	五度（五回） 二度	五十％ （期待したほど）
Z	一人，一つ，一言	一瞬	一度（一回）	一％ （つゆほど）

それぞれの特徴は，基本的に，次のようになる．

X	助詞「ハ」がついて，不完全否定
Y	助詞「モ，ト」がついて，不完全否定
Z	助詞「モ」がついて，完全否定

以下，説明の都合上，Z, Y, X の順に述べていく．

まず，Z のタイプの形式はすべて，「一言も言わない，一瞬も視線を逸らさない，一度も来ない，つゆほども（塵ほども）ない」のように，助詞「モ」を伴って〈完全否定〉になる（「一度」の場合は「一度だって，一度として」のような形式もある）．「一睡もしない」「一刻も猶予できない」「一銭（一文）もない」「一面識もない」「一分の隙もない」「片時も忘れない」「片鱗もあらわさない」の場合は，もはや否定専用になっていると言えよう．量・程度が〈小〉のものであれば，「ピクリとも動かない」「そよとも吹かない」「びくともしない」のような様態副詞にも「モ」がついて〈完全否定〉になる．

「雲(塵, 汗, 眉, 喧嘩, 口論, 手掛かり)ひとつ」「ひとっこひとり」「指一本」のように，助詞「モ」を伴わずに〈完全否定〉になる場合もある．ただし，次のように助詞「モ」を伴わず，かつ数詞が単独で用いられる場合は，否定的事態を外から限定することになる．

(54) 「変ね，一人足りないわよ」
「本当だ，鳴駒屋のお弟子がいない」
(有吉佐和子「開幕ベルは華やかに」)

次に，Yのタイプのものは，「期待したほど」のような形式を除いて，助詞「モ」または「ト」を伴って〈不完全否定〉になる．

(55) 「折角来てくれても，どうせ半年と勤まるまい」　　(「夜の出帆」)
(56) 「ああ，がっかりだわ．きょうはお天気がよかったせいか，平和を守る講演会には百人と人が集まらなかったのよ」
(三浦綾子「積木の箱」)
(57) 「コップに半分も飲んでいませんわ」　(宮本輝「ドナウの旅人」)
(58) 冷汗脂汗を流してがんばったが，全員三分の一も食べられない．
(林真理子「今夜も思い出し笑い」)
(59) 利根川さんの論文を読もうと思って読み出しても十行も読めない．何が書いてあるか，まったく分からないんです．
(立花隆「ぼくはこんな本を読んできた」)
(60) 「気を失って運び込まれてから，まだ四時間もたってないのよ．何を馬鹿なことを言っているの」　(藤堂志津子「やさしい関係」)

ただし，助詞「ト」を伴った場合は常に〈不完全否定〉であるが，「モ」の場合は，次のように否定的事態を外から限定することもある．この場合は，否定のスコープ外であるので，助詞「モ」がなくてもよい．例(63)はそうである．

(61) 「えっちゃん，もう二ヵ月も学校にいっていないのよ」
(灰谷健次郎「少女の器」)
(62) しかし，飛行機が正規のコースを大きくはずれていたことや，四分あまりも交信しなかったことなどを全体として見ると……
(「マッハの恐怖」)

2.4 数量・程度に関わる形式と否定——121

(63) 私は大学生に講演するときでも,話のレベルは下げません.十に一つぐらいしかわからなくてもいいのです.九つわからなかったということが,彼らにとっては大事なのです. (中谷彰宏「超管理職」)

後述するXのタイプの「全部,全員」などとは違って,助詞「ハ」を伴って〈不完全否定〉になることはない.次の「半分は」は,「見せなかった量が半分」であることを表していて,否定のスコープ外である.

(64) そのほかにふみ子が笑ったり,立ち上がったり,うしろを向いた写真などいくつかあるが,いずれも中田が叱られるのを覚悟して写したもので,その半分はふみ子には見せなかった.
 (渡辺淳一「冬の花火」)

ただし,次のような場合は,「ハ」を伴って〈不完全否定〉になる.

(65) 「人口は千人まではないはずです」 (「夜の出帆」)

数量そのものではないが,Y-Ⅳの「～ほど」も〈～以下〉の意味で〈不完全否定〉になる.この場合は助詞「モ」ではなく「ハ」を伴うことがある(「ハ」は述語部分にあってもよい).また,例(69)(70)のように,従属文であっても,否定の焦点になる.

(66) 「東京の空も,澄んで見えることがあるのね」
 「でも,金沢ほど空気は綺麗じゃないわ」 (五木寛之「恋歌」)

(67) 女性の場合,側性化の進み具合からいっても男性ほどには左脳に言語機能が集中していない. (養老孟司「涼しい脳味噌」)

(68) 「仕事に追われているのか」
 「追われるほどやってはいないけど,まあ,あなたと似たようなものね」 (宮本輝「朝の歓び」)

(69) 「狭い街だぜ」
 「駈け落ちが噂になるほど狭かない」 (北方謙三「さらば,荒野」)

(70) 「君が僕のことを愛してくれているほどには,僕は君を愛していないと思うよ」 (「スパイスのミステリー」)

次のような「思ったほど,期待したほど,想像ほど」は否定専用になっているであろう.〈予想以下の量・程度〉であったことを表す.

(71) 「ゆうべの雪は思ったほどつもりませんでしたね」
　　　　　　　　　　　　　　　　　　　　（五木寛之「朱鷺の墓」）
(72) 彼女は薄い皮膚の唇に微笑をのぼせたが，阿部が期待したほど，嬉しそうな顔ではなかった．　　　　　　（松本清張「霧の旗」）
(73) 「モンマルトルもリドも，まあ，想像ほど面白くなかったがね」
　　　　　　　　　　　　　　　　　　　　（遠藤周作「深い河」）

次の場合の「それほど，そんなに，そう」には文脈指示性があるが，これがなくなると，〈不完全否定〉を表す否定専用の副詞へと移行することになるであろう．このような量・程度が〈大〉であることを表す用法は肯定文とも共起可能である．

否定文との共起

(74) 「日本には資源がない，市場としても一億ちょっとだ，日本が沈んでも世界にはあまり影響ないんじゃないか」
　　　「それほどシンプルじゃないんです，日本が潰れたらこれは一大事だよ，国際通貨がメチャメチャになってしまう……」
　　　　　　　　　　　　　　　　　　　　（「愛と幻想のファシズム」）
(75) 「ぼくの知らない時に，天草とたびたび会っていたんですか？」
　　　「そんなに会ってないわ」　　　　　　（丹羽文雄「美しき嘘」）
(76) 「そうですね……，なんだか，ひどく痩せたかたゞと思いましたわ」
　　　「いや，そう痩せてもいなかったよ」　　（松本清張「砂の器」）

肯定文との共起

(77) 「見ちがえたわ，そんなにきれいだったの」　（瀬戸内寂聴「渇く」）
(78) 「ただ，口の中が少し切れたので……」
　　　「そんなに強く打たれたの」　　　　　　　　（「やさしい関係」）

一方，次の例になると，もはや文脈指示性はなく，不完全否定を表す否定専用の副詞へ移行している．この結果，「さほど，さして」は文体的に古いものとなって，日常的話ことばでは使用されにくくなってきている（Klein（1998）などで，他言語でもダイクシス形式が程度副詞へと移行する場合があることが指摘されている）．

2.4 数量・程度に関わる形式と否定 —— 123

(79) 「行ってごらんになると分かりますが,そこはまだそれほど家が建ってないのです」　　　　　　　　　　　　　　　　（「Dの複合」）

(80) 「ゆうべは遅かったですもの.でも,そんなに酔ってなかったみたい」
　　　　　　　　　　　　　　　　　　　　　（有吉佐和子「不信のとき」）

(81) 私のセラピストは女性であった.年齢も私とそう変わらなかった.
　　　　　　　　　　　　　　　　　　　　　（森瑤子「夜の長い叫び」）

(82) 「電話帳でも繰ってみようじゃねえか.そうある名前じゃねえぜ」
　　　　　　　　　　　　　　　　　　　　　　　　　　（「さらば,荒野」）

しかし,「ソ」ではなく「コ,ア」系列の指示詞は,次のように〈~以下〉の意味で〈不完全否定〉にはなっても,指示性を漂白して否定専用の副詞化することはない.

(83) 「インフレの影響でしょうねえ.有権者の意識が向上していますよ.三年前にはこんなに集まらなかったですもの」
　　　　　　　　　　　　　　　　　　　　　（有吉佐和子「複合汚染」）

(84) 「誓って言うけど,おれはあんなにはっきりと道標の向きを曲げなかったんだよ.白馬の方から来たやつが,ちょっと考えて結局正しい道の方へ行く程度の曲げ方なんだ」　　　　　（森村誠一「人間の証明」）

ただし,次の場合の「~ほど」は〈不完全否定〉を表さず,否定のスコープ外である.「それぐらい,ひばりさんくらい」に言いかえることができる.

(85) 今でも昔のまま残っている東慶寺の石段の下までたどりつくと,追手に追われた女は,必死になって,履物を寺の境内に投げこんだ.それが片方でも境内にとどきさえすれば有効で,体は捕らえられても女の逃走は認められるというきまりがあった.今から考えると信じられないような話だけれど,女はそれほど結婚の場においては自由も人格も認められていなかったのである.（瀬戸内寂聴「孤独を生ききる」）

(86) 好き嫌いなど別にして,ひばりさんほど広範囲の国民から愛された人はいないでしょう.　　　　　　　　　　　（内館牧子「恋のくすり」）

なお,Y-Ⅲの「二度と」はもう副詞化していると言ってよいだろう.単なる〈二度以下＝一度〉の意味ではなく,「一度は成立したが再びは成立しない」

ことを表す.

(87)「寺田総理はいまの病気がなおっても，二度と政界に出られないね」
(松本清張「迷走地図」)

次に，XのタイプのものはYのタイプと違って，助詞「モ，ト」ではなく，「ハ」を伴って〈不完全否定〉になる．この点ではXのタイプの形式はすべて共通しているのだが，「ハ」を伴わない場合にも否定の焦点となって〈不完全否定〉を表すか，それとも否定的事態を外から限定することになるかは，下位タイプごとに違っている．また，「ハ」のかわりに副詞「ソウ」が使用できるかどうかでも違っている．以下，X-Ⅰ，X-Ⅱ，X-Ⅲ，X-Ⅳの順に述べていく．

まず，X-Ⅰの「全部，全員，すべて」は，主語以外の場合には，「ハ」の有無にかかわらず〈不完全否定〉を表す．ただし，「ハ」を伴う場合の方が多い（「ハ」の位置が動詞部分などにある場合もある）．

ハを伴う場合

(88)「大分煮つまってきたとはいえますが，草案は全部はできていないのです」
(「マッハの恐怖」)

(89)「私は，全部は読まなかったけど，とにかく買いました」
(「複合汚染」)

(90)「あなたのその厳密な基準で言えば，私は主人にすべてを話してはいないのかもしれないわ」
(高樹のぶ子「時を青く染めて」)

(91) イギリス人はインドに住む全員に英語を強制はしなかった．
(池澤夏樹「マシアス・ギリの失脚」)

(92) が，ホント言うと，全部元には戻していない．恋も仕事も失わない程度に，脱色部分をほんの少し，未練がましく残している．
(「恋のくすり」)

ハを伴わない場合

(93)「だけど，まだ奥の細道を全部まわってないからな」
「それは，また行けばいいじゃんか？」
(宗田理「ぼくらの七日間戦争」)

(94)「だからこうやってデパートの包装紙を敷いて……」

2.4 数量・程度に関わる形式と否定

しかし知子は，亜弓にすべてを言わせなかった．
　　　　　　　　　　　　　　　　　　　（小山内美江子「愛がわたしを」）

「ハ」を伴わずに〈不完全否定〉を表すのは，よほどのコンテクストがないと不安定ではあろう．次のような形式だと，不完全否定であることがはっきりする．

(95) さすがに教之助はみなまで言わなかったが，美那子には夫が何を言おうとしているかが判っていた．　　　　　　　　　　　（「氷壁」）

主語あるいは主題化されている場合は，助詞「ハ」がないと否定の対象にならない．「ハ」を伴わない次の例は〈不完全否定〉ではない．

(96) 日本の明治維新の成立も魔物から併呑されまいとしたためのものだったということを鍵にしなければ，すべてが分からない．
　　　　　　　　　　　　　　　　　　　（司馬遼太郎「愛蘭土紀行」）

(97) 「我が社は，忘年会，運動会，朝礼，慰安旅行といったものはすべてありません」　　　　　　　　　　　（竹内靖雄「チームの研究」）

(98) だが，簡単にいかないことはすべて口にしない，なんてかたいことを言いはじめると，面白きことなきこの世の中，いつまでたっても面白くならない．　　　　　　　　　　　（宮本輝「メイン・テーマ」）

「多く，たくさん」も，「ハ」を伴って〈不完全否定〉であることを明示する．

(99) 自分の子供が欲しいと典子は思った．そして，そのための自分の肉体的時間は，多くは残されていない．　　　（宮本輝「花の降る午後」）

(100) 沢山は食べられなかった．　　　　　（高樹のぶ子「銀河の雫」）

「ハ」がない場合には，例(101)のように，〈不完全否定〉であるのかどうかがはっきりしなくなる．「ハ」を伴わない場合は，(102)のように，副詞「ソウ」を伴うと〈不完全否定〉であることがはっきりする．(103)(104)のように，「ソウ」と「ハ」の両方が使用される場合もある．

(101) 吉野は多くを語らなかった．彼はものを言わないかわりに実行した．南が自己流に結んだザイルを，だまってほどいて，別な結び方をして，南に解いてみるように差し出した．（新田次郎「神々の岩壁」）

(102) 昔，年上の女の人と一緒になってる人って，そうたくさんいなかっ

たでしょう．でも，子供のときぼくの身近にいたの．

　　　　　　　　　　　　（山田詠美・中沢新一「ファンダメンタルな二人」）

(103)　私なんか三十過ぎてからダンスや英会話をやり，ぶざまな姿を人に見せている．そりゃ恥ずかしいし，嫌よね．だけど少女時代に<u>そう多く</u>のものは身につけられなかった．　　　（「そう悪くない」）

(104)　「私のような仕事をしていると，数えきれない人間に会います．しかし，信じあえる友達というのは，<u>そう多く</u>はできません」

　　　　　　　　　　　　　　　　　　　　　　（「ぼくらの七日間戦争」）

　次に，X-Ⅱのタイプの「いつまでも，ずっと，長く，長い間，長いこと」は，助詞「ハ」または副詞「ソウ」を伴って〈不完全否定〉を表す．単独の場合は，例(107)(108)(109)のように，否定的事態を外から限定するからである．

不完全否定

(105)　「お忙しいんでしょう？　<u>長くは</u>お邪魔しないわ．別に用事があったわけじゃないから」　　　　　　　　　　　　（「やさしい関係」）

(106)　「二人とも<u>そういつまでも</u>修一郎を庇えないぞ」　　　（「冬の旅」）

否定的事態の持続量

(107)　「知らないよ．午後から<u>ずっと</u>いないよ」

　　　　　　　　　　　　　　　　　　（曾野綾子「時の止まった赤ん坊」）

(108)　さつきは，<u>長いこと</u>，良介から目をそらさなかった．

　　　　　　　　　　　　　　　　　　　　　　　　　　　（「海辺の扉」）

(109)　水島は<u>いつまでも</u>帰って来ませんでした．

　　　　　　　　　　　　　　　　　　　　（竹山道雄「ビルマの竪琴」）

　ただし，次のように，「ハ」「ソウ」を伴わずに〈不完全否定〉を表す場合もないわけではない．

(110)　外浦が死亡したいまは，<u>いつまでも</u>放置できない．（「迷走地図」）

(111)　「房子は半出戻りの形で，菊子には気の毒だが，相原と別れるにしても，うちには<u>長く</u>いないだろう」　　　　　（川端康成「山の音」）

　リストにあげていない「しばらく，当分」のような短い持続期間を表す副詞は，「ハ」を伴っても〈不完全否定〉にはならず，否定的事態の持続量を表す

2.4 数量・程度に関わる形式と否定——127

(「モ」を伴って〈不完全否定〉を表すこともない).

(112) 車に戻ってから，しばらくは何も話せなかった． （「龍は眠る」）
(113) 当分は，塾に今までみたいな盗難事件はおこらないであろう．
　　　　　　　　　　　　　　　　　　　　　　（三浦朱門「若葉学習塾」）

X-Ⅲのタイプの「いつも，毎日，しょっちゅう，たびたび，ひんぱんに，たえず」も，「ハ」または副詞「ソウ」を伴って〈不完全否定〉を表す．

ハを伴う場合

(114) 「彼女とときどき会うのはかまいません．ただし毎日は会えない」
　　　　　　　　　　　　　　　　　　　　（村上春樹「ダンス・ダンス・ダンス」）

ソウを伴う場合

(115) 格式と酒の値段だけは一段高く，私どもにはそう たびたび出入りできる店ではなかった．　　　　　　　　（三浦哲郎「忍ぶ川」）
(116) 「俺は賛成しなかった．娘がいると，そう ひんぱんに孝子の部屋にいけなくなるからな」　　　　　　（藤堂志津子「蛍姫」）
(117) 「テレビつけてないじゃない」
　　　「そうそう いつも見てないわ」　　（山田太一「岸辺のアルバム」）

「ハ」や「ソウ」を伴わない場合には，〈不完全否定〉になる場合と，否定的事態を外から限定する場合が出てくる．

不完全否定の場合

(118) 「あたし達ね，前みたいにしょっちゅう会ってないのよ，ゼロは今とっても忙しいみたいだから」　　　（「愛と幻想のファシズム」）
(119) 「そりゃ，おれだって同じだよ．死ぬのは恐ろしいな．ただつきつめて絶えず考えていないだけさ」　　　（三浦綾子「塩狩峠」）

否定的事態を外から限定する場合

(120) 「私，毎日，よく眠れない」　　　　　　（山田詠美「トラッシュ」）
(121) これでもか，これでもかと，やっつけたつもりなんだが，いつも，どうも勝った気がしなかった．　　（井上靖「あすなろ物語」）
(122) 作中の人物たちは，ずいぶんモダンな会話をする．これは，私の江戸のイメージにはしばしば合わない．（塩野七生「人々のかたち」）

X-Ⅳのタイプの「完全に，完璧に，十分に，百パーセント」は，「ハ」の有無にかかわらず〈不完全否定〉になる．

ハを伴う場合

(123) 「先天性に欠損があるとかって話よ．完全には治らないらしいわ」
(渡辺淳一「雪舞」)

(124) 雪は深かったがまだ山肌に完全に固着してはいなかった．
(新田次郎「銀嶺の人」)

(125) けれど，弓子との関係は，まだ十分に彼の中でろ過されてはいなかった．
(「深い河」)

ハを伴わない場合

(126) うしろに束ねていたはずの髪は乱れ，顔はまだ完全に目覚めていない．
(「夜の出帆」)

(127) どうやらぼくは膝の関節が十分に折れ曲がっていないために，中腰みたいなのである．
(「若葉学習塾」)

(128) 今の閣下のお立場は客観的に見た場合，決して百パーセント安全ではない．
(「マシアス・ギリの失脚」)

ただし，次のように，否定的事態を外から限定する場合もあって，「ハ」を伴わない場合は，常に〈不完全否定〉を表すとは言い切れない．

(129) でも男である夫は，百パーセント息子には何も言わないはずです．
(渡辺淳一「男というもの」)

以上，数量(スケール)に関わる形式は基本的に，Xのタイプでは「ハ」を伴って，Yのタイプでは「モ，ト」を伴って，Zのタイプでは「モ」を伴って，〈～以下〉の意味になることをみてきた．

これらはすべて〈～以下〉になる場合であったが，次のような〈量的限界〉を表す場合には，〈～以上〉の意味になる．

(130) 桐子は時計を見た．九時半になっていた．三十分では，杉浦健次は出て来ないと思った．
(「霧の旗」)

(131) 「それより，もう行かないと，十一時までに家に着かないぜ」
(宮本輝「葡萄と郷愁」)

（132）「千円では買えないよ」　　　　　　（灰谷健次郎「砂場の少年」）

　このように〈～以上〉の意味になる場合もあるが，〈～以下〉であれ〈～以上〉であれ，数量・程度に関わる形式の否定が，肯定と〈矛盾関係〉になる点では共通している．

　以上のような数量・程度に関わる形式は，構文的機能の観点からは，基本的に〈（連用）修飾語〉としてはたらくものである（「五キロも（二時間も）走らなかった」のように動作量，持続量を直接限定する場合の他に，「原稿は全部は（半分も）できていない」のように主体の量を限定する場合もあるが）．そして，Zのタイプの形式は「原稿は一枚もできていない」のように〈完全否定〉を表すがゆえに述語が表す属性自体も成立していないことになる．が，〈不完全否定〉を表すX, Yのタイプの形式の場合は，述語が表す属性自体は成立している．したがって，否定の焦点は，数量・程度を表す形式にある．この意味では，量・程度か質かの違いがあるとはいえ，次に述べる「否定のスコープと焦点」の問題でもある．

2.5　否定のスコープと焦点

(a) 否定のスコープと構文的条件

　文法的否定形式は，次のような主語と述語からなる最も基本的な（単純な）文では，〈述語否定＝文否定〉であって，主語（属性の持ち主）に述語が表す「動作・変化・状態・特性・質」のような属性が認められない（存在しない）ことを表す．述語否定＝文否定になるのは，述語が陳述のセンターとしての機能を担っていて，基本的に話し手の主張（新情報）を担う部分であるからである．

　　太郎は来ない／太郎は親切ではない／太郎は学生ではない

　しかしながら，次のような複雑な構造の文になると，「何をどのように否定しているか」がただちに問題になってくる．

（133）　体調が悪かったため昨日太郎は学校に行けなかった．
（134）　めずらしく社長は会議で自分の意見を強く主張しなかった．
（135）　おしゃれな人は毎日同じ洋服を（は）着ない．

（136） 太郎はいいかげんなことを言う男ではない．
（137） 太郎は大学の先生ではない．

以上の例において，基本的に，否定の対象となっているのは下線部分であろう．(137)の場合は，コンテクスト次第でどちらかになるであろう．

（137′） 太郎は大学の先生ではない．新聞記者だ．
（137″） 太郎は大学の先生ではない．高校の先生だ．

そして，例(134)(135)(136)の場合は，否定の対象は述語以外の部分である．述語否定(Jespersen(1924)の用語では nexal negation)が基本的な否定のありかたであるのに対して，このような述語以外の要素の否定は**有標**(Jespersen(1924)では special negation)である．では，何が否定されているかを決める条件とはどのようなものなのであろうか．これには，構文的条件とプラグマティックな条件が絡み合っていると思われる．（話ことばでは，イントネーションあるいはプロミネンスのような音声的な条件も入ってくるが，この点は今後の課題としたい．）

以下の記述のために，まず，次の2点を確認しておくことにする．

（i）「可能な否定の範囲」を**スコープ**，「実際の否定の対象」を**焦点**として，区別しておくことにする．前者は**文**レベルの問題であり，後者は具体的なコンテクストにおける**発話**レベルの問題である．したがって，スコープは構文的に条件づけられているが，焦点は構文的条件とコンテクストが絡み合って決定される．

（ii）否定のスコープに関わる構文的条件を考えるにあたり，基本的に鈴木重幸(1972)に従って，次の①〜⑦のような機能的な観点からの文の部分を取り出しておく．厳密には種々の複雑な問題があるが，ここで重要なのは，述語を限定する文の部分であるか否かの問題である．（鈴木(1972)では〈場所の状況語〉のなかに，〈ゆくさき〉〈出発点〉〈うつりうごく場所〉を含めているが，本書ですでに指摘されているようにこれらは対象語的性格が強い．ここでは対象語に含めることにする．）

① **主語** 〈述べられ〉 受動文のような有標の文を除き，述語が表す属性の持ち主を表す文の部分．

2.5 否定のスコープと焦点

② 述語 〈述べ〉 属性(動作・変化・状態・特性・質)を表して,陳述の核となる文の部分.

③ 対象語 〈おぎない〉 述語が表す属性の成立に加わる対象を表す文の部分.

(例) 太郎に 本を渡す〈相手〉〈動作対象〉
　　　太郎と結婚する〈相手〉
　　　電車で 学校に行く〈手段〉〈行き先〉
　　　公園を通る〈移動経路〉

④ 修飾語 〈かざり〉 様子・程度・量を表して述語が表す属性を詳しくする文の部分.「毎日」「ずっと」のような頻度,持続時間を表すものもここに入れてよいであろう.

(例) ゆっくり歩く／はだしで歩く／一人で(一緒に)出掛ける／詳しく話す／たくさん食べる／たいへんおいしい／しばらく歩く

⑤ 規定語 〈かざり〉 名詞からなる文の部分(主語,述語,対象語,状況語)にかかり,人・もの・場所・時間などを規定する文の部分.

(例) 庭のバラが咲いた／綺麗な女性だ／曲がったネクタイをなおす／涼しい部屋で勉強する

⑥ 状況語 〈とりまき〉 主語と述語が表す事象(出来事)が成り立つ時間,空間,原因・理由,目的という外的状況を表す文の部分.述語が表す属性自体を詳しくするものではなく,主語と述語が表す事象全体を詳しくする.

(例) 来年太郎はパリに行く／パリで花子は時計を買った／風邪で太郎は学校を休んでいる

⑦ 独立語 文が表す事象を詳しくするものではなく,話し手の態度あるいは陳述的意味を表す文の部分.

(例) 残念ながら死傷者が出た／結局駄目ね／では終わります／ああ寒い

　述語成分が基本的な(無標の)否定の対象であることを認めた上で,以上のような文の成分が,否定のスコープに入るか否かの観点からまとめると次のようになる.

・述語が表す属性を限定する〈対象語〉〈修飾語〉は否定のスコープ内である.
　規定語も〈述語〉〈対象語〉〈修飾語〉を限定する場合,スコープ内である.

・一方，述語が表す属性自体を限定するものではない〈独立語〉〈主語〉〈状況語〉はスコープ外である．

まず，常に否定のスコープ外である文の成分は**独立語**である．

(138) 幸いなことに（残念ながら）太郎が来た／来なかった
(139) きっと（たぶん）太郎は合格する／合格しない
(140) とうとう（もちろん）二人は結婚した／結婚しなかった

主語も基本的にスコープ外である．ただし，次の場合には，スコープ内に入る．第1にはすでに述べた「全員は来なかった，すべてはできていない」のような場合．この場合は助詞「ハ」が義務的である．第2は，名詞述語文の主語にとりたて助詞「ダケ」が付加されている場合．この場合は二義的になる．

・太郎だけが学生ではない．〈二義的〉
・太郎だけが来なかった．〈一義的，主語はスコープ外〉

次の例ではコンテクスト上，主語が否定のスコープ内に入っていて，否定の焦点となっている．対話者の間で「離婚した（当然，離婚の原因がある）こと」が**前提**（旧情報）になっているからである．

(141) 「日出子の従姉夫婦は，どうして離婚したんだ？」
　　　「いい人なんだけど，とにかくパチンコ狂いなの．……従姉が流産した後，ご主人は，ますますパチンコ屋にいりびたるようになって．でも，まだ若いんだから，それだけが離婚の原因じゃないと思うの．従姉も勝ち気だから，当人同士じゃないとわからない心のぶつかりあいが，たくさんあったんだと思うわ」　　　（「朝の歓び」）

次に，**状況語**は，基本的にスコープ外であるが，例(147)〜(153)のようにスコープ内である場合もありうる．スコープ内の場合は，述語とともに否定の対象になる場合と，状況語のみが否定の焦点になる場合がでてくる．後者の場合は，コンテクスト上，述語が表す属性の成立が前提（旧情報）となっている．

スコープ外

(142) 「あのとき通夫君はいなかったわね」
　　　「三月に退院してしばらく家で養生していたんだ」

　　　　　　　　　　　　　　　　　　（帚木蓬生「臓器農場」）

2.5 否定のスコープと焦点

(143) 「いまのところ,情報不足でわかりません」
(「ぼくらの七日間戦争」)
(144) 「感動で,声が出ないんです.三日間で五食分のインスタントラーメンしか食べてなかったところに,こんなおいしいステーキなんですもの」
(「海辺の扉」)
(145) 泣いてはいなかったが,自己嫌悪と無力感で,背筋がのびなかった.
(「若葉学習塾」)
(146) 「私も女だから,子供を産みたいという気持はあるけど,子供にはちゃんとした父親が必要でしょう? 私のためじゃなくて,子供のために,私は子供を産まないわ」
(「海辺の扉」)

スコープ内: 述語とともに否定

(147) 「でも,どんなことがあっても兄は山で自殺しないような気がしますわ.そうじゃありません?」
「もちろん自殺しませんよ.山で自殺する登山家なんて考えられません」
(「氷壁」)
(148) 私の場合,三十を過ぎて本気で書き始めた小説では,賞に落とされても悪評で叩かれても,意外にメゲなかった.自分ながらしぶといなあと感心することもあるが,案外,受験勉強で疲れていないせいかもしれない.
(「葉桜の季節」)
(149) 愛する男のために,捨てられるような女の仕事は,仕事といえるほどのものではないのである.男は,決して愛のために仕事を捨てたりはしない.
(「スパイスのミステリー」)

スコープ内: 状況語が否定の焦点

(150) 「死ぬんなら畳の上では死なないよ,母さん,と中学時代から冗談半分に言っておりましたが,それが本当になりました」 (「氷壁」)
(151) 「恨みをはらすなよ,今になって」
「失礼ね.そんなつもりで言ってはいません」 (「憂愁平野」)
(152) 「先生ずいぶん元気がないですね? どうかしましたか?」
「何もない.こんやは欝なんだ」

「当ててみましょうか，彼女にふられたんでしょう？」
「おれは，女にふられたくらいで，こんなに落ちこまん」

(「ぼくらの七日間戦争」)

(153)　望月はそこでそっと柩の方を見た．
「あの人の才能が惜しいと思って言ったんだが，いま考えてみると，俺の言い方は少し酷だったのかもしれない．もっと，ゆっくりと長い目で見てやるべきだった」
「しかし，それだけの理由で，自殺はしないだろう」(「夜の出帆」)

以上のように，〈状況語〉は否定のスコープ内に入る場合がでてくるのだが，スコープ外である場合と違って，〈過去形〉である例はない．過去形の場合には例えば，例(151)(153)において「そんなつもりでは言わなかった」「彼はそれだけの理由では自殺しなかった」とは言いがたく，「そんなつもりで言ったの(わけ)ではない」「それだけの理由で自殺したの(わけ)ではない」の方が普通であろう．また，例(147)(148)は典型的な終止用法ではない．例(152)(153)ではとりたて助詞「くらい」「だけ」と共起している．

状況語の場合は，このように限られた条件において，否定のスコープ内に入る場合がないわけではないが，原因・理由，目的，時間，場所の従属文の場合は，常に，スコープ外である．

(154)　台所にいたので，気がつかなかったのだ．

(石川達三「自分の穴の中で」)

(155)　私が管理するのはヘソから上であって，ヘソから下はプライベートの問題だから管理しない．　　　　　　　　(「超管理職」)

(156)　「それに，とてもよい匂いがしますね」
「そんなはずありませんわ．せっかくのお料理を楽しむために，今夜は香水をつけていませんもの」　　　　(森瑤子「晩餐会」)

(157)　「ぼくは，弟さんからその話を聞いたとき，彼の言葉を疑いませんでした．彼の言っていることは真実だと信じました」(「海辺の扉」)

状況を表す従属文は，主文が肯定であれ否定であれ，事象の成立あるいは不成立の原因・理由，目的や時間状況を表す．

(158) 雨が降ったので太郎は図書館に行った／行かなかった
(159) 彼女が金持ちだから結婚したのだ／結婚しなかったのだ
(160) せっかくのお料理を楽しむためにドレスを着たのよ／着なかったのよ
(161) 部屋を覗いた時，太郎は勉強していた／勉強していなかった

当然，並列複文の場合に，否定のスコープに入ることはない．
(162) 貢も美沙子も並んで歩いてはいたが，お互いに口はきかなかった．
　　　　　　　　　　　　　　　　　　　　　　　　　（「憂愁平野」）

したがって，シテ形式は，例(163)(164)のように，原因・理由を表す場合はスコープ外だが，(165)～(168)のように，動作の様態を表す場合（修飾語として機能する場合）はスコープ内である．

(163) 「あんまりうれしくて，声が出ないんです」
　　　　　　　　　　　　　　　　　　　　（「ぼくらの七日間戦争」）
(164) 連絡したが，カナダのほうに遊びに行っていて，間に合わなかった．
　　　　　　　　　　　　　　　　　　　　（渡辺淳一「まひる野」）
(165) ぼくが塾で待っていると由彦は一人で来た．真を連れて来なかった．
　　　　　　　　　　　　　　　　　　　　　　　　　（「若葉学習塾」）
(166) 「いいか，あした夢の島に来た連中は，だれ一人生きて帰さねえからな」　　　　　　　　　　　（「ぼくらの七日間戦争」）
(167) 「それから，もう一つ希望を述べれば，犠牲者に対する愛惜の情は，なかなか切々たるものがあるが，あそこにもう少し記録的なものがはいっていてほしかったと思う．あれでは文学者の文章だ．君は文学者ではないから，文学者と競争したら，幾ら君が徹夜して書いたって，君の方が負けるだろう」
　　「徹夜してなんか書きませんよ」　　　　　　　　　（「氷壁」）
(168) 「わたしは親の方を向いて教育はしていない」
　　森先生は肩を張った．　　　　　　　　　　　　（「砂場の少年」）

三上章(1963)は次のように述べているが，これはシテ形式が〈修飾語〉として機能するか否かに関わっていると思われる．例(165)の「真を連れて来なかっ

（a）　木を見て,森を見ないから,困る.
　　　（b）　人を見て法を説かないから,困る.
　逆応しない(a)が普通であろう.「人ヲ見テ法ヲ説(ク)」ように一体化しているフレーズのときに,逆応の(b)になる.おまけにこの真意は,
　　　人を見ないで,法を説くから,困る
であって,(b)の「法ヲ説カナイ」が肯定を意味するのだから,困る.

(b) 否定の焦点とプラグマティックな条件

　さて一方,述語が表す属性を限定する〈対象語〉〈修飾語〉〈規定語〉,および述語を限定する対象語,修飾語にかかる〈規定語〉は,基本的にスコープ内であって,状況語のように外から否定的事態を限定することはない.これらの文の部分はすべて,述語が表す属性を限定する点で共通している.この場合は,述語とともに否定される場合と,対象語,修飾語,規定語のみが否定の焦点となる場合があるが,どちらであるかを決めるのは,基本的にプラグマティックな条件である.

　まず,否定のスコープ内にある〈対象語〉〈修飾語〉〈規定語〉は,述語とともに否定される.この場合は,属性(動作・変化,状態,特性,質)は成立していない.

対象語と述語

(169)　「一週間も十日も何をしていたの？　帰っても,直ぐに電話をかけることもして下さらない.あなたは私のことを愛してないんだわ」
　　　　　　　　　　　　　　　　　　（高橋和巳「我が心は石にあらず」）
(170)　食べることに忙しいさつきは,ワインを飲まなかった.それで,良介は,さつきのワインを飲んだ.　　　　　　　　　（「朝の歓び」）
(171)　「おそらく犯人はタクシーには乗っていないでしょう.はじめから計画的に殺人をやるのだったら,運ちゃんに手がかりを与えるようなことをしませんからね」　　　　　　　　　　　　（「Dの複合」）
(172)　「ビールを冷やしとくわ」

2.5 否定のスコープと焦点——137

　　　　「いや，部屋にはあがらないよ．どこか，近くの喫茶店で逢おう」
　　　　　　　　　　　　　　　　　　　　　　　　　　（「海辺の扉」）
(173) 「ドイツ人の脅しがもし本当なら，俺はトルコのクダサシで警察につか
　　　まる．どうしようもなくなって，俺はクダサシで船から降りなか
　　　った」　　　　　　　　　　　　　　　　　　　　（「海辺の扉」）

修飾語と述語

(174) 野枝が大杉に走った時も，女々しく後を追ったりはしませんでした．
　　　そういうのを男らしいというのです．　（瀬戸内晴美「愛の倫理」）
(175) 「すぐここに電話してみたんだけど，うまくつながらなかった．だか
　　　ら……来てみた」　　　　　　　　　　　　　　　　（「雪舞」）
(176) しかし，それは夢の中のようには，楽しくはなかった．恐ろしく，
　　　不愉快で，自分で何でこんなことをしようとしたのか，我ながら愛
　　　想がつきる思いだった．　　　　　　　　　　　（「若葉学習塾」）
(177) 「そうです．先生は私どもみたいに汚れていない．それを見分けられ
　　　なかった私は愚かでした」　　　　　（「ぼくらの七日間戦争」）

規定語と述語

(178) 「どちらも恋愛感情はないというけれど，本当はお互いにそれを認め
　　　たくないからじゃないの？　モッちゃんにも修子にも，ほかに恋人
　　　がいるわけじゃなし」
　　　「といって，やっぱり男女の愛情じゃないんだ．友情と呼ぶしかなく
　　　てね」　　　　　　　　　　　　　　　　　　　　（「やさしい関係」）
(179) 先日，淡谷のり子先生と杉村春子先生にお会いする機会に恵まれた．
　　　「先生」なんていう呼び方は好きではないし，「私はあなたの先生じ
　　　ゃありませんよ」とお二人ともおっしゃるかもしれない．しかし，
　　　私は気がついた時には「先生」と呼びかけていた．
　　　　　　　　　　　　　　　　　　　　　　　　　　（「恋のくすり」）
(180) しかも『文学論』の著作など，かれの政府から命じられた義務では
　　　なかった．むしろ，逸脱だった．　　　　　　　（「愛蘭土紀行」）
(181) これは，わたし一人の思いつきではない．あらゆる調査機関のデー

タにもとづく近未来予測もその観測を裏づけている．
(「今夜も思い出し笑い」)

コンテクストによっては，〈述語〉〈修飾語〉〈対象語〉すべてが否定のスコープに入る．(「捨てに」「迎えに」は目的を表してはいるが，述語の直前に置かれて動詞とのむすびつきが強く，対象語的に機能している．)

(182) 文科系の人間は，理科系の人間に較べて，性急なような気がする．ちゃかちゃかしているというか，早飲み込みが多い．ものごとを勘で理解して，じっくり理由を問い詰めない．
(渡辺淳一「午後のヴェランダ」)

(183) 「敬老精神のないところですから，老人はいつもほったらかしなんです」
「おば捨ての伝説は本当なんですね」
「わざわざ捨てには行かないですが，見殺しにする傾向があるんですよ」　　(有吉佐和子「私は忘れない」)

(184) 良介と日出子は，空港まで迎えに来ているはずのリムジンを捜して，空港ロビーを行ったり来たりした．
「さすが，イタリア．時間どおりに迎えに来ないわね」
(「海辺の扉」)

一方，次のようにコンテクスト(場面，文脈，社会常識)上，述語が表す属性の成立が**旧情報**(前提)になっている場合には，〈対象語〉〈修飾語〉〈規定語〉のみが否定の焦点となる．ここでは述語が表す属性は成立している．

対象語

(185) 「初めて京ちゃんと工藤氏の葬式で会った時も，俺が救ってドライブに連れ出したんだからな．少し気を変えに行かないか．今日は遠くへは行かないから」　(曾野綾子「砂糖菓子が壊れるとき」)

(186) 「まあ，そんな詩なんですの．あたくしは，ハイネだから，だぶん恋愛をうたった詩だろうぐらいに思っておりましたのに」
「いや，ハイネは恋愛ばかり歌ってやしない．一面では革命的な詩人だ」　　(山本有三「女の一生」)

(187)「あなたは，どこから見ても，典型的な若奥様ですよ．マンションでは弾けないから，ピアノ教室に来て，学生時代を思い出そうとするのも，上品なご趣味というほかはないでしょう．私や潤子は，<u>趣味では</u>生きていません．何をするにも，からだを張って生きています」
(「樹海」)

(188)「ぼくの研究は<u>日本語では</u>一切発表していないんだ．全部英文で，アメリカかイギリスの専門誌に載ったものばかり．だから日本ではぼくがどんな研究をしているかあまり知られていない」
(「臓器農場」)

(189)「——大体，蘭子は先生と並んで一番先頭を歩いて行ったんだ」
「嘘を言え！」
今度は洪作が言った．
「嘘なもんか——なあ？」
増田は小林の方へ顔を向けた．すると，小林は，
「<u>先頭なんか</u>歩いていなかった」
と言った．
「一人で，一番後を歩いていた．俺，驚いちゃった．腹が痛くなったのかも知れないな．……」　　　　　　　　(「夏草冬濤」)

修飾語

(190)「まだ，銀座で飲めるか．このごろは十一時半だろう．<u>ゆっくりは飲</u><u>めない</u>ぞ」
「大丈夫だ．ここから車で三十分，すると十一時半だ．すべりこみだ」
(「霧の旗」)

(191) 季節は<u>急には</u>変わらない．しかし日々刻々と，何かが変化しつづけている．
(「葉桜の季節」)

(192) その後，サケの脳内に巧妙な生物磁石が含まれ，それが回遊するサケにとくに多いことが発見されている．湾内に入っても<u>すぐに</u>母川に上ってはいかない．　　　　　(内館牧子「恋愛レッスン」)

(193) 僕は腹をきめて，暗闇の中を手探りでゆっくり右に向けて歩き始め

た．でもまだ足が上手く動かない．自分の足じゃないような気がする．　　　　　　　　　　　　　　　　　（「ダンス・ダンス・ダンス」）

(194)　「大丈夫だ．強くは殴らなかった」
　　　無意識に繁は，殴られた顎をさすっていた．　（「岸辺のアルバム」）

(195)　新聞に，お祖父ちゃまの写真が度々出るようになり，母は丹念にそれを切り抜いた．
　　　「いやあねえ，このお祖父ちゃま，ちっともお祖父ちゃまらしくうつってないわ」　　　　　　　　　（犬養道子「花々と星々と」）

(196)　それが嫌なので，私はできるだけ美術館と博物館は，団体では行かない．　　　　　　　　　　　　　　　　　　　　（「人びとのかたち」）

(197)　「私は，一人では死にませんよ」
　　　「それはどういうことですか？」
　　　「死ぬ時は，校長先生も道づれにするということです」
　　　　　　　　　　　　　　　　　　　　　　　（「ぼくらの七日間戦争」）

(198)　「ふうちゃんが帰って来て家に誰もいないと困るだろうから，一緒には来なかったんだ．見つかってよかったよ．ほんとによかった」
　　　　　　　　　　　　　　　　　　　　　　　　（小池真理子「恋」）

(199)　「決着がつけばわかりやすくなるけど，オレはそういう風には生きて来なかったからな」　　　　　　　　（「愛と幻想のファシズム」）

(200)　「まさかあの子のことをお書きになるのではないでしょうね」
　　　「そのままには書かないわ」　　　　　　　　　　　　（「砂の家」）

規定語

(201)　「うそ，さっき見せたでしょ．お金持ちとは言えなくても，小金がある，という状態よ」
　　　「ありゃ，ぼくの金じゃない．君のさ」　　　　　（「若葉学習塾」）

(202)　「日本で生まれて育ったんだけど，帰化しなくてよかったよ．やっぱり日本は，ぼくの国じゃなかった」　　　　　　（「花の降る午後」）

(203)　「あなたの悩みは，肉体上の悩みではない」
　　　教組が頭ごなしに割り切ったことを言った．（丹羽文雄「蛇と鳩」）

2.5 否定のスコープと焦点 ── 141

(204) 「モッちゃんは全面的に修子の言い分を信じているの?」
「修子は嘘をつく女じゃない」　　　　　　(「やさしい関係」)
(205) 正しい日本語をはっきりした言葉で喋ってくれると,それだけで,その人を年に関係なく信用したくなります.寂庵の女の子たちは,少なくともヘンな日本語は使いません.
　　　　　　　　　　　　　　　　　　(瀬戸内寂聴「愛のまわりに」)
(206) キャサリン・ヘプバーンは多くの場合,大衆の同情を買う役を演じていない.　　　　　　　　　　　　　　(「人びとのかたち」)
(207) 学校に着ていく服にブラシをかけたり,靴を磨いたりということも自分たちでやったようだ.当時の父の勤務地は東北地方の県庁で,月給は少なかったが,父は息子たちを今でいうと土地のエリート校である国立大学の学芸学部の付属小学校に入れていて,いいかげんな服装では登校できなかったのだ.　　　(「若葉学習塾」)

コンテクストによっては,例(208)のように「修飾語と規定語」の両方,あるいは(209)(210)(211)の例のように「規定語(文)のなかの修飾語」が否定の焦点になる場合もある.

(208) 老けの最大の敵はマンネリ.勤めに出ていた頃はもちろんだけど,若い時はたとえ家にいる時だって,毎日 同じものは着なかった.
　　　　　　　　　　　　　　　　　　　(「今夜も思い出し笑い」)
(209) たしかにそれ一着で三十万近くしたのだから,一般のOLが簡単に買える服ではない.　　　　　　　　　　　(「メトレス」)
(210) これで延々とやりあった.もちろん,これはドラマの展開に大きく影響する話ではない.　　　　　　　　(「恋のくすり」)
(211) 「それで,本気なのか香津子は」
「本気でしょうよ,それは」
居直り,怒ったように雅子は首を立てて言い返した.
「遊び心でそんな相手とつきあう香津子じゃありませんよ」
　　　　　　　　　　　　　　　　　　　　(高樹のぶ子「氷炎」)

この原則は従属文の場合でも同様であって,対象語的,修飾語的,規定語的

に機能する従属文は，スコープ内にはいって否定の焦点となる．

対象語的従属文

(212) 「県教委のすることに<u>一々どうしろ，こうしろ</u>とは言っていない」
「県の文教政策は県教委にまかせたらいいじゃないですか」
「もちろんだ．自主性は尊重している」　　　　　（「人間の壁」）

修飾語的従属文

(213) 彼は安心していた．彼女は，まだ<u>自分を捨てて出て行く程には</u>傷ついていないのだ．　　　　　　　　　　　　　　　（「トラッシュ」）

規定語的従属文

(214) 「いらっしゃいまし．何をさしあげましょう」
棚は安い酒びんばかり並んでいた．<u>大塚が口にする</u>酒ではなかった．
　　　　　　　　　　　　　　　　　　　　　　　　　（「霧の旗」）

(215) しかし，これだけならばただ単に，恋愛の勝者と敗者の話だけにすぎない．ところが，ヴィスコンティは，<u>こういう単純なことを書いて満足する</u>作家ではない．心や金銭や物を与えた側には，それをしたことによって心の負担が生ずると同時に，それをされた側にとっても負担が生ずることを描いているからである．
　　　　　　　　　　　　　　　　　　　　　　　（「人びとのかたち」）

(216) 対英米，殊にアメリカとの戦争になれば，殆どすべての責任は海軍の上にかぶさって来よう．これはもはや，<u>批判や皮肉ですませておける</u>問題ではなかった．　　　　（阿川弘之「山本五十六」）

次の場合は，規定語にかかる修飾語的従属文が否定の焦点になっている．

(217) 「よせよ．俺はおまえが<u>思っているほど</u>強い男じゃないかもしれない」　　　　　　　　　　　　　　　　　　　　　　　（「砂の家」）

以上のように，コンテクスト（場面，文脈，社会常識）上，属性の成立が前提となっている場合には述語は否定されず，そうではない場合には述語を含めて否定される．したがって，コンテクスト上，どちらとも決めがたい場合もでてくる．

次の三つの例を比較されたい．例(218)では述語自体も否定されているが，

例(220)では動作の成立は前提とされていて，対象語のみが否定されている．
例(219)は，述語自体も否定されているかそうではないか判断に迷う．
  (218) 「その本，買わせていただきます」
     「いや，もう古いものですから店には出ていないでしょう．今度持ってきてあげましょう」　　　　　　　（渡辺淳一「リラ冷えの街」）
  (219) 「頼みというのはね，ぼくが『チリ東方開発』を辞めて帰国するまできみに預かってほしいものがあるのさ」
     「それは外浦さんにとって個人的な書類ですか」
     「まあ，そういうことだね」
     「その書類はいまお宅に置いてあるのですか」
     「いや，家には置いてない」　　　　　　　　　（「迷走地図」）
  (220) 「初めて京ちゃんと工藤氏の葬式で会った時も，俺が救ってドライブに連れ出したんだからな．少し気を変えに行かないか．今日は遠くへは行かないから」　　　　　　　（「砂糖菓子が壊れるとき」）
次の場合も，述語を含んで否定されているのか（したがって授業がないのか），それとも「教科書で」の部分だけが否定されているのか（教科書以外で授業をするのか）は，コンテクストがないのでまだ不明である．
  (221) 「きょうは教科書で授業はやらない」
     小川先生の声．　　　　　　　　　　　　　（「砂場の少年」）
次の場合は「殺す」という他動詞の語彙的意味をどう考えるかで，対象語のみが否定されているとも述語を含んで否定されているとも解釈できよう．
  (222) 「君たちが，いくらがんばっても，東西銀行の常務を追い詰めることは無理だと思う．それに，遠藤は自分の手で殺してはいない．これはサラリーマンをやってきた私の直感だ」
     「どうして？」
     「銀行の重役までになるには，いろいろな障害を乗りこえてきたにちがいない．そういう人物は，人を殺すなどというリスクの大きい仕事はやらない」
     「じゃあ，だれがやったの？」

「やったとすれば遠藤の意を受けた殺し屋だろう」

(「ぼくらの七日間戦争」)

さて，以上から，次のことが確認できると思われる．

- 基本的な否定のあり方が述語否定であるのは間違いないが，その述語が表す属性を限定する文の部分は，否定のスコープに入る．この構文的機能を果たしている限り，従属文であってもよい．
- 一方，述語が表す属性そのものを限定しない文の部分は，基本的に否定のスコープには入らない．

久野(1983)では，否定辞「ナイ」が付加されている動詞，形容詞，「Xダ」以外のものが否定のスコープに入るか否かを，インフォメーション構造がマルチプル・チョイス式であるかどうかという談話法的相違に求めている．しかし，そこにあげられた用例を見ると，スコープ内にあるとされる「車で来なかった」「花子と一緒に来なかった」「(あまり)一生懸命勉強しなかった」「全部は食べなかった」はすべて，修飾語あるいは対象語として機能している文の部分であり，スコープ内に入らないとされる「?終戦の年には生まれなかった」「*パリでは撮らなかった(買わなかった)」は，状況語として機能している文の部分であることが分かる．

そして，次のような場合，「財布であること」は前提とされていて，否定の焦点は「わたしの」という規定語にあるのだが，この場合のインフォメーション構造は，落とし物の財布の所有者の範囲は限定できないのであるから，マルチプル・チョイス式ではないであろう．にもかかわらず，簡単に否定の焦点になるのは，名詞述語「財布だ」を限定する要素であるからだと思われる．

(223)　「これ，あなたの財布ですか？」
　　　　「いえ，わたしの(財布)ではありません」

このような述語に対する機能の違いは，構文的位置の違いとも対応している．宮島達夫(1963)は，カカリの順序に，次のような傾向があると指摘している．ようすや結果の修飾語と対象語は述語に近い位置に，そして，時間や場所の状況語は述語から遠い位置にあるのである．

　　時＞所＞主体＞ようす，対象＞結果

述語否定が基本であるとすれば，その述語を意味・機能的に限定し，したがって構文的位置関係でも近い位置にある文の成分が，否定のスコープに入ることになるのは当然といえよう．そして，次のように，単独では文の成分にはなれない形式名詞述語の場合には，下線部分しか否定の焦点にならない．これはもはや述語を限定する規定語というより，複合述語とでもいった方がよいものである．(最初の3例(224)(225)(226)は「悪くない気分ね」「愛想のよくないタイプなのよ」「うれしくなさそうな声だな」に言いかえられるが，形式名詞述語を否定したかたちの方が多い．後の3例(227)(228)(229)は言いかえが不可能に近い．)

(224)　「夫と一緒にいる女を平然と口説いたりするのよ，もっともそれは挨拶のようなものなんだけど」
　　　　「女として悪い気分じゃないわね」　　　(「今夜も思い出し笑い」)

(225)　「あれを見て私よくわかったわ．加賀美さんが，奥さんを私たちに紹介しなかったのが．きっと，あまり社交的でなく，愛想のよいタイプではないのよ」　　　　　　　　　　　(「やさしい関係」)

(226)　「そうですか」
　　　　「なんだ，うれしそうな声じゃないな」　(「ぼくらの七日間戦争」)

(227)　桐子は警戒した．
　　　　「変な者じゃありません．こういう者です」　　　(「霧の旗」)

(228)　いまは，イギリスも鉄道の時代ではない．輸送手段は，高速道路と，旅客機の時代になっている．　　　　　　　(「愛蘭土紀行」)

(229)　「隣室に人がいるんでしょう．ここは普通の場所じゃない．冷静になってほしい」　　　　　　　　　　(「我が心は石にあらず」)

なお，次のように，動詞述語が形式的なものであって単独では述語として機能しない場合も，否定の焦点は修飾語の部分になる．

(230)　家庭というものは，決してすべてがよいようには組み立てられていません．　　　　　　　　　　　　　　　　(「樹海」)

さて，以上のように，否定のスコープを決めるのは，述語を限定する文の部分であるかどうかだと思われるのだが，述語そのものを限定しない文の部分で

あっても，対比の助詞「ハ」の存在が関わってくる場合には，そこが否定の焦点である場合がでてくる．その点について，次に述べることにしよう．

(c) 対比性と否定の焦点

次の例を見られたい．「人間が成長すること」「男が言うこと」が前提になっているとすれば，(231)では〈状況語(時間の従属文)〉が，(232)では〈主語(の規定語)〉が，否定の焦点になっているといえよう．

(231) 人間は順調にいっている<u>とき</u>は成長しない．何か課題とか困難を乗り越えたときにこそ成長するのだ． (「超管理職」)

(232) 「今は子供のこととかあるからダメだけど，いつかは必ず離婚する．待っててくれ」なんていうのは野暮の骨頂．こういうセリフは，<u>粋な男</u>は言わないものよ．プレイボーイ気取りのダサ男のセリフ．
(「恋のくすり」)

このようなことが起こってくるためには，次の二つの条件が必要であると思われる．

① **構文的条件**　対比の「ハ」を必ず伴って，述語の直前に位置していること（無標の基本語順とは違って，(231)では主語の方が，(232)では対象語の方が述語から遠い構文的位置に置かれていることに注意されたい）．

② **ディスコース的条件**　対比性のある肯定文が後続すること．

次のような例も同様である．このような具体的な事実を述べる場合には，肯定文が後続していることが重要になる．

(233) 「その日は何時ごろ健一君は家に帰られましたか？　いえ，わたしもちょうど先生といっしょに健一君にお会いしたものですから」
「その日は戻りませんでした．館山から帰りに千葉の友達とマージャンをしたといって，翌る日，こっちに戻ってきました」
(「Dの複合」)

(234) 幸い今年に入ってからわが国においては"<u>大事故</u>"は起こっていない．しかし"小事故"あるいは"異常運航"は頻繁に起こっている．決して油断はできない． (柳田邦男「続・マッハの恐怖」)

2.5 否定のスコープと焦点

(235)「おれは今,このポスターをどう使うかを考えているのさ」
「どんなふうに?」
「<u>西尾のデパートで展覧会は</u>やらない.大学で学生たちと一緒に展示会をやるんだ.こいつを商売に使うのはやめる」
　　　　　　　　　　　　　　　　　　　(五木寛之「ソフィアの秋」)

次の場合は,肯定文が後続していないが,「外—内」「ない—ある」という対立関係上,明示するまでもないからであろう.

(236) マフィアはなぜか,<u>自分たちの勢力圏の外では</u>犯行を犯さない.殺そうと思えば,大都会ローマのほうがずっと簡単だと思うのだが,彼らには彼らなりの儀式があるのだろう.　　(「人びとのかたち」)

(237) ——あいにく小説家みたいに,原稿用紙をかかえて温泉宿に引きこもれば書けるっていうしろものじゃありませんのでね.
　と毒づくのは,学者の書くものには,仕込みネタがいる,<u>資料や文献にないところでは</u>書けない,という負け惜しみである.
　　　　　　　　　　　　　　　　　　　　　　　　(「メイン・テーマ」)

状況語(状況の従属文),主語であってもこのようなことが起こるのは,〈構文的〉には対比の助詞「ハ」を伴って述語の直前に位置し,〈ディスコース〉上は肯定文が後続している場合である.したがって,ディスコース上,否定文と肯定文の順序が変われば,否定の焦点は変わってくるであろう.次の(238)と(239)とを比較されたい.(239)のように肯定文のあとに否定文がある場合には,相対的に,属性の不成立そのものに否定の焦点があると言えよう.

(238)「いつ,お分かりになったの」
「私にも,<u>はじめのうちは</u>分からなかった.だんだんわかってきた」
　　　　　　　　　　　　　　　　　　　　　　　　(「樹海」)

(239) いやいや,事件が終わった今になってみれば,久弥さん殺しに重大な意味のあったこともわかるのですが,そのときは<u>わからなかった</u>.
　　　　　　　　　　　　　　　　　　　(横溝正史「八つ墓村」)

これは,基本的に否定のスコープに入る〈対象語〉のような場合でも同様である.例(240)(241)とは違って,(242)(243)(244)のように,肯定文に否定文が

2 否定の表現

後続する場合は、述語に否定の焦点が移ってくる.

(240)「それがね、あの手鏡は北壁には持っていきませんでした。しかし、マッターホルンの頂上には持って行きました」
「そうでしたか、でもよかった」
と村岡はたいへん嬉しそうな顔で云った。　　　　（「銀嶺の人」）

(241)「何を考えていたんです？」
「悲しいことは考えませんでした。楽しいことだけ」（「憂愁平野」）

(242)「あの子があんなことで反抗するとは思わなかった」
「うちのこと、知らはへんかったんでしょうか」
「私が結婚したいと思っている、とは告げたが、洋一郎のことまでは話さなかった。迂闊だった」　　　（渡辺淳一「まひる野」）

(243)「また、嫌なところを読んだものね」
「ごめんなさい。私、本だと思ったの。でもその二、三行だけよ。他の部分は誓って読まなかったわ」　　（宮本輝「ドナウの旅人」）

(244)「かっこよく死ねるように、お祓いしてもらえませんか？」
「だめだ。わしは生き方は教えるが、死に方は教えん」
　　　　　　　　　　　　　　（宗田理「ぼくらの校長刈り」）

したがって、次の例(245)(246)のように、肯定文の後に否定文が後続する場合には、そのことをめぐっては会話が展開してゆかないが、後の3例(247)(248)(249)のように、否定文が先行する場合には、さらに会話が展開してゆくことになる.

(245)「僕、今、婚前交渉しているもんね」
太郎は言った。
「誰と？」
「モデルやテレビ・タレントだよ。でも名前は教えない。週刊誌にかぎつけられるとめんどうだからな」　　（曾野綾子「太郎物語」）

(246)「見てのとおりだ。まだ一週間は入院しなくちゃならんそうだ」
「医者は、あと二、三日だと言ったぜ」
「おれは、そうは聞いてないよ」　　　（「ぼくらの七日間戦争」）

2.5 否定のスコープと焦点——149

(247)　「どこに泊まっているの？」
　　　　「はい，泊まっている場所は知りません」
　　　　「場所は知らなくても，あなたは，なにかを知っているのね」
　　　　「はい……申し訳ございません」
　　　　「話してちょうだい」　　　　　　　（立原正秋「舞いの家」）

(248)　「あなたも驚いたかもしれないけど，本当のことを言って，私も事の
　　　　成り行きに啞然としているのよ」
　　　　「そんなふうには見えませんわ」
　　　　「そう？　どう見える？」
　　　　「まるでゲームか何かのように楽しんでいらっしゃる」（「砂の家」）

(249)　「ところであんたは財部に，どういう伝言をしたんだね．ダム工事を
　　　　是非とも竹田建設にやらせるように協力しろというのかね．それと
　　　　も何かおどしたのかね」
　　　　「いえ，そんな事は言いません」
　　　　「すると，要するに，よろしく頼むということかね」
　　　　「万難を排して，御協力下さるように……」
　　　　「そう言ったのかね」
　　　　「はい」　　　　　　　　　　　　　　（石川達三「金環蝕」）

以上をまとめると，基本的に次のようになるのではないかと思われる．

① 基本的(無標)なのは述語否定である．
② 構文的にみて，述語が表す属性を限定する〈対象語〉〈修飾語〉〈規定語〉は
スコープ内である．述語が表す属性そのものを限定しない〈独立語〉〈主語〉
〈状況語〉は基本的にスコープ外である．この原則は，従属文の場合も同様
であって，状況語的に機能する従属文はスコープ外であり，修飾語的，対
象語的，規定語的に機能する従属文はスコープ内である．したがって，シ
テ形式は，修飾語として機能する場合にはスコープ内に入るが，そうでは
ない場合にはスコープ内に入らない．また，数量・程度を表す形式が助詞
「ハ」「モ，ト」を伴って，〈～以下〉の意味であれ〈～以上〉の意味であれ，
否定のスコープに入るのは，基本的に〈修飾語〉として機能する文の部分だ

からであろう．

③ スコープ内にある〈対象語〉〈修飾語〉〈規定語〉は，述語とともに否定される場合と，それのみが否定される場合がある．どちらであるかを決めるのは，プラグマティックな観点からみて，述語が表す属性の成立が旧情報（前提）になっているか否かである．「あやしい者じゃありません」のように形式名詞述語が否定の焦点にならないのは，この部分が常に前提部分であるからだとも言えよう．

④ 文の対象的内容（命題）を詳しくするものではない〈独立語〉は常にスコープ外だが，文の対象的内容を構成する〈状況語〉や〈主語〉はスコープ内に入る場合がでてくる．このような場合には，〈構文的〉観点からは助詞「ハ」を伴って述語の直前に位置し，〈ディスコース的〉観点からは対比的意味をもつ肯定文が後続しているという条件づけが伴うであろう．

⑤ 大局的にみて，実際の発話において，否定の焦点がどこにあるかを決めるのは，構文的条件とプラグマティックな条件との，以上のような相互関係である．

精密な記述とは言いがたいのだが，以上，形態論的な文法現象から出発して，文法論がプラグマティクスと絡み合う発話における否定の問題になんとか到達したところで，ひとまず本章を終えることにする．禁止文や二重否定の問題にもまったく触れることができなかったが，これらの問題の記述のためにも，冒頭で述べたような否定とモダリティとの関係のよりつっこんだ議論が，話し手の心的態度の側面だけでなく事象自体の現実性の有無（realis－irrealis の対立）の問題を含めたかたちで，今後必要になってくるであろう．

3
とりたて

「とりたて」の働きをするものには，主なものとして，とりたて詞(あるいは取り立て助詞)，工藤(1977)の限定副詞(後に改称して「とりたて副詞」(工藤1982))，小林(1987)の序列副詞などがあり，この他に，「総記」あるいは「排他」の用法の主格助詞「が」もとりたての機能を持つ．また，音声的な情報としての卓立などが，とりたての機能を果たす場合もある．

ここではこれらのうち，文構成には直接関与しない任意の要素で，もっぱらとりたての機能を果たす**とりたて詞**について見ることで，とりたてを考えることにする．

(1) 為替市場で
　　a. 円が高騰する．
　　b. 円<u>も</u>高騰する．
　　c. 円<u>だけ</u>が高騰する．

(1a-c)の例文では，いずれも同じく「円が高騰する」ということが述べられている．しかし，(1b)では「も」があることで，文中に明示される「円が高騰する」という意味の他に，「円以外の通貨が高騰する」という意味が暗示される．一方，(1c)では「だけ」があることで，「円以外が高騰しない」という意味が暗示されるのである．

(1)の「も」や「だけ」は，主格名詞「円」を問題にし，「高騰する」か否かをめぐり，「円」については明示的に，「円以外の通貨」については暗示的に示すことで，「円」と「円以外の通貨」がどのような関係にあるかを示す．「も」は「円」も「円以外の通貨」もいずれも肯定される関係にあることを示し，「だけ」は「円」が肯定され，「円以外の通貨」が否定される関係にあることを示しているのである．

文中で，「も」や「だけ」が問題にするのは，名詞だけではない．次のように述語動詞である場合もある．

(2) (褒めるけれども，)叱り<u>も</u>する．

(2)では「も」によって,「叱る」という意味が明示されると同時に「叱る以外のこと(ここでは「褒める」)をする」という意味が暗示される.

(3)　(言い分も聞かずに,)叱るだけだ.

(3)では「だけ」によって,「叱る」という意味が明示され,同時に「叱る以外のこと(ここでは「言い分を聞く」)をしない」という意味が暗示される.

(1)〜(3)の「も」や「だけ」が「円」や「叱る」を問題にすることを,「とりたてる」という.また,これらは次のような働きをしているということができる.

(4)　文中の種々な要素(ここでは,主格名詞「円」や述語動詞「叱る」)をりたて,これとこれに対する他者(「円以外の通貨」や「叱る以外のこと」)との関係(ここでは肯定・否定の関係)を示す.

(4)のような働きをする語をとりたて詞という.上で見た「だけ」や「も」を含め,次の語をとりたて詞と考えることができる.

(5)　も,でも,すら,さえ,まで,だって,だけ,のみ,ばかり,しか,
　　　こそ,など,なんか,なんて,なんぞ,くらい(ぐらい),は

ただし,(5)にあげられる語には,その意味特徴などから同形のとりたて詞内でいくつかに細分されるものや,後に述べるように,形が同じでも文中での働きが異なる同形異義異機能語が存在するものがある.

3.1　とりたて詞の統語論的特徴

とりたて詞には,一般に次の四つの統語論的特徴を認めることができる.

(6)　a. 分布の自由性
　　　b. 任意性
　　　c. 連体文内性
　　　d. 非名詞性

(6)の統語論的特徴のそれぞれは,とりたて詞以外の他の文法範疇に属する語にも共通する場合がある.例えば任意性は,「ね」「さ」などの間投詞にも認められる特徴である.しかし,上の四つの特徴をすべて満たすのはとりたて詞

だけである.以下それぞれの特徴について見ていくことにしよう.

(a) 分布の自由性

とりたて詞は文頭や文末には現れない.前述の例文(2)(3)のように述語動詞に承接する際も,連用形や連体形に変えた述語に後接し,その後に「だ」「する」などの形式述語が現れ「きれいなだけだ」とか「行きもする」などの形になり,「だけ」や「も」が文末にあるわけではない.

間投詞(いわゆる間投助詞)の「ね」「さ」なども文の中で比較的分布が自由な語だが,とりたて詞は,述語への承接の点で間投詞の「ね」「さ」と異なり,文末に現れない点で文末詞(いわゆる終助詞)の「ね」「さ」とも異なる.

しかし,上のような制限を除けば,文中での分布は相当自由で,種々の要素に承接する.すでに例文(1)~(3)で,とりたて詞が名詞句や述語動詞に後接している例を見たが,主語だけでなく,目的語その他種々の格の名詞句にも後接する.また次のように,名詞句の直後でなく格助詞の後や副詞句の後にも現れる.

(7) a. 大事をとっての継投策にまで裏目に出られた.
　　 b. 雨乞いの踊りはすれど,雨はぽつりとさえ降って来ない.

分布の自由性は,後の3.3節で述べるとりたて詞のフォーカスを考える上で重要な特徴である.

(b) 任意性

(8) a. 割引券を常連客に　だけ／∅　渡した.
　　 b. 割引券を常連客が欲しがる　だけ／*∅　渡した.
(9) a. おスケさんに　くらい／∅　本当のことを言えばよかった.
　　 b. おスケさん　くらい／*∅　優しい人は他にはいない.

(8a)(9a)は「だけ」や「くらい」がなくても文として成立するのに対し,(8b)(9b)はこれらがないと非文になる.(8a)の「だけ」はとりたて詞であり,「常連客」をとりたて,「割引券を渡した」ことに関し,他者「常連客以外の人」との関係を示している.(9a)の「くらい」も「他者はどうあれ最低限お

スケさんには」といった「最低限」の意味を表すとりたて詞である．

一方，(8b)(9b)の「だけ」や「くらい」は，補足成分をとって全体で副詞句を作る形式副詞である．副詞句の主要素だから，これらがないと副詞句が成立せず，ひいては文が成立しない．この形式副詞については，3.6節(a)で述べる．

ところで，とりたて詞が承接することにより，次の(10)のように格助詞が消去されることがあり，また(11)(12)のように述語は形を変化させる．この場合は，単純にとりたて詞だけを除くと文は非文になる．

(10) 午後から雨 も／*∅ 降り出した．
(11) こっちのことなど 振り向きさえしない／振り向き*∅しない．
(12) 上等の材料でも半分 使うだけで／使う*∅で 残りは捨ててしまう．

しかし，これらはとりたて詞が承接することで，「*もが」とか「*がも」が言えず「が」が消去されたり，述語の語形が変化しているのであって，「も」や「だけ」を除く際にはこうした変化も元に戻して考える必要がある．そしてそのようにすれば文は成立する．次のようである．

(10′) 午後から雨 が 降り出した．
(11′) こっちのことなど 振り向かない．
(12′) 上等の材料でも半分 使って 残りは捨ててしまう．

(10)〜(12)の例で見るとおり，とりたて詞はそれがなくても文が成立する．もちろん，とりたて詞はとりたて詞としての意味・機能を持つから，それがある文とない文では，意味が異なる．その点では二つの文は別の文と言える．しかし，構文論的な観点から見て，一文の構成に直接関与するか否かで言えば，否である．つまりとりたて詞は任意の要素である．この特徴がとりたて詞の**任意性**である．

(c) 連体文内性

例えば，山田(1936)は，「は」「も」「こそ」「しか」など，とりたて詞に属する一部の語は文末と何らかの呼応を要求するものとして係助詞とした．山田(1936:487)では，その根拠として，次の

(13) *鳥は飛ぶ時

のような係助詞「は」(いわゆる「主題」の「は」)が連体修飾文中の要素にならないことをあげ，こうした特徴は係助詞すべてに通じるとする．

しかし，とりたて詞は次の(14)のようにすべて連体修飾文中の要素となり得る．つまりとりたて詞は係助詞ではないのである．この特徴を**連体文内性**という．

(14) a. 夏は涼しく冬は暖かい　村　(「対比」の「は」)
　　　b. 父親も参加する　育児講座
　　　c. 日頃忙しい人こそうまく利用する　余暇時間
　　　d. 微量の塵さえ嫌う　実験装置
　　　e. 当事者にしかわからない　感情
　　　f. 手作りの品だけを扱う　店
　　　g. 柔らかい食べ物ばかり食べる　子供達
　　　h. 夢にまで見た　冒険旅行
　　　i. 福祉など切り捨てた　予算案
　　　j. 朝夕の挨拶くらいする　近所づきあい

(d) 非名詞性

(15) a. 田中だけが悲しそうにしずんでいた．
　　　b. 黙って我慢するばかりが必ずしも男らしいとはかぎらない．

(15)のような「だけ」や「ばかり」は，体言に準ずる働きを持つと考えられることがあった．例えば，橋本(1969:60-62)では，こうした「だけ」や「ばかり」を「副助詞」の「体言に準ずる用法」にあるものとし，松下(1930:367-369)は「名助辞」とした．

確かに(15)の「だけ」や「ばかり」は格助詞に前接し，特に(15b)は「ばかり」に先行するのが文であることから，「ばかり」があたかも形式名詞の「こと」と同様，体言のような働きをするように見える．

ところで，一般に名詞は連体修飾構造の主名詞になり得る．仮に，上の「だけ」や「ばかり」が名詞性を持つなら，「田中だけ」や「黙って我慢するばか

り」も主名詞になり得るはずである．しかし，(16a, d)は非文になり，「だけ」や「ばかり」には「こと」などと同様の名詞性はないことがわかる．

(16) a. *悲しそうにしずんでいた　田中だけ
    b. 悲しそうにしずんでいた　田中
    c. 悲しそうにしずんでいた　田中さん
    d. *男らしいとはかぎらない　黙って我慢するばかり
    e. 男らしいとはかぎらない　黙って我慢すること

上に見たように，とりたて詞が名詞性を持たないという特徴を，**非名詞性**という．

また(16)でみるとおり，とりたて詞は主名詞の一部になれる(16c)の「さん」など，接尾辞とも異なる．

3.2 とりたて詞の意味論的特徴

とりたて詞の意味は，原則として以下の(17)にあげる4組8個の基本的特徴とその組み合わせで体系的に記述できる．ただしそれぞれのとりたて詞の記述には，これ以外の二次的特徴も必要になるが，それは3.4節の各論で述べる．

(17) a. 自者と他者
    b. 主張と含み
    c. 肯定と否定
    d. 断定と想定

以下に，(17)のそれぞれについて見ていくことにする．

(a) **自者と他者**

自者とはとりたて詞がとりたてる文中の要素であり，**他者**はそれに端的に対比される自者以外の要素である．自者と他者はとりたて詞の意味の最も基本的な概念である．

(18) a. 太郎も学校に来る．
    b. 太郎が学校に来る．

c．太郎以外が学校に来る．

　(18a)と(18b)を比べると，(18a)はとりたて詞「も」があることで，(18b)の意味つまり「太郎が学校に来る」ということと同時に，「太郎以外」にも「学校に来る」他者が存在するという，つまり(18c)の意味に解釈することができる．他者の存在は暗示されるだけなので，文脈がなければ具体的にそれが誰なのかはわからない．が，とにかく「も」によって他者の存在は認められる．この場合の「太郎」が「も」のとりたてる自者であり，「太郎以外」が他者である．

　なお，自者と他者は同一の集合に属する同類のものでなければならない．この同類性については本節(c)で述べる．また文中のどのような要素が自者になるかについては3.3節で述べる(他者が文脈にどのように現れるかについては，沼田(1986a:141-143)を参照されたい)．

(b) 主張と含み

　主張はとりたて詞が明示する意味であり，**含み**はとりたて詞が暗示する意味である．もう一度(18)の例で考える．

　(18a)では，まず「も」のない(18b)文の意味が明示される．これを(18a)の**明示的主張**と呼ぶことにする．同時に「も」の存在は自者に対する他者の存在も暗示し，「太郎以外が学校に来る」という(18c)文の意味が暗示される．これは(18a)の**暗示的主張**である．

　(18a)の明示的主張と暗示的主張は，とりたて詞「も」によってもたらされるものであるから，これを「も」の意味と考え，明示的主張と暗示的主張を簡単にして，前者を「主張」，後者を「含み」と呼ぶのである．

(c) 肯定と否定

　さらにもう一度(18)の例に戻る．(18a)の「も」の主張は(18b)であり，含みは(18c)であった．主張では自者「太郎」について，「太郎が学校に来る」という文が表す事柄は真であるとして「肯定」される．これを**自者-肯定**と呼ぶ．一方，含みでも，他者「太郎以外」について，「太郎以外が学校に来る」とい

う文が表す事柄は真であるとして肯定される．これを**他者-肯定**と呼ぶ．

(19) a. 太郎だけが学校に来る．
　　 b. 太郎が学校に来る．
　　 c. 太郎以外が学校に来ない．

(19a)の「だけ」の場合は，その主張は(19b)，含みは(19c)である．ただし，「だけ」の場合は主張の自者-肯定までは「も」と同じだが，含みが異なる．含みは，他者「太郎以外」について，「太郎以外が学校に来る」という文が表す事柄は偽として「否定」される，つまり**他者-否定**である．

またここでの肯定・否定は，「太郎が学校に来る」あるいは「太郎以外が学校に来る」などの文が表す事柄が真であるか偽であるかによって決まる．したがって，述語が否定述語であるか否かとは関係がない．例えば，次の

(20) 太郎も学校に来なかった．

では，自者「太郎」は述語句「学校に来なかった」に対し，「太郎が学校に来なかった」という否定文の表す事柄が真であるとして肯定される．つまり自者-肯定の主張である．そして含みは次の(21)であり，他者「太郎以外」についても「学校に来なかった」ことが真であるとして肯定される．つまり他者-肯定の含みである．

(21) 太郎以外も学校に来なかった．

なお，主張における自者-肯定は，原則としてすべてのとりたて詞に通ずる．ただし，「しか」については注意が必要となる．これについては3.4節(f)で述べる．

さて，先に自者と他者は同類の要素であると述べた．これを自者と他者の**同類性**とすると，自者，他者の間には常に，(1)構文論的同類性，(2)語彙論的同類性，(3)文脈依存的同類性のいずれかが保たれており，このいずれの同類性も持たないものを自者，他者として捉えることはできない．自者と他者の同類性については沼田(1986a:133-141)で詳しく述べたので，以下にはその概略を述べることにする．

自者，他者が名詞句や副詞句の場合，主張において自者と共起する述語句を含みにおいて他者も共有し，その述語句に対して原則としてどちらも同じ文法

3.2 とりたて詞の意味論的特徴——161

格あるいは同じ意味の副詞句になる．また，自者，他者が述語の場合は，それぞれの述語が原則として同じ連用成分をとる．これが**構文論的同類性**である．

(22) a. 〈太郎〉他が来て，〈次郎〉自も来た．
b. 〈台風〉他が来た日に，〈太郎〉自も来た．
c. *〈太郎〉他が来て，〈京都〉自にも来た．
d. 花子は〈早口でいっきに〉他話した後で，少し間をおいてもう一度，〈丁寧にゆっくりと〉自も話した．
e. *花子は〈事情〉他を話した後で，少し間をおいてもう一度，〈丁寧にゆっくりと〉自も話した．
f. 花子が太郎に絵を〈見せた〉自だけでなく，〈貸してやった〉他．
g. *花子が太郎に絵を〈見せた〉自だけでなく，次郎と図書館で〈会った〉他．

(22a-c)は自者と他者が名詞句の場合だが，自者，他者の文法格が同じ主語の(22a, b)はよいが，(22c)の「太郎」と「京都」は一方が主語，一方がニ格補語と異なるので，両者を自者，他者と捉えることができず，特に文脈がない限り(22c)は非文になる．

(22d)は副詞句が自者，他者の場合だが，名詞句同様，述語句「話す」が共通し，この場合は述語に対して様態を表すという副詞句の意味が同じである．ただし，副詞の場合は名詞句よりは制限が緩やかで程度，数量，様態の違いがあっても，自者，他者と捉えられる場合も少なくない．しかし，(22e)のように副詞句である自者に対して，目的語などの名詞句を他者と捉えることはできない．

(22f, g)は自者，他者が述語の場合だが，自者，他者が同じ格成分を共有している(22f)はよいが，これを破る(22g)は「見せた」と「会った」を自者，他者として捉える解釈はできない．

しかし，上のような構文論的同類性には例外がある．自者，他者の述語句が同じでなく，互いに類義的な関係にあるだけの場合である．こうした場合は，語彙論的同類性に支えられて自者，他者の解釈ができる．

(23) 〈パンやハムエッグ〉他は食べられなくても，〈牛乳〉自ぐらい飲める．

(23)では，自者「牛乳」と共起する述語「飲める」を，他者「パンやハムエッグ」は共有していないが，「食べられる」と「飲める」がどちらも飲食行動であるという共通性がある．こうした場合の自者，他者の間に見られる同類性を**語彙論的同類性**という．

さらに，次のような例外もある．

(24) 〈野党の反対が強い〉他上に，〈与党内部の足並みが乱れもした〉自ので，法案は通らなかった．

(24)は一つの文全体が自者，他者となっているが，この場合は両者が述語句や連用成分を共有することはない．そこで，構文論的同類性は当然成立しない．この場合，二つの文「与党内部の足並みが乱れた」と「野党の反対が強い」が自者，他者と捉えられるのは，先の語彙論的同類性よりもさらに広い同類性，つまり文脈や社会通念に依存した類義関係による．こうした同類性を**文脈依存的同類性**という．

(d) 断定と想定

先の主張および含みにおける自者・他者に対する肯定・否定などは，ある事柄に対して，話し手がそれを真または偽として断定するもの(以下，**断定**と呼ぶ)であった．しかし，とりたて詞の表す意味には，真偽を断定せず，話し手や聞き手の自者・他者に対する**想定**を表すものがある(沼田(1984, 1986a)で「期待」，沼田(1988)で「予想」としたものを，「想定」に修正する)．

(25) a. 太郎さえ学校に来る．
     b. 太郎が学校に来る．

(25a)の「さえ」の主張は(25b)である．また(25a)の意味は次のように考えられる．

(26) 太郎以外はもちろん学校に来るが，太郎は学校に来ないと思った．ところがその太郎が学校に来た．

(26)の下線部が含みになるわけだが，含みの想定では，他者「太郎以外」は「学校に来る」と肯定されると同時に，自者「太郎」は「学校に来ない」と否定される．つまり含みは自者-否定・他者-肯定である．ただし，これは「…と

3.2 とりたて詞の意味論的特徴

思った」内容であって話し手の断定ではない．そのため，含みの自者-否定は(25b)の自者-肯定を断定する主張とも矛盾しない．他者-肯定も同様に断定ではないため，次の(27)のように「他の者が…来なかった」と他者-否定を断定する後続の文とも矛盾なく共起できる．

(27) 昨日は(あの問題児の)太郎さえ学校に来たというのに，他の者が誰も学校に来なかった．

ただし，(27)の文の文法性の判定は人によってゆれがあり，これを許容できない人もいるようである．そういう人の言語では，「さえ」の含みの他者-肯定は想定ではなく，断定ということになろう．

ともあれ，以上のことから，「さえ」などの意味を記述するには，「想定」という特徴が必要になり，これに対するものとして「断定」という特徴が立てられるのである．

さて，以上がとりたて詞の意味を構成している基本的な特徴である．とりたて詞個々の意味は，語によって個別に二次的な素性が加わるものがあるが，基本的にはこれらの特徴の組み合わせによって決まる．また，それらのとりたて詞全体は，互いに一つの体系をなしているのである．

最後にこれを使って先の
(18) a. 太郎も学校に来る．
(19) a. 太郎だけが学校に来る．
(25) a. 太郎さえ学校に来る．
の「も」「だけ」「さえ」の意味を形式化して表示すると次のようになる．
(28) 「も」 　主張：断定・自者-肯定
　　　　　　　含み：断定・他者-肯定
(29) 「だけ」　主張：断定・自者-肯定
　　　　　　　含み：断定・他者-否定
(30) 「さえ」　主張：断定・自者-肯定
　　　　　　　含み：想定・自者-否定／他者-肯定

3.3 とりたてのフォーカス

(a) とりたてのフォーカスの範囲

とりたてのフォーカス（とりたてのフォーカスは，沼田（1984, 1986a）などで「とりたてのスコープ」としたものを指す）とは，とりたて詞がとりたてる自者である．自者となり得るもの，すなわちとりたてのフォーカスになり得る文中の要素は，名詞句や副詞句，述語，述語が連用成分をとった述語句，文全体である．次のようである．

(31) a. 父親や母親はもちろん，〈まだ幼い太郎〉_自までが朝から晩まで働いた．（名詞句）
b. あの人はどんなにくつろいだ時でも〈ゲラゲラと〉_自など笑わない．（副詞句）
c. 彼は歌を〈歌い〉_自はするが，作りはしない．（述語）
d. ボーカルの子は〈歌を歌う〉_自だけで，ギターは弾かない．（述語句）
e. 〈男子生徒が一人欠席した〉_自だけで，他に変わったことはなかった．（文）

ただし，これには制限がある．

一般に副詞はフォーカスになりにくく，特に「まあまあ」とか「わりあい」など，程度副詞はフォーカスにならないものの方が多い．

(32) 専務の話は〈わりあい〉_自　*も／*だけ／*さえ　上手だ．

「けっして」「やっと」や「意外にも」「うまいことに」「辛くも」などの陳述副詞あるいは文副詞もフォーカスとはならない．

(33) 〈やっと〉_自　*も／*だけ／*さえ　憧れの人に会えた．

数量詞が副詞の位置に現れた場合も，「だけ」「しか」「くらい（ぐらい）」「（意外の）も₂」（「も₂」の詳細は 3.4 節 (a) で述べる）を除いて，一般にとりたてられない．

(34) 見学者が〈30人〉_自　も／だけ／*さえ　やって来た．

また，述語に使役の「せる」・受身の「れる」やテンス・アスペクトを表す

形式など，様々な派生形式が後接した場合は，使役・受身の形式，アスペクトを表す形式が後接したものがおおむねとりたてのフォーカスとなり，それ以外のものについては，とりたて詞各語によって異なりがある．以下に使役・受身とアスペクト形式がフォーカスとなる例をあげる．ただし，以下にあげる例は可能性としてはあるが，実際の用例に多く見られるものではない．

(35) a. 夫婦などというものは，いつまでたってもお互いに〈泣かせ〉自・他もするし，〈泣かされ〉他・自もするものだ．
b. 禁煙は〈やり始める〉自だけでなく，やり続けることが大切だ．

さらに，終助詞などを含む奥津(1974)の文末詞にあたるもの，文頭の応答詞，主題などはフォーカスになれないし，それらを含む文全体もフォーカスになれない．いわゆる推量の「だろう」「まい」もとりたてのフォーカスからは除かれる．また，格助詞もとりたてのフォーカスにはなれない．

さて，以上は単文の場合のフォーカスであった．複文の場合，条件を表すように解釈できる「〜て」節，目的の「〜ために」節や「〜ように」節はフォーカスとできる．次のようである．

(36) a. 〈教師に注意されて〉自しかおしゃべりをやめない．
b. 〈安全な食品を与えるために〉自も万全の注意を払う．

なお，「こそ」が理由を表す「〜から」節(や「〜ば」節)をとりたてることがあるが，これは「こそ」に限られる．

(37) 〈彼がいたから(／れば)〉自　こそ／*だけ／*も　今日まで私は生きてこられた．

これ以外の従属節は，一般にとりたてのフォーカスにはならない．

(b) とりたて詞の分布ととりたてのフォーカス

とりたてのフォーカスには，とりたて詞の分布との関係から，次の3種類がある．

(38) a. 直前フォーカス(normal focus，以下Nフォーカスと呼ぶ)
b. 後方移動フォーカス(backward focus，以下Bフォーカスと呼ぶ)
c. 前方移動フォーカス(foreward focus，以下Fフォーカスと呼ぶ)

第一のNフォーカスとは，とりたて詞の直前，あるいは格助詞を介して直前(以下どちらも「直前」とする)の要素がフォーカスとなるもので，これまで見てきた例文は，すべてNフォーカスの例であった．

(39) 〈ここ〉自 だけに／にだけ／にも ある．

(39)の「だけ」や「も」がとりたてる自者は「ここ」と考えることができる．この場合厳密に言えば，「にだけ」や「にも」は格助詞を越えてその前の名詞をフォーカスとすることになるが，これもNフォーカスに含めて考える．

ところで，これまでフォーカスはとりたて詞がとりたてる自者だと言ってきた．自者と他者は同じ述語句を共有しており，これまでの例では基本的に述語句が文中に明示される場合を見てきたが，述語句が必ずしも文中に明示されない場合もある．

(40) 実際は，女房の専務が経理他を押さえ，〈人事権〉自も握っている．

(40)の「も」の自者を直前の「人事権」と考え，他者を「経理」と考えると，両者は同じ述語句を共有しないことになる．しかし，この場合「押さえる」と「握っている」は同義で，どちらも「独占する」と置き換えることができる．そのときは「人事権」が「も」のフォーカスとなる．これは，他の格の名詞句についても，副詞句についても同様である．

さらに次のような場合もある．

(41)　a. 〈娘〉自もいい人と結婚するし，息子他まで大会社に就職を決めた．
　　　b. 図工の宿題他はお兄ちゃんが作ってくれるし，〈絵日記の天気〉自もお姉ちゃんが調べてくれちゃった．

上の例で，対立関係にあるのは，「娘がいい人と結婚するコト」と「息子が大会社に就職が決まったコト」，「図工の宿題をお兄ちゃんが作ってくれるコト」と「絵日記の天気をお姉ちゃんが調べてくれたコト」である．そこで，単純なNフォーカスであれば，

(42) 〈娘がいい人と結婚し〉自もするし，息子が大会社に就職を決めまでした他．

となるところである．

しかし，(41a)の例は，「娘」に対する「いい人と結婚する」という事柄の

持つ意味と,「息子」に対する「大会社に就職を決める」という事柄の持つ意味が,我々の一般常識から「祝うべきこと」であるという,広い意味での同義性を満たしていると判断される.そこから共通の述語句「祝うべき方向に進んだ」などを考えることができる.すると(41a)は,次のように解釈し直すことができる.

(43) 〈娘〉自も祝うべき方向に進み,息子他まで祝うべき方向に進んだ.

こうして,(43)での自者・他者は,「娘」と「息子」ということになる.(41)は(43)のような解釈を介して,「も」の直前の名詞句がフォーカスと捉えられるのである.

第二の**B フォーカス**とは,文中の名詞句などに後接するとりたて詞が,その名詞句から述語までの範囲つまり述語句をフォーカスとするものをいう.この場合,文の意味は文中のとりたて詞をフォーカスの末端である述語の後に移動させた文と同義になる.次のようである.

(44) a. 〈代金だけもらって〉自,仕事をしない他.
= 〈代金をもらう〉だけ自で仕事をしない他.
b. 体内に寄生虫が一匹発生しただけでも,人間は大いに苦しみ他かつやせ衰え他,時には〈命さえとられる〉自.
= 体内に寄生虫が一匹発生しただけでも,人間は大いに苦しみ他かつやせ衰え他,時には〈命をとられ〉自さえする.

上のような場合のほか,B フォーカスの例には次の

(45) 上司の言葉には〈腹も立った〉自が,それ以上に情けなかった他.

のように慣用性の高い表現や機能動詞など,とりたて詞が後接する名詞句と述語の結びつきが強いものが多い.益岡(1991:181-183)の指摘のように,こうした場合は意味的な主要素と考えられる名詞句にとりたて詞が後接するだけで,その名詞句との結びつきの強さにより,述語までを含めた全体を他者と対立させるのと同じ効果が生まれると考えられる.

また,とりたて詞の中には「も」や「さえ」「しか」などのように,形態論的に述語に後接しにくいものがある.このこともBフォーカスの存在を支えていると思われる.

第三の**F フォーカス**とは，とりたて詞が述語に後接するにもかかわらず，述語とは離れて，フォーカスはその述語と共起する前方の名詞句などであるものをいう．この場合の文の意味は，述語に後接するとりたて詞を，フォーカスに直接する位置に移動させた N フォーカスの文と同義になる．次が F フォーカスの例である．

(46) a. ご飯他をろくに食べずに，〈辛いおかず〉自を食べてばかりいたからのどが渇いた．
(ご飯他をろくに食べずに，〈辛いおかず〉自ばかりを食べていたからのどが渇いた．)

b. ヤマちゃん他ばかりでなく，あの時は〈私自身〉自がへたばってさえいた．
(ヤマちゃん他ばかりでなく，あの時は〈私自身〉自さえへたばっていた．)

ただし，「も」「しか」などは述語に後接しにくい．したがって，これらの語が F フォーカスをとるのは稀である．

ところで，B フォーカス，F フォーカスは，とりたて詞の分布ととりたてのフォーカスがある意味で一致しない変則的なフォーカスである．しかし，こうした変則的な分布は両者に限られるのであって，以下のようなフォーカスはあり得ない．

(47) a. *次郎他が花子と仲良くするし，〈太郎〉自が花子とも仲良くする．
b. *太郎が花子と喧嘩をする他し，太郎が花子とも〈仲良くする〉自．
c. *次郎他が知子他と仲良くするし，〈太郎〉自が〈花子〉自とも仲良くする．

さらに，複文の場合の次のような制限もある．

(48) a. 〈裕次郎〉自だけが載っている写真集を買う．
b. =〈裕次郎〉自が載っているだけの写真集を買う．
c. ≠〈裕次郎が載っている写真集〉自だけを買う．

(48a, b)は同義に解釈できるが，(48c)は同義に解釈できない．(48a, b)はどちらも「裕次郎の写真集」を「買う」意味に読めるが，(48c)で「買う」のは

「裕次郎の写真」が一枚でも載っていればよく,「裕次郎の写真集」とは限らない.つまり,「裕次郎が載っている」という連体文中にある「だけ」は,述語に後接する位置から「裕次郎」をとりたてるFフォーカスは可能だが,節境界を越えて主節の要素である「写真集」に後接した位置から同様のフォーカスはとれないのである.

(49)　a.　〈楽器<u>も</u>こなせる〉<u>自</u>ボーカルを募集する.
　　　b.　＝〈楽器をこなせ〉<u>自も</u>するボーカルを募集する.
　　　c.　≠〈楽器をこなせるボーカル〉<u>自も</u>募集する.

(49)でも同義に解釈できるのは(49a, b)だけである.この場合は,連体文中の名詞「楽器」に後接する「も」が連体文の文末までをとりたて,「楽器をこなせ(る)」をフォーカスとするBフォーカスは可能だが,節境界を越えて主節の「ボーカル」までを含めた形でのBフォーカスは不可能だということになる.

(48)や(49)から,複文中のフォーカスについては,次のような制限があることがわかる.

(50)　とりたて詞は,それを含む最小節中にない要素を,節境界を越えてフォーカスとすることはできない.

以上,とりたて詞の3種類のフォーカスを見てきたが,実際の文でとりたて詞がどのフォーカスをとっているかは,とりたて詞がとりたてる自者が,何と,あるいはどんな事柄と範列的な対立関係にあるか,つまり,他者が何であるかによって相対的に決まるものである.またこれは,文脈などによって解釈されるものである.したがって,とりたてのフォーカスは文脈など語用論的要因で決定されると言える.

また,上ではとりたてのフォーカスについて見てきたが,とりたて詞文では,とりたてのフォーカスの他に,とりたてのスコープ(作用域)も問題になる.じつは先の(50)に見た複文におけるとりたてのフォーカスの制限も,とりたてのスコープ(作用域)との関連で議論されるべきものである.とりたてのスコープも,とりたて詞やとりたての機能を考える上で重要な問題だが,紙幅の都合上ここでは省略する(とりたてのスコープについては,沼田・徐(1995)および沼

田(2000)を参照されたい).

3.4 とりたて詞各論

以上,とりたて詞の一般的な特徴について述べた.以下では,とりたて詞の中の「も」「さえ」「まで」「だけ」「ばかり」「しか」「など」をとりあげ,各語の特徴について意味的特徴を中心に述べる.

(a)「も」

「も」の中でも,「けれども」「よりも」などは「も」を含む全体で一語と考えられる.「とりもなおさず」「それにつけても」「ともすれば」などの「も」も慣用句の一部である.そこでこれらの「も」はとりたて詞と考えない.

また,次のようなものも慣用的なもので,とりたて詞からは除いて考える(これらについて詳しくは沼田(1995:42-50)を参照されたい).

(51)　a. 南も南,赤道直下だ.
　　　 b. 食いも食ったり,一人で10杯ペロリとたいらげた.

さらに,次のような「も」もとりたて詞ではない.

(52)　いやしくも,微生物を研究する以上この問題は避けて通れなかった.

(52)のような「も」については3.6節(e)で述べる.

以上を除いて,とりたて詞「も」には以下の3種類がある.

(53)　も1: 単純他者肯定
　　　も2: 意外
　　　も3: 不定他者肯定

まず,「も1」について考える.

(54)　(足の動きに合わせて,)自然に手も動かしている.

(54)の「も」は,自者「手」をとりたて,主張で「手を動かしている」を真であるとして肯定している.同時に,含みで他者「足」についても「動かしている」という述語句に対して,「足を動かしている」という文が真であるとして肯定する.また含みの他者-肯定は,断定であるため,次のように他者-肯定

を取り消すような文脈とは共起しない.

(55) *自然に手も動かしているが,手以外の部位は動かさないでいる.

そこで,このような「も」を**単純他者肯定**の「も1」とし,この意味を次のように表示する.

(56) 「も1」 主張:断定・自者-肯定
　　　　　　含み:断定・他者-肯定

次に「意外」の「も2」について考える.

(57) (彼の放蕩ぶりには)親　も／さえ　愛想を尽かした.

(57)の「も」は「親」を自者としてとりたて,他者は「親以外」とともに「愛想を尽かした」という共通の述語句に対して肯定している.この点では「も1」と変わらない.しかし,(57)の「も」は「さえ」と置き換えても文意が変わらず,「親が愛想を尽かす」ことが極端なこととして強調されているように受け取れる.(57)の「も」は次の(58a)を主張として断定する一方で,(58b)を含みとすると考えられるのである.

(58) a. 親が愛想を尽かした.
　　　 b. 親以外(例えば他人)は愛想を尽かすが,親は愛想を尽かさないと思った.

(58b)では,「親」以外の他者はすべて「親以外が愛想を尽かす」と肯定されても,「親」は「親が愛想を尽かす」ことはないと否定されている.つまり他者-肯定,自者-否定である.ただし,この自者・他者に対する肯定・否定は「…と思った」という,「愛想を尽かす」ことの想定におけるもので,断定ではない.断定ではないから,主張の自者-肯定と含みの自者-否定が両立する.一方,含みの中で,他者はすべて肯定されても,自者だけは否定されるという,自者と他者の肯定・否定での対立に加えて,主張における自者-肯定の断定と,想定ではあるが含みにおける自者-否定との矛盾が,「親が愛想を尽かす」という自者-肯定の事柄を強調することにつながると考えられる.他のものはそうでも,これだけは違うと思ったものが,案に相違して他と同じになれば意外さを感じる.意外なものには他のものに対してよりはより強く注意,関心が向けられる.これが「も2」による強調につながると考えられるのである.

この「も2」を意外の「も2」とし，その意味を次のように表示する．

(59) 「も2」 主張：断定・自者-肯定
     含み：想定・他者-肯定／自者-否定

なお，「も2」の含みにおける他者-肯定も想定であって断定ではない．したがって，(59)はこれと矛盾し他者が否定されるような次のような文脈と共起することも可能である．

(60) （彼の放蕩ぶりには）親も愛想を尽かしたのに，伯父だけは彼を見捨てなかった．

この点で，「も1」と「も2」は異なる．「も1」の含みの他者-肯定は断定であるため，(55)で見たとおり，他者-肯定と矛盾するような文脈とは共起できない．

さらに「も2」の他者は文脈中に明示されないことの方が多い．「も2」の自者は想定で否定されるような意外性の高い極端なものであるが，それに対する他者は意外性がなく文面からだいたい予想されるものとして一括される．そこで他者は自者以外のものというだけで，あえて提示される必要がない場合が多くなるのだろう．

(61) 緑化運動は首相も乗り出すほど，力を入れられた．

(61)でも，政治上最高の地位にある「首相」という自者に対し，他者は「首相」以外の誰と具体的に明示されなくても，「首相」ほど地位が上でない人々と考えられる．

次は「も3」である．次の(62)の「も」のように文脈によっては他者が現れず，他者を具体的に想定しにくい場合がある．

(62) a. 春もたけなわになりました（が，お変わりなくお過ごしですか）．
     b. 私も何とか無事定年を迎えることができまして，…．

(62)に見られる「も」を，上に見た「も1」や後述する「も2」と区別し，沼田(1986a：159-160)では実際には存在しない他者を擬制することで表現を柔らげる働きをする**柔らげ**の「も3」とした．

しかし，(62)に見られる「も」のとりたてる自者は，文脈によって，Nフォーカスで「も」の直前の要素と思われる場合も，Bフォーカスで「も」の直前の要素から述語までを含めた範囲と考えられる場合もある．例えば，(62a)

で「も」は,「春もたけなわになり,夏もたけなわになり…」というように「春」をとりたてるのではなく,「春がたけなわになりました」をとりたてるのであり,これに対する他者は,季節や時の推移を感じさせる他の事柄と考える方が自然だろう.一方,(62b)では「私」が「も」にとりたてられる自者で,他者は具体的に誰とは言わないが「私以外の人」と考えるのが自然な解釈に思われる.(62)の「も」の場合も,文脈に応じてフォーカスが変化しているのである.とりたてのフォーカスは,自者と他者の相対的な関係によって決定されるものだから,(62)でも話し手や聞き手が想定する他者は存在し,それに見合う形で自者の範囲,つまりフォーカスも変化していると考えなければならない.こうしたことから,沼田(1995:36-40)で述べたように,(62)のような「も」を,他者を擬制するのではなく不定の他者を肯定する**不定他者肯定**の「も3」とし,その意味を次のように表示する.

(63) 「も3」 主張: 断定・自者-肯定

　　　　　 含み: 断定・他者-肯定

　　　　　　　二次特徴: 他者は不定

本章では,「も1」と「も3」を区別するが,両者の違いは他者が具体的に想定されるか否かという多分に文脈に依存するものである.そこで「も1」と「も3」の区別を解消し,(63)のような「も」も「も1」に含めて考えた方がよいかもしれない.

ところで「も1」「も2」には,次のように「も」を一文中に複数並列させる「〜も〜も」という形(これを「も」の**重複構造**と呼ぶ)がある.

(64) a. 太郎も1次郎も1親切だ.

　　　b. 食事も2睡眠も2とらずに一心に勉強している.

この重複構造があるのは,とりたて詞の中では「も」以外には「は」のみであり,この点で「も」と「は」は他のとりたて詞と異なる(「も」の重複構造について,詳しくは沼田(1986a:161-164)を参照されたい).

この他に,「も」は「一つ」とか「5人」などの数量表現をとりたてることがあるが,「も1」「も2」「も3」それぞれに異なる特徴がある.(これについて詳しくは沼田(1986a:164-172)を参照されたい.また「も」の多義性を考察し

た研究には，認知言語学の観点からの研究である定延(1995)などがあり，ここでは，数量表現に後接する「も」についての考察もある.)

(b)「さえ」

「さえ」もとりたて詞の一つである．ただし，「さえ」はその意味から，意外の「さえ1」と最低条件の「さえ2」に分けることができる．

(65)　a.（お裁縫をしても，不器用だから）雑巾さえ満足に縫えない．
　　　b. これさえあれば，百人力だ．

(65a)が意外の「さえ1」の例であり，(65b)が最低条件の「さえ2」の例である．

まず意外の「さえ1」について考える．意外の「さえ1」の意味は，3.2節(d)でも述べたが，以下では(65a)を例に見ることにする．

(65a)の「さえ」は，「雑巾」を自者としてとりたて，次の(66a)を主張とし，(66b)を含みとすると考えられる．

(66)　a. 雑巾を満足に縫えない．
　　　b. 他のもの（例えば着物）は満足に縫えないが，雑巾は満足に縫えると思った．

(66a)では，述語が否定述語なので注意が必要だが，自者・他者についての述語句に対する肯定・否定の関係はこれまでと同じである．

自者「雑巾」が「満足に縫えない」という否定述語句に対して肯定されているから，主張は自者-肯定である．一方，含みでは，「他のものは」は「満足に縫えない」と肯定されると同時に，自者「雑巾は満足に縫える」つまり「縫えなくない」と否定される．そこで，他者-肯定・自者-否定である．

ただし，これは話し手の断定ではなく，「…と思った」内容である．想定であって断定ではないから，含みの自者-否定は(65a)の自者-肯定を断定する主張とも矛盾しない．他者-肯定も同様に断定ではないため，次の(67)のように「着物が縫い上げられた」と他者-否定を断定する後続の文とも矛盾なく共起できる．

(67)　雑巾さえ満足に縫えない彼女に，ちゃんと着物が縫い上げられたこと

が，みんなにはどうしても信じられなかった．

以上のことから，**意外**の「さえ1」の意味を次のように表示する．

(68)　「さえ1」　主張：断定・自者-肯定
　　　　　　　　含み：想定・自者-否定／他者-肯定

なお，「すら」は「さえ1」とほぼ同義で，(65a)は次のように「すら」を使って言うこともできる．

(65′)　a．雑巾すら満足に縫えない．

ただし現代語では「すら」はあまり使われず，「さえ1」にほとんどかわられてしまっている．

次に，**最低条件**の「さえ2」について考えたい．

「さえ2」は条件節の中にあり，その条件節は主節で述べられる後件成立のための最低条件として解釈される．

(69)　a．彼さえ仲間にすれば，プロジェクトが成功する．
　　　b．彼を仲間にすれば，プロジェクトが成功する．
　　　c．彼以外(他者)を仲間にしなくても，プロジェクトが成功する．

(69a)の「さえ」は「彼」を自者としてとりたてる．(69b)は主張で，その自者について「仲間にする」を肯定する自者-肯定であり，そうであるならばと後件成立の条件を述べている．(69c)は含みで他者を「仲間にしない」という他者-否定で，それでも後件が成立するという逆接条件を表している．この(69c)により，(69b)が単なる条件ではなく最低条件として解釈されることになる．次の例も同様に考えられる．

(70)　a．それを実行しさえすれば，万事うまくいく．
　　　b．ここからさえ脱出できれば，何とかなる．

そこでこの「さえ2」の意味を「最低条件」と呼ぶことにする．

なお，最低条件の「さえ2」は「だけ」と置き換えが可能な場合がある．(69)も，

(69′)　彼だけ仲間にできれば，プロジェクトが成功する．

のように言っても，ほぼ同義に解釈することが可能である．次の(71)の例も同様である．

(71) a. 社宅 さえ／だけ あれば，仕事がきつくても勤める．
    b. 役柄 さえ／だけ 気に入れば，ギャラが安くても出演する．
    c. 先方の課長に さえ／だけ 話を通しておけば，あとは何とかなる．

ただし，「だけ」が条件節の中にある場合は，二義的でもあるので，これについては3.4節(d)でまた触れる．

さて，「さえ」には意外の「さえ1」と最低条件の「さえ2」の2種類があると言ったが，このことをもう一度次の文で確かめてみよう．

(72) 学校に行けさえするなら，喜んで働きます．

(72)はこの文だけ見ると，まず次の(73)のように解釈できるだろう．

(73) 他のことはできなくても，学校に行くことができるなら，それだけで喜んで働く．

ところが，(72)は次のような文脈に置かれると別の解釈ができる．

(72′) 住み込みだから食，住の心配はない．それどころか十分な給料がもらえ，その上学校に行けさえするなら，本当に喜んで働きます．

(72′)では，「学校に行けさえするなら，喜んで働きます」の文は次のように解釈できる．

(74) 他のことならできるかもしれないが，学校に行くことはできないと思っていた．その学校に行くことができるなら，喜んで働く．

(74)は(72)の「さえ」を最低条件の「さえ2」ではなく，意外の「さえ1」とした解釈である．

このように同じ(72)の文の「さえ」を文脈によって2通りに解釈できることから，2種類の「さえ」があることが確かめられる．

また「さえ1」と「さえ2」は，意味の違いと，「さえ2」が条件節の中にしか現れないという違いだけでなく，格助詞「が」への前接の可否でも違いがある．次のようである．

(75) a. 子供さえ1 が／∅ 核の恐ろしさは知っている．
    b. お金さえ2 *が／∅ あれば，何でも思いのままだ．

ところで，「さえ1」と「さえ2」は「も」や「だけ」と違って，数量表現に

後接するのは難しい．
  (76) a．観客は100人　も／*さえ　入った．
      b．一度　だけ／*さえ　聞けば，わかる．
(76a)は「さえ1」，(76b)は「さえ2」の例だが，いずれも「さえ」は不自然である．しかし，まったく後接しないのではなく，次のように否定文の場合は可能である．
  (77)　あいつはケチで，たったの1000円さえ貸してくれない．

(c)「まで」
「まで」には3.6節(c)(e)で述べるように，格助詞，順序助詞，助動詞に近い「まで」など，とりたて詞でない「まで」があるが，とりたて詞「まで」とは統語論的，意味論的特徴が違う．
次がとりたて詞「まで」の例である．
  (78) a．さらに，特売をするという珍現象までが起こった．
      b．妹の百合姫に男装までさせた．
      c．釣りを趣味の第1位にまで引き上げた．
まず，「まで」もとりたて詞に一般的な統語論的特徴を備えている．例えば(78a)が次のように「まで」を除いても文としては成立することから，任意性があることがわかる．
  (78′) a．さらに，特売をするという珍現象　∅　が起こった．
分布の自由性についても，(78a, b)のように名詞句にじかに後接したり，(78c)のように連用成分に後接したりする．さらに次のように，連体の「の」の前にも現れる．
  (79)　大根，ネギ，場合によっては魚や肉までの買い出しが先生の仕事だった．
(79)のような分布位置は，とりたて詞の中でも「だけ」と「まで」に限られそうである．
ただし，「まで」が名詞句をとりたてる場合は，多くの場合，次のように格助詞の前にあるよりは後にある方が安定する．この点で「まで」は，同じく格

助詞の前に現れ得る「だけ」や「ばかり」と異なる．
(80) a. 取材のために，相手の仕事場 *までに／にまで 押し掛ける．
b. 得意先 ?までと／とまで トラブルを起こすような営業マンは失格だ．

ともあれ，「まで」の分布はかなり自由で，次のように副詞句や述語に後接することもできる．
(81) a. 我が子の命を賭けてまで正義を守ろうとする．
b. 校長の，それも私的な席でのほんのちょっとした失言をPTAの会議の議題にとりあげまでする彼のやり方は，とても賛成できない．

先の(78b)を次のように連体修飾構造にしても不自然にならないことから，連体文内性があることもわかる．
(78) b. 妹の百合姫に男装までさせた．
→ 妹の百合姫に男装までさせた藩主

(78b)の「男装まで」を主名詞にした連体修飾構造ができないことから，非名詞性もあることが確認できる．
(78) b. 妹の百合姫に男装までさせた．
→ *妹の百合姫にさせた男装まで

次に「まで」の意味について考えよう．

とりたて詞「まで」は意外の「も2」や「さえ1」と置き換えられる場合が多い．こうしたことから沼田(1986a:188-189)では，「まで」の意味を意外の「さえ1」と同じに表示した．しかし，これは修正しなければならない．以下にあらためて「まで」の意味を考える．
(82) a. (あの病院は，)病気と無関係の検査まで行う．
b. (一度ひねくれてしまうと，)他人の善意まで自分へのあてつけに思えてくる．

(82a)を例にすると，この文の主張は次の
(83) 病気と無関係の検査を行う．
で，自者「病気と無関係の検査」を「行う」に対し肯定する自者-肯定の断定

である.一方,(82a)は自者以外の他者「他の医療行為」も行われているように読みとれる.そこで含みにおいて,他者も肯定されると思われるのだが,この際の他者-肯定は,「さえ1」のように想定ではなさそうである.

(84) *病気と無関係の検査まで行うのに,他の不適切な医療行為はしないでいる.

(84)のように,(82a)に「他の不適切な医療行為はしない」と他者を否定する文を後続させると,不自然になる.(84)のような場合の文法性の判定は揺れることが多いのだが,これを非文と判定する方が大勢のようである.そこで「まで」の場合,含みにおける他者-肯定は断定と考えなければならない.この点で「まで」と「さえ1」の含みは異なる.「まで」の含みにおける他者-肯定が断定であることは次のような例文でも確認できる.

(85) 今大会初出場ながら,A高校は優勝候補の一角という前評判にもかかわらず,結果は,怪我のためエースを欠いた初戦の相手のB高校に *まで／さえ 敗れてしまった.

(85)では「さえ」はよいが「まで」を使うと不自然になる.これも上でみたのと同様,含みにおける他者-肯定が「さえ」が想定であるのに対して,「まで」が断定であるという違いによる.「A高校」は「初出場」であるから,「敗れる」にしても「勝ち残る」にしても,戦う可能性のあるのは「今大会」の「初戦」だけである.つまり(85)の文脈では,現実には「B高校」以外の他者に「敗れる」ことはないのである.そこで,含みにおける他者-肯定が想定である「さえ」は自然だが,他者-肯定を断定する「まで」は不自然になるのである.

「まで」の含みでは他者-肯定が断定されるがそれだけではない.先に述べたように,「まで」は意外の「も2」や「さえ1」と類義的である.これらの類義性は自者が肯定されることが意外であるというように,自者が否定的に捉えられるところにある.そこで,「まで」の含みでも自者が何らかの形で否定的に捉えられていると考えられる.

ちなみに寺村(1991)では,「まで」と「さえ」の違いについて次のように言っている.

「XまでP」と「XさえP」の意味の違いはなかなか複雑であるが，基本的には，前者では，XがPと結びつく名詞の集合のなかの，中心から最も離れたところにあるという含みをもたせつつも，そのメンバーとして捉えられているのに対し，後者では，XがふつうはPと結びつく名詞の集合の外にあるものとして捉えられている，という点であろうと思う．

(寺村 1991:123)

また中西(1995)では，「まで」は「さえ1」と異なり，自者だけでなく他者もある程度の意外性を伴ったものとして捉えられると指摘される．

(86)　a. あゆみは，毎日子供のパンツにまでアイロンをかける．
　　　b. 素人に　{a. も／b. ?マデ／c. サエ・スラ}　わかる不動産投資．

(中西 1995:310)

中西(1995)は(86)の例をあげ，(86a)では「子供のパンツ以外にもアイロンをかけることが意外だと思われるもの(タオル，フキン)があるがそれらは許容範囲のもので，取り立てた自者「子供のパンツ」は常軌を逸した意外性を伴うことを表す」という．また，(86b)で「まで」が不自然になるのは，自者「素人」以外の他者である程度の意外性を伴う存在がないからだとする．

寺村(1991)，中西(1995)の指摘は微妙に異なるのだが，両者の指摘に共通するのは次の2点である．

(87)　a.「まで」がとりたてる自者と他者は肯定・否定で二項対立するものではなく，肯定される可能性の序列の上に連続的に配置される要素であること
　　　b. 自者は序列上の最下限にあること

もう一度(82a)に戻って考えよう．上のような指摘を受けて(82a)を見ると，確かに次のような解釈ができそうだ．

(88)　当たり前の医療は当然行うが，その上に，例えば必要以上の投薬や必ずしも必要でない検査を行うといった行き過ぎの医療行為を重ね，そのあげく，最終的には病気と無関係の検査を行うという不正行為に至る．

(88)では，病院が「行う」と思われる医療行為について，「種々な当たり前

の医療から種々の行き過ぎの医療まで」が他者として序列をなし，その序列上の最も極端なものとして自者「病気と無関係の検査」がある．

(89)　a. 就職難の波が大工の世界にまで押し寄せている．
　　　b. 抽出しの中まできちんとしておかなければ気が済まない．

もう詳しくは見ないが，(89)の例などについても同様なことが言えよう．

「まで」における序列上の自者と他者の連続性は，「まで」という形式が[到達点]を表す格助詞や範囲の終点を表す順序助詞でもあることと無関係ではないだろう．ともあれ，こうしたことから「まで」は，とりたてる自者とそれに対する他者が序列上にあり，自者はその最端にあると想定することを意味すると考えられる．これは同じ意外の意味の「も2」や「さえ1」には見られない特徴である．

「も2」や「さえ1」も具体的な例文で見ていくと，文脈から自者と他者の間に何らかの序列の存在が認められる場合が少なくない．少なくとも「まで」と置き換え可能な「も2」や「さえ1」の例文には自者，他者の間に序列が存在するはずである．そうしたことから，これらの意味記述に自者，他者間の序列を導入する研究も少なくない(坂原1986，山中1991，定延1993，野口・原田1996など)．しかし，「さえ」は仮に文脈上自者と他者が何らかの序列の上にあったとしても，その序列を問題にせず，結局のところ，自者が否定される側にあり，他者が肯定される側にあるという対立にだけ焦点をあてる．これは寺村(1991:123)でも「さえ」がとりたてる「Xがふつうはpと結びつく名詞の集合の外にあるものとして捉えられている」というように指摘されること，上に見るとおりである(また沼田(1994a,1995)でも「も2」について，この点を議論したので，参考にされたい)．

以上のことから，**意外**の「まで」の意味を次のように形式化して表示する．

(90)　「まで」　主張：断定・自者-肯定
　　　　　　　含み：断定・他者-肯定
　　　　　　　　　　想定・自者-否定
　　　　　　　　　　二次特徴：自者と他者の間に自者を最端とする序列がある．

(d)「だけ」「のみ」

「だけ」には，3.6節(a)(b)で述べる形式副詞や形式名詞としての意味・機能を持つものと，次に述べるとりたて詞としての「だけ」がある．

「のみ」についても，とりたて詞としての意味・機能が認められるが，現代語では文語的な表現の中に現れ，話しことばでは「のみ」のかわりに「だけ」が用いられることが多い．現代語では「のみ」の意味・機能の範囲は，とりたて詞「だけ」とほぼ一致する．そこで「のみ」については省略し，「だけ」の意味・機能を考えることにする．

(91)　ラストシーンだけがテクニカラーで撮影される．

(91)の「だけ」は，「ラストシーン」を自者としてとりたてると考えられるが，(91)は次の(92a)を主張とし，(92b)を含みとする．

(92)　a．ラストシーンがテクニカラーで撮影される．
　　　 b．ラストシーン以外はテクニカラーで撮影されない．

(92a)では自者「ラストシーン」が「テクニカラーで撮影される」に対して肯定され，(92b)では他者「ラストシーン以外」が否定される．つまり主張は自者-肯定であり，含みは他者-否定である．

(93)　親友にだけ相談する．

(93)は「親友」が自者と考えられるが，次の(94a)のように自者-肯定を主張とし，(94b)のように他者-否定を含みとする．

(94)　a．親友に相談する．
　　　 b．親友以外には相談しない．

そこで「だけ」の意味を**限定**と呼ぶことにし，次のように示す．

(95)　「だけ」　主張：断定・自者-肯定
　　　　　　　　含み：断定・他者-否定

ところで，3.4節(b)で述べたように，「だけ」が条件節中にある場合，最低条件の「さえ2」とほぼ同義に解釈できる場合がある．

(96)　彼だけを仲間にすれば，プロジェクトは成功する．

(96)は次の二義に解釈できる．

(97)　a．彼を仲間にし，彼以外を仲間にしなければ，プロジェクトが成功

する．
　　　b. 彼を仲間にすれば，プロジェクトが成功する．そして彼以外を仲
　　　　　間にしなくても，プロジェクトは成功する．

　(97a)は「彼以外を仲間にしない」という他者-否定が条件となる解釈だが，(97b)は「彼以外を仲間にする」ことを，条件として「必要としない」という，他者不要の意味が加わる他者-否定の解釈である．
　そして(97b)の解釈をすれば(96)の「だけ」は「さえ」に置き換えることができる．
　(98)　彼さえ仲間にすれば，プロジェクトは成功する．
　(98)も(96)と同じように(97b)の解釈ができる．
　「さえ2」と「だけ」の同義性は，条件節中の「だけ」の他者-否定の二つの解釈のうち，他者不要の意味が加わる解釈の場合に生ずるのである．
　条件節中の「だけ」に最低条件，他者不要の解釈が生まれる現象は，森田(1971)などに指摘される［手段］［材料］などを表す格助詞「で」と「だけ」の承接順序の違い，例えば
　(99)　a. この箱は厚紙だけで作れる．
　　　　b. この箱は厚紙でだけ作れる．
の二つの文の解釈の違いなどとも関連する．こうした現象については，久野・モネーン(1983)，奥津(1986a)，沼田(1991, 1994b)，野口・原田(1993, 1996)，安部(1996)，Sano(1996)，久野(1999)などでも論じられたが，ここではそれらについて詳しく見る余裕がない．上記文献を参考にされたい．
　「だけ」も，とりたて詞一般が持つ四つの統語論的特徴を持つ．なかでも分布の自由性については，他のとりたて詞に見られない特徴がある．
　「だけ」は格助詞に前接するだけでなく，「自室」という意味での「自分だけの部屋」のように「所有」を表す連体の「の」の前に現れることができる．格助詞への前接は「ばかり」などにも共通するが，所有の「の」への前接は「だけ」と本節(g)で述べる「など」「なんか」「な(ん)ぞ」に限られる．
　また「だけ」は，「太郎が来ただけだ」のように完了テンスを表す「た」の後にも現れる．完了テンスを表す「た」への後接は，とりたて詞の中でも「だ

け」にしか見られない．他のとりたて詞「も」などは，活用語の連用形に後接し，テンスを担う語形の後には現れない．一方，「ばかり」などは，未完了テンスを表すいわゆるル形には後接するが，これらは完了テンスの「た」に後接できず，その意味では「ばかり」が後接するル形の活用語もテンスが分化しているものではないと考えられる．「ばかり」などもまた，「も」などと同じくテンスを担う語形の後には現れないと考えられるのである．こうしたことを考えると，テンスを担う語形に後接できる「だけ」は，とりたて詞の中でも特異な語である．

(e)「ばかり」

「ばかり」にも，3.6節(a)(b)(e)で述べる形式副詞や形式名詞，アスペクト詞としての意味・機能を持つものと，次に述べるとりたて詞としての「ばかり」がある．以下では，とりたて詞の「ばかり」について考える．
(100)　長男ばかりが大事にされる．
(100)の「ばかり」がとりたてる自者は「長男」と考えられるが，(100)は次の(101a)を主張とし，(101b)を含みとする．
(101)　a. 長男が大事にされる．
　　　　b. 長男以外(例えば次男や三男)が大事にされない．
主張の(101a)では自者「長男」が「大事にされる」と肯定される．一方，含みの(101b)では他者「長男以外」が「大事にされない」と否定される．
(102)　悪い人にばかりめぐり逢って来た．
(102)の「ばかり」がとりたてる自者は「悪い人」と考えられ，(102)は次の(103a)を主張とし，(103b)を含みとする．
(103)　a. 悪い人にめぐり逢って来た．
　　　　b. 悪い人以外(例えば善い人)にはめぐり逢って来なかった．
主張の(103a)では自者「悪い人」が「めぐり逢って来た」と肯定され，含みの(103b)では他者「悪い人以外」は「めぐり逢って来なかった」と否定される．

上のことから，「ばかり」は主張で自者-肯定が断定され，含みで他者-否定

が断定されるということになる．これは先に見た「だけ」の意味と同じである．
　そこで「ばかり」の意味も**限定**とし，次のように表示する．
　（104）「ばかり」　主張：断定・自者-肯定
　　　　　　　　　　含み：断定・他者-否定

確かに「ばかり」と「だけ」は類義的であり，両者を置き換えても大きく文意が変わらない場合も少なくないが，「ばかり」と「だけ」の意味はまったく同じなのではない．「だけ」と「ばかり」の違いは，「しか」との違いも含め，本節（f）で述べる．

　詳しく見ないが，「ばかり」もとりたて詞としての統語論的特徴を備えている．しかし分布に関しては，「だけ」などと比べると次のような制限がある．
　（105）　a．「所有」を表す連体の「の」に前接できない．
　　　　　b．完了テンスを表す「た」に後接しない．
　　　　　c．数量表現に後接しない．
　　　　　d．否定述語に後接しない．
　　　　　e．状態性述語に後接しにくく，特に可能動詞などには後接しない．

　（105）の制限のうち，（105a）の制限がないのは「だけ」や「など」「なんか」「な（ん）ぞ」（本節（f））に限られる．（105b）も制限がないのは「だけ」に限られ，こうした制限がある「ばかり」などの方がとりたて詞では一般的である．

　一方，（105c）の数量表現への後接の制限は「ばかり」に限られるものではないが，とりたて詞に一般的な制限ではない．数量表現に後接する「ばかり」はすべて「概数量を表す形式名詞」の意味・機能しか持たない．例えば，
　（106）　a．リンゴを5つばかり買った．
　　　　　b．30人ばかり集まった．

では，「ばかり」は「限定」の意味を持たず，どちらも「およそ5つ」や「およそ30人」と概数量を表す．後で述べるが，これは数量表現につく「くらい」にとりたて詞である場合と形式名詞である場合があったり，数量表現につく「だけ」がとりたて詞としてしか機能しないのとは異なると言える．

　また，次の例に見られるような（105d, e）の制限も「ばかり」に見られる特殊な制限である．

(107) a. 太郎をかわいがらない ＊ばかり／だけ だ．（否定述語の制限）
　　　 b. 花子は心配性な ？ばかり／だけ だ．　　（状態性述語の制限）
　　　 c. 太郎は英語が話せる ＊ばかり／だけ だ．（可能動詞の制限）

否定述語や状態性述語に関する制限は，承接だけではない．

(108) a. 太郎ばかりをかわいがらない．
　　　 b.＊太郎ばかりをかわいがらないで，太郎以外はかわいがる．
　　　 c. 太郎ばかりをかわいがらないで，太郎以外もかわいがる．

　(108a)は「ばかり」が否定述語と共起した例だが，「ばかり」は自者「太郎」を「かわいがらない」に対して肯定，他者「太郎以外」を「かわいがらない」に対して否定する解釈はできない．否定述語と共起しても，「ばかり」による自者・他者の肯定・否定は否定述語に対してではなく，肯定述語に対するもので，否定辞を含んだ文全体を「ばかり」文とする解釈ができない．そのため(108b)は非文となる．一方，自者・他者の肯定・否定が肯定述語に対するものと解釈できる(108c)や，(108c)と同義に解釈でき，肯定述語を持つ「ばかり」文が「のではない」と否定される次の(108a′)は正文である．

(108) a′. 太郎ばかりをかわいがるのでなく，太郎以外もかわいがる．

　これは「だけ」や「も」とは異なる．「だけ」は否定述語を含んだ文全体を「だけ」文とする解釈もできるし，「ばかり」と同様否定辞を含まない解釈も可能である．そこで，(109)はすべて正文となる．

(109) a. 太郎だけをかわいがらない．
　　　 b. 太郎だけをかわいがらないで，太郎以外はかわいがる．
　　　 c. 太郎だけをかわいがらないで，太郎以外もかわいがる．

　一方，「も」は「ばかり」とは逆に否定述語を含んだ文全体を「も」文とする解釈しかできない．(110)のようである．

(110) a. 太郎もかわいがらない．
　　　 b. 太郎以外をかわいがらず，太郎もかわいがらない．
　　　 c.＊太郎もかわいがらないで，太郎以外だけはかわいがる．

　また，「ばかり」は状態性述語とも共起しにくい．次のようである．

(111) a. 花子 ？ばかり／だけ が優秀だ．

b． 太郎　＊ばかり／だけ　が学生だ．
　　　c． 太郎は　英語　＊ばかり／だけ　が話せない．
　もっとも上に見た「ばかり」の状態性述語に関する制限は，次のように一時的な状態を表す場合はなくなる．
（112）　a． 何を聞いても下を向いて黙りこくっているばかりだ．
　　　b． 太郎はいつも同じような問題ばかりが解けない．
　状態性述語に関する制限は，さらに詳しく考察する必要がありそうである．
　上に見た（105）の制限は，本節（f）で述べる「ばかり」の二次的な意味特徴によるものと考えられるが，これについては別の機会に考察することにする．
　なお，沼田（1992b）でも述べたが，「ばかり」には（105）の制限を破るものがある．それらは「だけ」と置き換え可能で，現代語の感覚では「だけ」と言った方が自然で，「ばかり」にすると少し古い言い方に感じられる．次のようなものである．
（113）　a． 彼らはただじろりと一目伯爵を見たばかりで，この珍客の侵入をいぶかる者もなかった．　　　　（谷崎潤一郎「美食倶楽部」）
　　　b． その部屋には，二台の古ぼけた長椅子が両側に置いてあって，その枕元に灰皿とマッチとを載せたティー・テーブルが据えてあるばかり，他には何の装飾もない．　　　　　　　（同上）
　これらは，此島（1973）などに指摘される，現代語の「だけ」の意味を担っていた古語の「ばかり」が残ったものと考えられる．こうした「ばかり」は上のような例の他には，次のように「ばかりか」「ばかりでなく」などの形で現れるのが普通である．
（114）　a． 日本産の羊毛は，数が少ないばかりか毛糸には不向きだった．
　　　b． 今は，ベルギービールばかりでなく，他の国のビールも全体に品薄で，なかなか入荷しない．

（f）「しか」
（115）　彼にしか会わない．
（115）で「しか」がとりたてる自者は「彼」と考えられる．「も」などこれま

で見てきたとりたて詞と同様に考えれば，(115)の主張は次の(116)ということになる．

(116) 彼に会わない．

しかし(115)の主張は(116)ではない．(115)は「彼に会い，彼以外に会わない」という意味に解釈できる．そこで，(115)の主張では「彼」は述語句「会わない」に対して肯定されているのではなく，むしろ否定されている．つまり，(115)の主張は自者-否定で，

(117) 彼に会わないのではない．

である．これに対し含みでは，他者「彼以外」(例えば「次郎」)は述語句「会わない」に対して肯定される．そこで，(115)の含みは他者-肯定で，(118)のようになる．

(118) 彼以外(例えば「次郎」)に会わない．

「しか」の主張を上のように考えることについては，奥津(1974)でも次のような指摘がある．「しか」は文中の名詞句に後接した場合，その名詞を連体修飾しなおすと，次の

(119) 部屋には机と本箱しかなかった．→ 部屋にはなかった机と本箱
(奥津 1974:167)

のように元の文とは意味が逆になる．このことから，「「シカ」は否定の述部と密接に関係して，むしろ「ダケアル」という肯定の意味を実質的には持つのに…」(同 168)というのである．

詳しく見ないが，次の(120)の例もすべて同様に考えられる．

(120) a. 繁華街から5分しかかからない．
　　　 b. 遠くからは一つの岩としか見えない．
　　　 c. 警備の人しか電源の切り方を知らなかった．

上のことから「しか」の意味を，次のように表示する．

(121) 「しか」　主張: 断定・自者-否定
　　　　　　　　含み: 断定・他者-肯定

(121)の「しか」の意味表示は，「だけ」「ばかり」とは主張と含みの自者・他者の肯定・否定が逆転する．ただし「しか」は，上に見たように，常に否定

述語と共起する(「しか」が常に否定辞「ない」と同一最小節内で共起することについては，Oyakawa(1975), Muraki(1978), Kato(1985), 松井(山森)(1996), 久野(1999)などの研究がある).そこで述語との関係から見ると，否定述語に対する自者-否定は肯定述語に対する自者-肯定と同じことになり，否定述語に対する他者-肯定は肯定述語に対する他者-否定と同じことになる．結局，「しか」は，自者-肯定，他者-否定の「だけ」「ばかり」と同じ意味を表すことになる．つまり，「しか」も「だけ」と同じ「限定」の意味を表すのである．

この限りでは，「だけ」「ばかり」「しか」は同じ意味になる．しかし三者は同義ではない．三者の違いは二次的特徴を加えることで表せる．以下では，三者に異なる二次的な特徴について考えたい．

まず，「だけ」と「ばかり」の違いを考える．

次のような文では「だけ」と「ばかり」を置き換えることができない．
(122) a. どれもこれも偽物　ばかり／*だけ　だ．
b. 私　*ばかり／だけ　の部屋．
c. 明日の昼食会には君　*ばかり／だけ　出席しろ．

(122)を見ると，(122b, c)のようにとりたてる自者が「私」一人であったり，「君」一人であったりする単数の場合には「だけ」はよいが，「ばかり」は使えない．逆に「偽物」が「どれもこれも」と複数の物としてとらえられている(122a)では，「ばかり」が使えて「だけ」が使えない．こうしたことから，森田(1980), 菊地(1983)などでも指摘されることだが，「ばかり」がとりたてる自者には複数性が必要なことがわかる．これに対して「だけ」にはそうしたことは見られない．ただし，「だけ」がとりたてる自者に複数性を認めないというのではない．

(123) 幼い頃の何年間か，私　ばかり／だけ　が祖父の別荘に呼ばれた．

(123)では，「私が祖父の別荘に呼ばれた」のは「幼い頃の何年間か」に複数回あったと考えるのが自然であり，「私」は複数回の出来事に出てくる複数の指示物を指す「私」，つまり複数性を持っていると考えられる．しかし，「だけ」は「ばかり」と同じく「私」をとりたてている．つまり「だけ」はとりた

てる自者の複数性の有無を問わないのである．

　また，(122a)は「どれもこれも」という表現により，複数の「偽物」が一つ一つ個別に観察され，その結果そのすべてが「偽物」であり，「偽物以外」つまり「本物」が存在しないことが表される．(122a)でも非文となるように「だけ」はこうした環境には現れない．次の(124)でも「だけ」は使えない．

　(124)　どの人もみんな気心のしれた人　<u>ばかり／*だけ</u>　です．

　上のことから，沼田(1992b)では，「ばかり」と「だけ」は自者に対する視点のあり方が違うと述べた．これはより厳密には，自者について述べられることに対する視点のあり方が異なると言う方がよく，両者の意味の違いは次のような視点の違いと考えられる．

　(125)　「ばかり」と「だけ」はどちらも他者を否定して，自者に限定するのだが，「ばかり」は，自者について述べられる事柄を複数の事柄が重なった一つの集合として捉え，その集合を構成する要素である一つ一つの事柄について注目する個別的視点をとる．そのため自者について述べられる事柄に複数性が必要となる．

　　　一方，「だけ」はこうした視点をとらず，自者について述べられる事柄の集合を一点から全体的にくくる包括的視点をとる．そのため集合を構成する要素である事柄は複数であっても単数であってもよい．しかし，集合内の事柄を個別に見ようとすることは許さない．

　(125)の「ばかり」と「だけ」の視点を，あらためてそれぞれ**個別的視点**と**包括的視点**と呼ぶことにする．ただし，包括的視点は個別的視点のいわば裏返しの視点である．また二つの視点のうち，有標なのは個別的視点であり，これは「ばかり」に限られ，他のとりたて詞は包括的視点をとる．

　そこで「ばかり」と「だけ」の違いを表す二次的特徴としては個別的視点だけを立てる．「ばかり」はこの特徴を持ち，「だけ」および「しか」を含め他のとりたて詞はこの特徴を持たないのである．

　以上のことからあらためて「ばかり」と「だけ」の意味表示を考えると，「だけ」はそのままで，「ばかり」に二次的特徴が加わり次のようになる．

　(126)　「ばかり」　主張：断定・自者-肯定

　　　　　　含み：断定・他者-否定
　　　　　　二次特徴：個別的視点
　次に,「しか」と「だけ」「ばかり」の違いについて考える．
　上に見たように「しか」も「だけ」と同様，個別的視点をとらないという点で「ばかり」と異なる．この他に「だけ」「ばかり」には見られない「しか」の特徴がある．
　森田(1980:173-174)では「Aしかない」という表現は，Aを除いては，予想していた他のものが何一つないという非存在を強調するが，「だけ」にはそうしたことはないという指摘がある．また，寺村(1991:164-169)は「XダケP」が「X以外のものについてPでない」という意味が影の意味であるのに対し，「XシカPナイ」は「X以外のものについてPでない」ということを強調しようとする文で，むしろこれを表の意味とし，「XについてP」というのが影の意味になると言う．同様の指摘が久野(1999:291-301)にもあり，「しか」はその否定的陳述(「X以外のものについてPでない」にあたる)を主陳述とし，肯定的陳述(「XについてP」にあたる)を「第二陳述」とする．一方，「だけ」はこれとは逆に肯定的陳述を主陳述とし，否定的陳述を第二陳述とすると言う．本章に引きつけて言うと，特に寺村(1991)に従えば,「だけ」と「しか」では主張と含みが逆転するということになる．
　本章では，必ずしも「だけ」と「しか」の主張と含みが逆転するとは考えないが，上記の研究の指摘は「しか」の意味を考える上で重要である．
　確かに，次の(127a)と(127b)を比べると,(127b)の方が他者(例えば「次郎」や「花子」)が「来なかった」ことを強く述べようとしているように思われる．これは(128)のように他者が「来ない」ことが原因で，困ったことが起こるというような状況では,(128b)はよいが,(128a)は不自然になる(なお，以下の例文のような現象が生じる理由については，久野(1999)に詳しい).
(127)　a．太郎だけが来た．
　　　 b．太郎しか来なかった．
(128)　a．?太郎だけが来たので，ゲームをするには人数が足りなかった．
　　　 b．太郎しか来なかったので，ゲームをするには人数が足りなかっ

た.

次の(129)も同様である.
(129) a. *自分のことだけ信じられるから,他人に素直になれない.
　　　b. 自分のことしか信じられないから,他人に素直になれない.

逆に,他者はないけれどもそれだけはあったから,何とか事なきを得たというような状況では,「だけ」は使えるが,「しか」は使えない.(130)のようである.
(130) a. *カードの度数が一回分しか残っていなかったから,電話がかけられた.
　　　b. カードの度数が一回分だけ残っていたから,電話がかけられた.

さらに,松下(1928:611)や此島(1973:256),宮地(1997)などの指摘からは,「太郎しか来ない」などは,もともとは現代語での「太郎以外は来ない」と言うのに近いと考えられる可能性もあるようである(ただし,宮地(1997)によれば「しか」の成立過程を文献上確認はできない).となれば,「しか」文は本来は,「太郎以外」つまり他者について明示的に言及する文ということになる.「しか」の成立過程を確認できない以上,軽々に判断することはできないが,こうした指摘は,先の寺村(1991),久野(1999)などの指摘とも関連して,興味深い.

ともあれ本章でも以上のことから,「しか」は含みの他者-肯定に話し手の表現の主眼があると考えたい.この点については,沼田(1993)でも述べたが,本章ではあらためて以下のように考える.

とりたて詞文では,一般に話し手が自者の側に視点をおき,自者の側から文を明示的に表現し,これを主張とする.他者については,表現面には実際に表さず,含みとして述べるにとどめる.「しか」も,これまで見たように,少なくとも現代語では,文中の自者をとりたて,明示的には自者の側から文を表現している.その限りでは,「しか」も他のとりたて詞同様,自者に視点がある.しかし,「しか」ではこれは形式的な視点であり,話し手の表現の主眼,つまり真の視点は他者におかれる.

「しか」は,自者について明示的に主張するけれども,それは「だけ」など

他のとりたて詞のように素直な主張の仕方ではない.あらかじめ前提とされる集合から他者を引き出すための手段として自者を明示するだけである.「しか」により,前提集合から自者を除いた他者が導き出される.その上で自者と他者は肯定・否定のあり方が対立するものと捉えられ,他者に話し手の真の視点がおかれる,と考えるのである(「しか」の視点に関する議論は,沼田(1993)を参考にされたい).

以上のことから,「しか」に,自者におかれる形式的視点と他者におかれる真の視点の二重視点を二次特徴として認めることで,「しか」と「だけ」「ばかり」を含めた他のとりたて詞との違いを表すことにする(なお,沼田(1993)では「しか」に「予想」(本章の「想定」にあたる)を考えたが,これは茂木(2000)も指摘するように「しか」の視点の特殊性を述べれば不要になる).

さて,以上のことから,あらためて「だけ」「ばかり」「しか」の意味を表示すると次のようになる.

(131)　「だけ」　主張: 断定・自者-肯定

　　　　　　　含み: 断定・他者-否定

　　　「ばかり」　主張: 断定・自者-肯定

　　　　　　　含み: 断定・他者-否定

　　　　　　　　　二次特徴: 個別的視点

　　　「しか」　主張: 断定・自者-否定

　　　　　　　含み: 断定・他者-肯定

　　　　　　　　　二次特徴: 二重視点(形式的視点＝自者／真の視点＝他者)

なお,「しか」は「だけ」同様,数量表現をとりたて,限定することもできるが,「しか」と「だけ」が数量につく場合は,自者である数量に対し,他者が常にそれより大きい数量であるという特徴がある.これは「意外」の「も2」が数量表現をとりたてる場合で,肯定述語と共起するときには,自者より小さい数量を他者とするのとは対照的である(この点について,詳しくは沼田(1986a:164-170, 204-205)を参照されたい).

(g)「など」「なんか」「なんて」「な(ん)ぞ」

「など」には3.6節(d)で後述する並列詞の他にとりたて詞としての特徴を持つ「など」がある．とりたて詞の「など」は，意味論的特徴の違いにより，「擬似的例示」(沼田(1986a, 1988)では「柔らげ」としたが「擬似的例示」に改める)の「など1」と「否定的特立」の「など2」の二つに分けられる．

ところで，「など」とほぼ同義の語に「なんか」「なんて」「な(ん)ぞ」がある．これらにもそれぞれ擬似的例示と否定的特立の二つの「なんか」「なんて」「な(ん)ぞ」がある．擬似的例示や否定的特立のとりたて詞としては，「など」より「なんか」「なんて」「な(ん)ぞ」の方が実際の用例には現れやすいかもしれない．また，文脈なしに用例を見た場合は，「など」より「なんか」などの方がとりたて詞としての解釈がしやすい．「なんか」などは「など」より口語的な語形と考えられるが，このことは，擬似的例示にしろ否定的特立にしろ，とりたて詞としての「など」や「なんか」が口語表現で発達したものであることを窺わせる．「など」「なんか」「なんて」「な(ん)ぞ」には，文中での分布，文体的特徴など異なる点もあるが，これらの違いは別の機会に論じることにし，ここでは四者が共通する範囲で考えることにする．

(132) a. 竹本さんなんか，来春結婚する10組の中に入ってるんじゃないの．

b. これなんかお客様によくお似合いになると存じますが，…．

(132a, b)が擬似的例示の「なんか1」の例である．

(132a, b)の「なんか」は，並列詞のように他の要素を列挙するわけではない．しかしそれがあることにより，とりたてる自者「竹本さん」や「これ」に対し，他者が存在するかのようなニュアンスを持たせる．「例えば竹本さん」というふうに，あたかも「竹本さん」をそれ以外の他者が存在する集合の中から一例として示す感じである．

(132a)の「なんか」は「竹本さん」を自者としてとりたてると解釈でき，次の(133)を主張とする．

(133) 竹本さんが来春結婚する10組の中に入っている．

(133)では，自者「竹本さん」が「来春結婚する10組の中に入っている」と

肯定される．そして，含みでは，他者である「竹本さん」以外の誰かが，「来春結婚する 10 組の中に入っている」ことが真であるかのごとく肯定される．主張である(133)は，この文が真であると断定されるが，含みは架空の他者のみせかけの肯定であるから，他者-肯定の「擬制」である．そこで，この「など1」(「なんか1」「なんて1」「な(ん)ぞ1」も「など1」に含めて表す)の意味を**擬似的例示**とし，次のように表示する．

(134) 「など1」 主張：断定・自者-肯定
           含み：断定・他者-肯定
              二次特徴：「含み：断定・他者-肯定」は擬制

次に，否定的特立の「など2」について考える．

(135) よりにもよって，太郎なんかが僕の誕生パーティーにやって来た．

(135)の「なんか」文の主張は次の(136)である．

(136) 太郎が僕の誕生パーティーにやって来た．

(136)では「太郎」を述語句「僕の誕生パーティーにやって来た」に対し，「太郎が僕の誕生パーティーにやって来た」を真として肯定する．つまり主張は自者-肯定の断定である．また(136)の意味は(137)のように解釈できる．

(137) 太郎は僕の誕生パーティーにやって来ないと思った．その太郎が僕の誕生パーティーにやって来た．

(137)をそのまま考えると，(135)の含みは自者「太郎」は「僕のパーティーにやって来ない」と「思った」，つまり自者-否定である．同時に，「思った」のであって「太郎が僕の誕生パーティーにやって来ない」という文が真であると断定しているわけではないから，話し手の想定である．しかし，この想定は「意外」の「さえ1」などの想定とは質的に違いがある．(135)の「なんか」を「さえ」におきかえた(138)は不自然になる．

(138) ?よりにもよって，太郎さえ僕の誕生パーティーにやって来た．

(138)が不自然になるのは，「よりにもよって」があるためである．これを除いた

(138′) 太郎さえ僕の誕生パーティーにやって来た．

なら不自然さは解消される．これに対し，「など2」は，「よりにもよって」や

「こともあろうに」などの副詞句が共起した方が，「など2」としての解釈が安定する．これらがなければ，(135)の文脈でも擬似的例示の「など1」や並列詞の「など」の解釈もあり得よう．また，これらの副詞句は修飾する文に示される事柄の不適切さを表すものである．そこで，(137)の想定は，「さえ1」などのような単純な想定ではなく，そこで述べられる事柄の適切性に関わるものであると考えられる．

ちなみに，森田(1980:365)では「など」が前接する名詞を低く評価する「軽視・謙遜」の用法があることを指摘する．また寺村(1991:188)では森田(1980)の指摘を受け，「XなどP」の「X」について，「話し手の頭のなかに，なにか非常に〈高い存在〉があって，それとの関連で，Xのように〈低い〉ものがPすることが思いもよらないことだ…」という記述がある．確かに次の(139a, b)を比べると，特に文脈がない限り，このままでは(139a)には謙遜が感じられるが，(139b)には特にはそれが感じられない．

(139) a. 私なんかにできるんだから，あなたなら大丈夫です．
　　　 b. 私にさえできるんだから，あなたなら大丈夫です．

こうした記述も，「など2」の含みの想定が事柄の妥当性や適切性といったことに関わるもの(これを**評価**と呼ぶことにする)であることを示すものと考える．ただし，ここでの「評価」はとりたてられる要素やそれについて述べられる事柄の好悪，あるいは高低の評価とは無関係である(これについては沼田(1988:193)を参照されたい)．

(137)に戻ると，ここでは「太郎が僕の誕生パーティーにやって来た」という文が真となることの適切性が，「そんなことは起こるべきでない」と話し手によって否定されているのである．そこでひとまず「など2」の含みには自者-否定と評価する想定があると考えておく．自者「太郎」が「僕の誕生パーティーにやって来た」の中で，特に否定的に特立されていることから，この「など」の意味を**否定的特立**と呼ぶのである．

さて，「さえ1」などの想定に対し，「など2」の想定は想定のあり方にさらに限定が加わるものである．したがって，前者が無標の想定であるのに対し，後者は有標の想定ということになる．「まで」や「ばかり」「しか」などで見た二

次特徴とは異なるが，この評価を含む想定もまた，二次特徴の一つである．

では他者に関してはどうか．他者に関しても，他者-肯定の評価を含む想定があると考えておくのがよいように思われる．

(138)に戻って「さえ」文と比べて見よう．

(140)　?(よりにもよって)太郎さえ僕の誕生パーティーにやって来た．

仮に(140)を許容した場合でも，文の意味が(140)と(135)とは異なる．(140)では，「さえ」の含みにより他者-肯定が想定され，前後の文脈で特にうち消されない限り，「太郎以外が僕の誕生パーティーにやって来る」ことが実際にも起こったことを含意し得る．しかし，(135)では，前後の文脈のあり方如何にかかわらず，こうしたことはない．

また，上に見た「さえ」の想定での他者-肯定との質的な差以外に，確かに(135)の場合は，「太郎」が著しく適切性を欠くものとして示され，他者は問題にされていないようにも受け取れる．しかし「太郎」の背後に，漠然とだがやはり述語句「僕の誕生パーティーにやって来た」に対して，社会通念から妥当だと肯定的に想定される他者があるように思われる．それは例えば，仲良しの友人(例えば次郎や花子)と考えられる．ただ，「僕の誕生パーティーにやって来て」当たり前の他者は，当たり前であるが故に意識されにくいだけなのではないか．また，適切な他者と不適切な自者の差，加えて主張で適切性を欠くと見る自者-肯定が断定されることが，自者「太郎」を一方的に強調するように見えるのではないかと思われる．

実際に用例を見ると，他者が現れず文脈からも特定できない例もあるが，一方で明示される次のような例もある(点線部分が他者)．

(141)　…なぜポケット・ダイアリーの編集子が，こともあろうにワインの収穫年の善し悪しなどとりあげる始末になったのか，…国際的に行動するビジネスマンに役立つ普遍的な事項として，世界各国主要都市間の時差や空港名，都心までの距離，ホテル所在地，電話番号など，必要度が最も高いと見ることに異論はなかろう．それから先，情報量を増やすことは容易である．許された僅かのページ数に，それらの中の何からのせるか．…ヴィンテージ・チャートは他の情報

とせり合い，そして度量衡換算表とともに勝ち残ったのであろう．

(麻井宇介「ブドウ畑と食卓の間」)

以上のことから，「など2」の含みには他者-肯定の評価の想定が含まれると考える．

そこで，**否定的特立**の「など2」の意味を次のように表示する．

(142) 「など2」 主張: 断定・自者-肯定
　　　　　　　 含み: 想定・自者-否定／他者-肯定
　　　　　　　 二次特徴: 想定は評価を含む

ところで，沼田(1988:195)では次のような「など」を間投詞化したものと考えた．

(143)　a. お前など死んでしまえ！ (沼田(1988)では，「お前なんか死んでしまえ！」)

　　　　b. 今，お茶など飲みたくない．

沼田(1988)では，(143a, b)の「お前」や「お茶」は他者の存在が感じられないことから，「など」は自者・他者の関係を表すのではなく，先行語句である「お前」や「お茶」を強調するだけだと考えた．そこで，田中(1977)がこのような「など」を特定語句強調の間投助詞とするのに従い，間投詞としたのである．

確かに，間投詞とした「など」は相手を非難するなど，話し手が会話の相手に向かって感情をぶつけるような表現に現れることが多く，述語の命令形などのモダリティを担う要素と共起するなど，「など」が現れる一定の環境が考えられる．これを命令形などの要素との呼応と考えれば，「など」を間投詞とすることも間違いではないように思われる．

しかし上でも述べたとおり，否定的特立の「など2」は，他のとりたて詞「だけ」などと異なり，「など2」のとりたてる自者に対する他者が文脈に現れないことも多く，具体的に想定しにくい場合が少なくない．その点では，間投詞の「など」と大きく異ならない．他者が感じられずもっぱら先行語句を強調するかのように見えるのは，モダリティを担う要素と共起した場合だけには限らない．つまり間投詞と考えた「など」の意味は，とりたて詞の統語論的特徴

とは異なる，特定の特徴と連動するようなものではないのである．

　こうしたことから，(143)のような「など」も否定的特立の「など2」の中に含めて考えることに改めたい．ただし，(143)のような「など」や田中(1977)などの記述を見る限り，否定的特立の「など2」がモダリティを担う要素と連続的であることは押さえておく必要がある．

　なお，上では肯定述語と共起する「など2」について考えた．しかし実際は，「など2」は否定述語(否定的意味の述語を含む)と共起することも多い．また，文脈がない場合は「など2」は格助詞に前接せずに否定述語と共起するのが，「など2」としての解釈を最も安定させるということが言えそうである．

(144)　a. 娘のこと<u>など</u>言っていられない．
　　　 b. サルのこと<u>など</u>かまったり，いじめたりしていられない．
　　　 c. もう，幸ちゃんと<u>なんか</u>一緒に遊ばないからねーだ．
　　　 d. トイレで<u>なんか</u>遊んでいないで！
　　　 e. お母さん<u>なんか</u>大嫌い！
　　　 f. 輸入の増加<u>など</u>，輸出の前提で結構なことだ．

　(144)のような例の「など」「なんか」の意味についても，上と同様に考えられる．しかしそれには，(144a-c)について，否定述語と共起する「など」文の構造について述べる必要がある．また，(144e, f)の「大嫌い」や「結構なことだ」がなぜ否定述語に相当すると考えられるのか，この文が発話される前提となる文脈についてあわせて考える必要がある．ただし，本章ではこれらについて詳しく見る余裕がない．これらについては別稿に譲りたい．

　さて，擬似的例示の「など1」，否定的特立の「など2」も，とりたて詞の一般的な統語論的特徴を持つ．特に分布については，「など1」「など2」は次の(145a, b)のように引用節の中にあって，その引用節をとりたてることもあるが，これはとりたて詞一般には見られない特徴である．(ただし，「なんか」は引用節の中には入りにくいようである．また，「なんて」は引用の「と」を後接させず，「なんて」自体が引用節を構成する主要素とも考えられる．この点で，こうした分布位置の「なんて」をとりたて詞とするかどうかについては，議論を要する．)

(145) a. 親戚づきあいがこれまた大変．兄弟が大勢いるから，どこへ泊まれば角が立たないか　などと／なんて　妻がまたよけいな気苦労をすることになる．
　　　b. 彼をばかだ　などと／なんて　口が裂けても言わない．

　ついでながら，次の(146)のように「など1」「など2」には非名詞性があり，連体修飾を受ける主名詞の一部になれないことから，これらが並列詞と異なる特徴を持つことも確認できる．並列詞「など」は連体修飾を受ける主名詞の一部になり得る(3.6節(d)を参照)．

(146) a. 荷風<u>なんか</u>がそうした異質の思想を持ち続けようとした一人である．
　　　→ *そうした異質の思想を持ち続けようとした一人である荷風<u>なんか</u>
　　　b. 大事な勝負どころでボール球<u>など</u>に手を出した．
　　　→ *大事な勝負どころで手を出したボール球<u>など</u>

　また，「など2」にはN, B, Fの3種類のフォーカスが存在するが，「など1」にはNフォーカスしかない．とりたて詞は一般に3種類のフォーカスをとるから，その点で「など1」は特殊なとりたて詞と言える．これは「など1」が他者を擬制することによる．

　BフォーカスやFフォーカスは，対応する他者が何であるかによって，とりたてのフォーカスがとりたて詞の分布位置から離れるという変則的なもので，文脈などから想定される他者が決まって初めて現れるフォーカスである．ところが「など1」は他者が擬制されるだけで，文脈などから想定される他者があるわけではないので，「など1」の分布位置だけが問題になるNフォーカスしかないのである．

3.5　とりたて詞の意味体系

　3.4節では，「も」「まで」「さえ」「だけ」「ばかり」「しか」「など」について，その意味論的特徴を考察し，それぞれの意味を4組8個の基本的特徴と二

3.5 とりたて詞の意味体系

次特徴の組み合わせで表示してきた．これをまとめるとこれらのとりたて詞が互いに意味上の体系をなしていることがわかる．

次にあらためてここで取り上げたとりたて詞の一覧とそれらの意味体系を表にして示す（表3.1, 3.2）．

なお，本章では紙幅の関係で扱えなかったが，「でも」「だって」「こそ」「くらい」「は」などを含め，とりたて詞はすべて同様にしてその意味を記述する

表3.1 とりたて詞一覧

とりたて詞	意味	とりたて詞	意味
も1	単純他者肯定	だけ（のみ）	限定
も2	意外	ばかり	限定
も3	不定他者肯定	しか	限定
さえ1（すら）	意外	など（なんか，なんて，な（ん）ぞ）1	擬似的例示
まで	意外	など（なんか，なんて，な（ん）ぞ）2	否定的特立
さえ2	最低条件		

表3.2 とりたて詞の意味体系

意味特徴 とりたて詞	主張			含み			二次特徴
	断定	自者	肯定	断定	自者	肯定	
も1	＋	＋	＋	＋	−	＋	
も2	＋	＋	＋	−	＋	−	
				−	−	＋	
も3	＋	＋	＋	＋	−	＋	他者は不定
さえ1	＋	＋	＋	−	＋	−	
				−	−	＋	
まで	＋	＋	＋	−	＋	−	自者と他者の間に自者を最端とする序列がある
				＋	−	＋	
だけ	＋	＋	＋	＋	−	−	
ばかり	＋	＋	＋	＋	−	−	個別的視点
しか	＋	＋	−	＋	−	＋	二重視点
など1	＋	＋	＋	＋	−	＋	含みは擬制
など2	＋	＋	＋	−	＋	−	想定は評価を含む
				−	−	＋	

とりたて詞の欄では，「すら」は「さえ1」に，「のみ」は「だけ」に，「なんか」「なんて」「な（ん）ぞ」は「など」に含めて表す．また，「さえ2」は保留する．「断定」の欄の＋は断定，−は想定を示す．「自者」の欄の＋は自者，−は他者を示す．「肯定」の欄の＋は肯定，−は否定を示す．

ことができる．

とりたて詞全体の体系については，沼田（1986a:224-225）に示したが，各語の二次特徴など，個々の語の意味のさらに詳細な考察を踏まえて，あらためて示す必要がある．これについては別の機会に譲ることにする．

3.6 同一語形の意味・用法の広がり

とりたて詞には，同形でも統語論的特徴が異なり，その異なりに応じて意味論的特徴も異なるものがある．これはとりたて詞に属する語が，元は名詞その他であったものからそれぞれに様々な意味・用法の変遷を経て，その変遷の過程で，それぞれの統語論的特徴も変化させて現代語に至っているためと考えられる．

品詞分類は，たとえ形や意味が同一，あるいは似ているとしても，基本的には統語論的特徴によってなされるべきであろう．その点で，これら統語論的特徴の異なる同形の語群は，とりたて詞とは異なる範疇に属することになる．

しかし，同一語形の意味・用法の広がりという観点で見たとき，とりたて詞とそれ以外の範疇がどのように異なり，どのように連続的なのかを見ることも必要だろう．そこで，とりたて詞周辺に広がる範疇について，品詞論から見たこれらの語群の特徴を見ると同時に，これらととりたて詞に属する語の連続性について考えることにする．

(a) 形式副詞「まで」「だけ」「ばかり」「くらい」

「形式副詞」は山田（1908）に始まる用語のようだが，ここでの形式副詞は奥津（1973）により提唱され，奥津（1975a, 1986b）他の一連の研究で詳しく考察されたものを言う．

奥津（1973）は形式副詞の一般的特徴を6点にわたってあげるが，そのうちで中心的特徴として，「形式副詞は先行する補足句をうけて，全体として副詞的機能を果たす副詞句をつくる」（奥津 1973:953）と述べている．

奥津（1986b）などによれば，形式副詞には，「ほど」「だけ」「ばかり」「くら

い(ぐらい)」「ため」その他の語が属するが,「まで」もこれに含めてよいだろう.このうち,「だけ」「ばかり」「くらい」「まで」はとりたて詞にも同形の語があるが,次に形式副詞としての例をあげる.

(147) a. 作者はこういう場合の女性心理を心憎い <u>まで／*∅</u> 理解している.
b. 空き瓶ならたくさんあるから,ほしい <u>だけ／*∅</u> 持って行っていいよ.
c. 骨も折れん <u>ばかり(に)／*∅</u> 強い力で腕を捻りあげた.
d. 松造さん <u>くらい／*∅</u> 真面目な人はいませんね.

これらは副詞句の主要素だから必須であって,これがないと文は非文になる.この点で任意性を持つとりたて詞とは異なる.また意味の上でも,補足成分とともに全体で「程度」や「量」を表す副詞句を構成するのであって,とりたての機能は果たさない.

ところで,程度の形式副詞の「だけ」「くらい」は補足成分の述語が完了テンスをとることも可能であるが,「ばかり」「まで」はこれはできない.「ばかり」は「実際にそうではないが,そうなりそうなほど高い程度」を表し,古典語のいわゆる推量の「む」が後接したと考えられる形をとることが一般的である.

(148) a. あんな奴,こっちが のめり込む／のめり込んだ だけ馬鹿を見る.
b. 善治さんとこの子が病気になったときも,善治さんよりおカネさんの方が心配して 大騒ぎする／大騒ぎした くらいだった.
c. 声も かれん(かれる)／*かれた ばかりに大声で叫んだ.
d. 3ヶ月で自力歩行が できる／*できた まで(に)回復した.

ただ「だけ」「くらい」も含め,程度の形式副詞の補足成分は,概して述語が完了テンスはとりにくい.この点,原因・理由の形式副詞とは異なる.これら4語の表す程度の高低に関しても個々の語で異なる現象が見られるが,これについては,奥津(1986b)を参照されたい.

形式副詞としての「だけ」や「ばかり」は,次の(149)のように「だけに」

「だけあって」「ばかりに」などの形で「原因・理由」を表す場合もある．

(149) a. 県大会出場を目前にしていた<u>だけに</u>，チームの受けた衝撃は大きかった．
b. さすがに一世を風靡した横綱だった<u>だけあって</u>，振る舞いも堂々としている．
c. 為替の動きを読み誤った<u>ばかりに</u>大変な損失を出した．

このうち，「だけあって」と「ばかりに」では，前者が望ましい結果を招く原因・理由を表すことが多いのに対し，後者は望ましくない結果を招く原因・理由であるという違いがある．

さらに「ばかり」は(150)のように「動作の様態」を表す場合もある．

(150) a. 温子はこの時と<u>ばかり</u>，達夫のだらしなさをなじった．
b. 突風で道路に止めてあった車もブワッと<u>ばかりに</u>吹き飛ばされた．

「ばかり」の表す「動作の様態」と「程度」は連続的で，先の(147c)も「骨も折れんばかり」を「骨が折れそうな」殴り方として，「動作の様態」ととることもできる．

さて，以上見た形式副詞ととりたて詞は，基本的に任意性の有無によって弁別できる．しかし，(147b)の「だけ」などは「ほしい量だけ」と量を限定するような趣もあり，その点ではとりたて詞の「だけ」の意味と連続する．「くらい」も，とりたて詞であっても「最低限」という程度に関わる意味を持ち，やはり程度の形式副詞と連続的である（本章ではとりたて詞の「くらい」について詳しく見ることはできなかったが，次の(151)のような「くらい」がとりたて詞である）．

(151) a. せめて夕食<u>くらい</u>ごちそうしてくれてもいいのに．
b. 家族に<u>くらい</u>居所を教えてあるだろう．
c. 知り合いが困っていたら手を貸す<u>くらい</u>(貸)したい／貸し<u>くらい</u>したい．

このように見ると「だけ」「くらい」については，程度・量を示すことから，示した程度・量に，主節の表す事柄と結びつくには十分な程度・量だといった

評価が加わる．それが「理由」の形式副詞「だけ」に連続する．一方，程度・量を限定し，さらに限定の対象が程度・量から個別の事物になることでとりたて詞「だけ」へ連続する．また，程度・量を評価し，評価の対象が個別の事物になることでとりたて詞「くらい」へと連続する．このように見ることができるかもしれない．

「ばかり」に関する形式副詞の中の各種の用法やとりたて詞との連続性は，まだ十分に捉えられない．これらについては，「ばかり」の通時的な変遷や方言における地理的変異のありようを見ることで，さらに考察を加えていきたい．「まで」については，本節(c)で述べる．

(b) 概数量を表す形式名詞「くらい」「だけ」「ばかり」

奥津(1980)では，(152)の「ほど」を概数を表す形式名詞とする．
(152) a. 学生5人ホド ガ ソコニイル．　　　　(奥津1980：154)
　　　 b. コールド・クリーム 親指ノ頭ホド ヲ トッテ　　(同155)

量の場合も含めて，概数量を表す形式名詞にはこの他に，とりたて詞と同形の「くらい」「ばかり」「だけ」も含まれる．次の(153)がその例である．
(153) a. 別にスープを用意し，魚がヒタヒタに浸るくらいを最初にゆっくり注ぎ入れる．
　　　 b. リボンは襟飾りの分をあらかじめ切って，50センチくらいを残しておく．
　　　 c. 夜明け前の薄暗がりの中に，ざっと30人ばかりが待っていた．
　　　 d. 硬貨は…，片手で握れただけが賞金としてもらえた．

(153)の「魚がヒタヒタに浸るくらい」や「50センチくらい」なども全体で「スープ」や「リボン」のおよその数量を表す名詞句であり，「くらい」「ばかり」「だけ」はその主要素たる形式名詞である．

ただし，概数量を表す形式名詞が数量名詞につく場合は，形式名詞がなくても文としては成立する．したがってその点では任意性があるように思われる．特に「ばかり」は数量名詞につくのが普通で，(153a, d)の「くらい」や「だけ」などのように文を補足成分とすることはないから，いっそう任意の要素と

考えやすい．しかし，(153a, d)の「くらい」や「だけ」が概数量を表す名詞句の主要素で必須であるのと同様に，(153b, c)のような場合も概数量の名詞句を形成するには必須の要素と考える．

また，(153)の「くらい」などによる名詞句は，次のように連体修飾構造の主名詞になる．

(154) a. （スープは）最初にゆっくり注ぎ入れる　魚がヒタヒタに浸る<u>くらい</u>（を別に用意する．）
b. （リボンは）襟飾りの分をあらかじめ切って，残しておく　50センチ<u>くらい</u>（を袖口に使う．）
c. 夜明け前の薄暗がりの中に待っていた　ざっと30人<u>ばかり</u>（が初日の出を拝んだ．）
d. （硬貨は…）賞金としてもらえた　片手で握れた<u>だけ</u>（で優に3000円を超えていた．）

上のようにこれら概数量を表す形式名詞も，とりたて詞とは統語論的特徴が異なる．また，意味的にも「概数量」を表すという点で異なる．

しかし，ここでも「だけ」は「片手で握れただけ」で「硬貨」の量を限定するようにもとれ，その点ではとりたて詞の「だけ」に連続する．さらに「だけ」が数量名詞につく場合は数量の「限定」の意味になり，とりたて詞としてしか解釈できない．また，「くらい」も形式副詞の場合同様，次のように形式名詞ととりたて詞が弁別しにくい場合がある．

(155)　アルバイターは，10人<u>くらい</u>，いつでもこちらのつてだけで頼める．

(155)は，「10人」を概数ととれば「くらい」は概数の形式名詞となり，最低限の人数ととればとりたて詞となる．それに応じて

(156)　いつでもこちらのつてだけで頼める　10人<u>くらい</u>

の「10人くらい」が連体修飾構造の主名詞になるか否かの判定も変わってくる．

ここでは数量名詞を考えたが，数量表現は副詞句としても働く．数量詞遊離などと言われる現象がそれに当たる．その点では，ここで扱った概数量の形式名詞は，形式副詞との連続性が問題となる．その上でやはり形式名詞について

も,「だけ」「くらい」については,概数量を示す用法から,示した数量への限定や評価が加わることでとりたて詞へという,形式副詞と似た連続性が見て取れそうである.「ばかり」については,形式名詞ととりたて詞の間に意味的にも隔たりがある.「ばかり」の歴史的な変遷過程を明らかにすることで,この隔たりの理由を考える必要があろう.

(c) 格助詞および順序助詞「まで」

「まで」はとりたて詞に属する語だが,同形の語が格助詞にも順序助詞にも属する.
(157)　a.　ご存じの方は当方までご連絡ください.
　　　　b.　ボールをラインの外まで投げる.
　　　　c.　今日は5時までが勤務時間だ.
　　　　d.　子供が成人するまでを親は自分の人生の一区切りと考えていた.
　　　　　　(*子供が成人した　まで…)
(157a, b)が格助詞,(157c, d)が順序助詞の例である.

順序助詞は奥津(1966)によるもので,「から」と「まで」で一定の順序集合を示す機能を持ち,「から」が順序助詞の中でも始点の助詞,「まで」が終点の助詞とされるものである.順序助詞は以下の特徴により格助詞と区別される.
(158)　a.　格助詞と相互承接したり,文に後接したりする.
　　　　b.　名詞や文に後接した場合は「から」や「まで」を含めた全体で名詞句として機能することができ,連体修飾を受けることができる.

ただし,奥津(1966)には指摘されていないが,(158a)でいう「文」には完了テンスがとれない.

原則として,とりたて詞と格助詞「まで」は,任意性の有無と他の格助詞との相互承接の可否の点で弁別でき,とりたて詞と順序助詞の「まで」は,次の(157c′, d′)のように,任意性の有無と,「まで」を含めた要素全体で連体修飾を受けることができるか否かの点で弁別できる.
(157)　c′.　今日は5時　まで／*∅　が勤務時間だ.

　　　　　d′．親が自分の人生の一区切りと考えていた　子供が成人する<u>まで</u>
　しかし，格助詞「まで」や順序助詞「まで」にとりたて詞「まで」が後接すると考えられるような場合は，「までまで」と重ならず，一つの「まで」になる．
　(159)　a．小さな子供のくせに太郎は川の向こう岸<u>まで</u>泳ぎ着けた．
　　　　　b．綿畑はその3分の2<u>まで</u>が地主のもので….
　(159a)の「まで」は格助詞の「まで」ともとりたて詞の「まで」ともとれる．「川の向こう岸」を単なる「泳ぎ着く」到達点と解釈すれば格助詞「まで」であるが，これをそんなところまで泳ぎ着けると思わなかったという意外な到達点と解釈すれば，とりたて詞「まで」とも考えられる．この場合は「川の向こう岸までまで」とでも言いたいところで，事実「川の向こう岸<u>へ／に</u>まで」なら言える．しかし「までまで」という重複は不自然で，「へまで」「にまで」のようにするか，(159a)のようにとりたて詞「まで」一つで表されることになる．
　(159b)は順序助詞ともとりたて詞ともとれる「まで」である．この場合も「3分の2」という「綿畑」の面積の割合を単なる割合・量として解釈すれば順序助詞の「まで」であり，それを意外なものとして「まで」がとりたてると考えれば，とりたて詞「まで」である．
　「まで」という語形をめぐり，場所を「動作の到達点」として示す格助詞から，場所や時点その他を「範囲の終点」として示す順序助詞へ，また，ある状況を「状態の到達点としての程度」として示す程度副詞へ，さらに到達点として捉えた事物に対する意外性という意味が加わることでとりたて詞へという，「まで」に前接する要素の広がりとそれに連動する前接要素の捉え方の変化に応じた用法の広がりが見えてくる．

（d）並列詞「など」

　奥津(1974)では，「など」をとりたて詞とする可能性を認めながらも，並立接続助詞(「並立接続助詞」は奥津(1986b)で「並列詞」と改められるので，本章では以下，**並列詞**とする)としている．本章でも，とりたて詞としての「な

ど」があることはすでに述べたとおりである．

奥津（1974）によれば，並列詞の「など」は，以下の特徴で他の並列詞「と」などと共通する．

(160) a. 一種の列挙の機能を果たす．
　　　b. 名詞に直接ついたり，連用成分に後接したりする．
　　　c. 列挙される要素と「など」を含めた全体で名詞として機能し，連体修飾をうける主名詞の一部となる．

次が並列詞の「など」の例である．

(161) a. 江戸狩野の作品として，探幽，尚信，常信などが収録されている．
　　　b. 江戸狩野の作品として収録されている　探幽，尚信，常信など
　　　c. 投書は，主婦からやサラリーマン，いわゆる退職組のシルバー世代，学生からなど様々なものが届く．

(161a)は「など」が名詞に直接ついているが，これは(161b)のように連体修飾を受ける主名詞の一部となる．

これに加え，「など」は次のように述語に後接することもある．その点では，「と」などより列挙する要素の範囲が広い．

(162) 映画を見たり，音楽を聴いたり，スポーツをしたりなどする．

ところで，(160a)の「など」の「一種の列挙の機能」は他の並列詞「と」などとは異なる．「と」「か」「や」などは，最後の要素の後では省略されることが多いものの，その他は列挙する要素のいちいちにつく．一方，「など」は列挙される要素の最後のものに後接し，列挙される要素が一つであってもよい．次のようである．

(163) a. ショーには，歌と踊りとトーク(と)がふんだんに盛り込まれている．
　　　b. 紅茶かコーヒーか日本茶(か)を選べる．
　　　c. 犬や猫(や)の病気を治す．
　　　d. 今度の誕生日にはバラの花などを贈りたい．

山田(1952:322,338)，此島(1973:266)によれば，古くは並列詞「と」には，

列挙される要素の最後のものにだけ後接した用法があり,「など」はこれに由来する.次の(164a)が山田(1952),(164b)が此島(1973)による例である.
 (164) a. 物見車大将中納言とをみていふやう (「宇津保物語」国譲 下)
    b. 阿乎夜奈義鳥梅等能波奈乎折りかざし (「万葉集」5・821)
     (青柳梅との花を)

この「と」による列挙の際に,最後に同種の事物の含蓄を表す「なに」を置き,「…なにと」と表現されたものが文法化され,「なんど」を経て「など」になった.

こうしてみると,現代語の「など」が諸要素を列挙する仕方は,その語源から来る特徴を残したものと言える.

また,「と」「か」「や」などは列挙される要素間の関係も表す.

「と」「か」は,並列されうる要素が網羅的に明示され閉じられた集合をなしている.「や」は,並列されうる要素が常に明示されるとは限らず,複数の要素を部分的に列挙し,他にも並列されうる同類の要素の存在を暗示することもある.この場合,「や」で列挙される要素は開かれた集合をなす.

一方,「と」「や」はいわば and の関係で要素を並列し,「か」は or の関係で並列する.

これに対し,「など」は要素を並列するだけで,要素間の関係までは示さない.したがって,要素間の関係の解釈は語用論的な要因に左右される.例えば上の(163a, c)は,列挙される要素が複数ある.「など」に限らず並列詞がなく,単に要素が列挙されるときは要素同士は普通 and の関係で解釈される.先の(163a, b)でも次の(165)のようになると,どちらも and で結ばれる要素が網羅的に列挙される意味になる.

 (165) a. ショーには,歌,踊り,トークがふんだんに盛り込まれている.
    b. 紅茶,コーヒー,日本茶を選べる.

このことから,(161a, c)も並列される要素は and で結ばれる関係と解釈されるのだが,それらが網羅的に列挙されるか,部分的であるかはどちらの可能性もあり文脈による.

これに対し,(163d)のように「など」が列挙する要素が一つだけである場

合は，当然要素の列挙は部分的である．そして要素間の関係は，解釈の傾向としては and の関係への傾きが強いかもしれないが，or の関係でも可能である．ただし，(163d)が完了テンスをとる(166)のような場合は，and の関係で解釈される．

(166) 今度の誕生日にはバラの花<u>など</u>を贈った．

以上のことから，並列詞「など」について，あらためてまとめると以下のようになる．

(167) 並列詞「など」は，列挙された最終要素に後接し，その要素以外に，それと同一の集合をなすものとして並列されるべき要素が他に存在することを示す．

このように見ると，むしろ「など」は，個別要素を部分集合として示しつつ，じつはそれを含む一つの全体集合を提示すると言ってもよい．「など」の機能が「例示」と言われてきたのは，そうしたことによるものだろう．

さて，すでに見たように，並列詞の「など」ととりたて詞の「など」は，連体修飾を受ける主名詞の一部になり得るか否かで弁別できる．しかし，両者とも明示される要素以外の他者が想起される点は共通する．特にとりたて詞「など1」は，実際には存在しない他者が擬制されるというだけで，その意味の「擬似的例示」の「例示」という点でも並列詞「など」と共通する．その点で両者はきわめて連続的である．実際に用例を見ていくと，文脈その他の情報に照らしても，解釈が曖昧で，両者のどちらとも判断がつきにくい場合も少なくない．そこで，とりたて詞「など1」を立てず，これを語用論的要因によって生ずる並列詞「など」の用法の一つと考える考え方もあろう．

しかし，そうした場合であっても，他者が存在する並列詞「など」と解釈するか，擬制されるとりたて詞「など1」と解釈するかで，「など」を含む要素が全体で連体修飾を受ける主名詞の一部になれるかどうかの判定が変わる．意味解釈に連動して統語論的特徴が異なるのである．そこで，ここではあくまで両者を別語として区別することにする．

部分を明示して全体集合を提示する並列詞「など」，全体集合の存在を擬制するとりたて詞「など1」，全体集合の中での明示された要素と他者との相対的

な評価が加わるとりたて詞「など2」というように，集合提示から擬似的な集合の提示へ，さらに提示した集合内の個別要素の評価へという「など」の用法の広がりが見えそうである．

(e) その他「ばかり」「だけだ」「までだ」「も」

上に見たものの他に，アスペクト詞「ばかり」，助動詞に近い「だけだ」「までだ」，文副詞の語末の「も」について簡単に見ておきたい．これらのすべてがとりたて詞その他と区別すべきものであるかどうかは，さらに検討が必要であるが，一方で，とりたて詞などの範疇に含めてよいかどうか疑問のあるものである．

まず**アスペクト詞**としての「ばかり」について考える（アスペクト詞が品詞の一つとして立てられるかどうかは検討する必要があるが，ここでは便宜的に「アスペクト詞」と呼んで，他の「ばかり」「だけ」などと区別する）．

(168) a. すっかり支度を整えて，出かける<u>ばかり</u>の段になって迷惑な客がやって来た．（直前）
　　　　b. 今着いた<u>ばかり</u>だ．（直後）

(168)の「ばかり」は，前接する動詞が示す動作が，それをする直前やそれをした直後の状態にあることを示す．これは先に見た形式副詞ともとりたて詞とも異なる．

ところで，「だけ」にも(168)の「ばかり」と似たものがある．

(169) 食事を済ませ，お風呂に入れ，もう寝かせつける<u>だけ</u>になっていたのに，電話ですっかりぶちこわし，子供は興奮して走り回り….

「だけ」の方は，「すべきことが他になく，あとは寝かせること一つが残っている」という意味に受け取れ，まだとりたて詞として解釈できる．また「だけ」は(168b)のように動作の直後の状態を表すことはない．

こうした「ばかり」「だけ」は「行った（あるいは行う）動作は他になく，その動作一つの状態にある」ことを示し，とりたて詞の限定の意味からの派生と考えられる．ただ「だけ」は動作の直後の状態を表すこともなく，その分化が不完全でとりたて詞の域を出ないもので，「ばかり」はそれよりも分化が進ん

3.6 同一語形の意味・用法の広がり

でとりたて詞から離れたと考えられる．

「だけ」「まで」にも上に見たものの他，寺村(1984)のいう助動詞に近い次のようなものがある．

(170) 関心なさそうだったので，声をかけるのをやめた <u>だけ／まで</u> だ．

(170)の「だけだ」「までだ」は類義的で，多くの場合に，条件節や原因・理由節と共起して，テンスをとる述語に後接する．また，「だけだ」「までだ」の意味的な機能は，「先行する文で述べられることが予定あるいは期待する事態以下である」といった先行文に対する話し手の主観的な評価を表すと考えられる．

ちなみに寺村(1984)では，述語の確言形(基本形，過去形)に後接し，それらを中心とした節全体を包んで，その内容についての話し手の態度を表す形式を助動詞とする．これに即して考えれば，上の「だけだ」「までだ」は助動詞と考えることも可能である．寺村(1984)では助動詞をさらに「概言の助動詞」と「説明の助動詞」とに分けるが，上の意味から考えて，「だけだ」「までだ」は「わけだ」「べきだ」「のだ」などと同様に「説明の助動詞」に含められるのではないかと思われる(詳しくは寺村(1984:219-311)を参照されたい)．

ただし「だけだ」は，(170)でも「だけ」が先行の文全体をとりたて，それに対する他者，つまり他の事態を否定すると考えることも可能で，とりたて詞「だけ」が文をとりたてた場合と考えることもできよう(安部(1999)は，文末の「だけ」の「限定」が名詞句に後接する「だけ」の「限定」と異なる現象について考察している)．

一方，「までだ」は意味の上でも分布の上でも，先に見たとりたて詞や程度の形式副詞などとは隔たりがある．「だけだ」と「までだ」では，「までだ」の方がより助動詞的だと考えられる．

沼田(1995)では，次のような「も」を文副詞類を構成する主要素として**形式副詞**とした(同文献では，この他便宜的に「慣用的強調」の「も」と呼ぶものなどがあることを述べたが，形式副詞「も」や「慣用的強調」の「も」についての詳しい考察は同文献 50-53 を参照されたい)．

(171)　a. 不幸に<u>も</u>，水害の上に震災の被害が重なった．

b. 惜しくも，9回裏に逆転されて優勝を逃した．

澤田(1993)は上の「不幸にも」「惜しくも」などを**文副詞類**とし，「も」を「「話し手の主観的な命題態度」をマークする機能を持つ」(沼田1993：235)としつつ，これを「一応，間投助詞としておきたい」(同 235)とする(澤田(1993)の文副詞類の研究は，澤田(1978)で基本的な分析は提示されている)．

澤田の「も」の機能の考え方には基本的に賛成だが，間投助詞とする点には疑問がある．

澤田(1993：226)が文副詞類とする語で末尾に「も」を持つものの中の多くの語が，「不幸にも／*不幸に」のように文副詞類として機能するためには「も」を必須とする．これは，文構成に関して，二次的，付加的な要素と考えられる間投助詞の特徴とは異なる．

一方，「不幸にも」などとほぼ同義で末尾に「も」を伴わない「不幸なことに」などの場合と比べると，

(172) 不幸なことに，水害の上に震災の被害が重なった．

(172)の「不幸なことに」の「こと」は，「水害…重なった」という後続の命題を指す．「ことに」は「不幸な」が後続命題全体に関わる話し手の主観的な判断であることを表し，「不幸なことに」全体を文副詞として機能させるものであると考えられる．

このことに並行して，「も」も「ことに」同様，文副詞類を成立させる主要素と考えられるのではないか．こうしたことから，沼田(1995)ではこれらの「も」を形式副詞としたのであるが，これについては疑問もあり，形式副詞の定義に照らしてあらためて考える必要がある．ただ，文副詞類の語末の「も」をとりたて詞「も」と区別し，これらを品詞論の中でどう位置づけるかを考えてみることは必要だろう．

さて，これまでとりたて詞周辺に広がる範疇について，品詞論から見たこれらの語群の特徴と同時に，これらととりたて詞に属する語の連続性について，大まかに考えてきた．また，本章では扱えなかったが，いわゆる「主題」の「は」と，「対比」の「は」との相違と連続性についても，尾上(1981)，寺村(1991)，益岡(1991)，青木(1992)，大島(1995)，野田(1996)他，すでに多くの

研究がある．こうした研究を踏まえて，「対比」の「は」をとりたて詞に含めることの意味，とりたて詞と「主題」の「は」の相違と連続性についても，考えなければならないが，これについては別の機会に譲る．

とりたて詞とその他の範疇の語の連続性を現代語だけの範囲で考えるのには限界がある．各語の歴史的変遷に対する考察，それを補う意味での方言における地理的変異に対する考察を加えて，総合的に考える必要がある．今後，こうした観点からの現代語研究，歴史的研究，方言研究の有機的な連携が期待される．

3.7 まとめ

本章では，とりたて詞を考えることで，日本語の「とりたて」を考えた．

とりたて詞は，文構成には直接関与しない任意の要素で，もっぱらとりたての機能を果たすものであるが，これまでの考察を通し，次のようにとらえることができる．

(173) とりたて詞は，文中の種々な要素を「自者」とし，自者と範列的に対立する他の要素を「他者」とする．そして，自者について明示される文である「主張」と，他者について暗示される文である「含み」を同時に示し，両者の論理的関係を表す．その論理的関係は，「断定」と「想定」，「肯定」と「否定」のような対立する概念で表される．

また，とりたて詞に含まれる語には次のものがある．

(174) も1，も2，も3，でも，だって，さえ1，さえ2，すら，まで，だけ，のみ，ばかり，しか，こそ，など1，なんか1，なんて1，なんぞ1，など2，なんか2，なんて2，なんぞ2，くらい（ぐらい），は

(174)のそれぞれの意味は，「主張・含み」「断定・想定」「自者・他者」「肯定・否定」の4組8個の基本的な「一次特徴」と各語に個別に見られる「二次特徴」とによって表すことができ，それらは互いに一つの体系をなすものである．

さらに，とりたて詞は「分布の自由性」「任意性」「連体文内性」「非名詞性」の四つの統語論的特徴をあわせ持つ一つの品詞で，他の品詞に属する語群とは区別される．

しかしながら，とりたて詞は，元は名詞その他であった語が意味・用法の変遷を経て，その過程でそれぞれの統語論的特徴を変化させ，上に述べた意味と統語論的特徴を持つに至った語群が一つの統語範疇を成すものである．そのため，同一語形で他の品詞に属する語群とも様々な連続性を持っている．

以上が本章の考察の内容であるが，とりたて詞に関して重要な問題であるとりたてのスコープについては扱うことができなかった．とりたてのスコープは，とりたて詞が文の階層構造の中にどのように位置づけられるかという問題とも関連すると考えるが，これについても紙幅の都合上，本章では考察を省略した．また，とりたて詞各語の意味についても記述を省略したもの，保留にしたものがある．

さらに，「とりたて」という観点から考えれば，本章のはじめに述べたように，とりたて詞以外にもとりたての機能を果たすとりたて副詞などがある．とりたて詞とこれらの異同を押さえ，全体でどのような「とりたての体系」をなしているのかも考える必要がある．

これらについては，すべて別の機会に譲る．

参考文献

第1章

池田英喜(1999):「「もう」と「まだ」——状態の移行を前提とする2つの副詞」阪大日本語研究11

池田英喜(2000):「状態の移行前を表す「もう/まだ」について」阪大日本語研究12

井上和子(1989):「「タ形」と「ル形」/「〜テイル」」『日本文法小事典』(井上和子編)大修館書店

井上優・生越直樹(1997):「過去形の使用に関わる語用論的要因——日本語と朝鮮語の場合」日本語科学1，国立国語研究所

今仁生美(1990):「VテイクとVテクルについて」日本語学9巻5号

岩崎卓(1998):「アト，アトデ，アトニのちがいについて」光華女子大学研究紀要第36号

岩崎卓(1999):「マエとマエニのちがいについて」日本語・日本文化第25号，大阪外国語大学留学生日本語教育センター

岩崎卓(2000):「日本語における文法カテゴリーとしてのテンスとは何か」日本語学19巻5号

奥田靖雄(1978):「アスペクトの研究をめぐって(上)(下)」教育国語53, 54号

尾上圭介(1979):「そこにすわる！」月刊言語8巻5号

尾上圭介(1982):「現代語のテンスとアスペクト」日本語学1巻2号

紙谷栄治(1989):「テンスとアスペクト」『日本語の文法・文体(上)』講座日本語と日本語教育，4，明治書院

川端善明(1964):「時の副詞(上)(下)」国語国文33巻11, 12号

金水敏(1987):「時制の表現」『時代と文法——現代語』国文法講座，第6巻，明治書院

金水敏(1994a):「連体修飾の「〜タ」について」『日本語の名詞修飾表現』くろしお出版

金水敏(1994b):「日本語の状態化形式の構造について」国語学178集

金水敏(1995):「いわゆる「進行態」について」『築島裕博士古稀記念国語学論集』(築島裕博士古稀記念会編) 汲古書院

金水敏(1998):「いわゆる'ムードの「タ」'について――状態性との関連から」『東京大学国語研究室創設百周年記念国語研究論集』汲古書院
金水敏(1999):「近代語の状態化形式の構造」『近代語研究』(近代語学会編) 第10集, 武蔵野書院
金水敏・今仁生美(2000):『意味と文脈』現代言語学入門4, 岩波書店
金田一春彦(1950):「国語動詞の一分類」言語研究15号,『日本語動詞のアスペクト』(金田一春彦編) むぎ書房, 1976
金田一春彦(1955):「日本語動詞のテンスとアスペクト」名古屋大学文学部研究論集 X(文学4),『日本語動詞のアスペクト』(金田一春彦編) むぎ書房, 1976
工藤真由美(1982):「シテイル形式の意味記述」人文学会雑誌13-14, 武蔵大学
工藤真由美(1989):「現代日本語のパーフェクトをめぐって」ことばの科学3
工藤真由美(1992):「現代日本語の従属複文」*Journal of the Yokohama National University* II-39
工藤真由美(1995):『アスペクト・テンス体系とテクスト――現代日本語の時間の表現』ひつじ書房
国広哲弥(1967):『構造的意味論――日英両語対照研究』三省堂
久野暲(1973):『日本文法研究』大修館書店
久野暲(1978):『談話の文法』大修館書店
国立国語研究所(1951):『現代語の助詞・助動詞――用法と実例』秀英出版
坂原茂(1995):「複合動詞「Vて来る」」言語・情報・テクスト vol.2, 東京大学大学院総合文化研究科言語情報科学専攻
佐治圭三(1991):『日本語の文法の研究』ひつじ書房
杉本孝司(1998):『意味論2――認知意味論』くろしお出版
杉本武(1991):「「てしまう」におけるアスペクトとモダリティ」九州工業大学情報工学部紀要 人文・社会学編4, 九州工業大学
杉本武(1992):「「てしまう」におけるアスペクトとモダリティ(2)」九州工業大学情報工学部紀要 人文・社会学編5, 九州工業大学
鈴木重幸(1965):「現代日本語の動詞のテンス――言いきりの述語に使われたばあい」ことばの研究第2集
鈴木重幸(1972):『日本語文法・形態論』むぎ書房
鈴木泰(1992):『古代日本語動詞のテンス・アスペクト――源氏物語の分析』ひつじ書房(改訂版, ひつじ書房, 1999)
砂川有里子(1986):『する・した・している』日本語文法セルフ・マスターシリーズ2,

くろしお出版

高木一広(1993):「認識と発話の過程を考慮した意味記述の試み──日本語の文末表現「た」を例に」神戸市外国語大学大学院修士論文

高橋太郎(1969):「すがたともくろみ」,『日本語動詞のアスペクト』(金田一春彦編) むぎ書房, 1976

高橋太郎(1985):『現代日本語動詞のアスペクトとテンス』国立国語研究所, 秀英出版

高橋太郎(1994):『動詞の研究──動詞の動詞らしさの発展と消失』むぎ書房

田窪行則(1993):「談話管理理論による日本語の反事実条件文」『日本語の条件表現』(益岡隆志編) くろしお出版

竹沢幸一(1991):「受動文, 能格文, 分離不可能所有構文と「テイル」の解釈」『日本語のヴォイスと他動性』くろしお出版

坪井美樹(1976):「近世のテイルとテアル」『佐伯梅友博士喜寿記念国語学論文集』表現社

寺村秀夫(1971):「'タ'の意味と機能」『言語学と日本語問題』くろしお出版

寺村秀夫(1983):「時間的限定の意味と文法的機能」『副用語の研究』(渡辺実編) 明治書院

寺村秀夫(1984):『日本語のシンタクスと意味 II』くろしお出版

寺村秀夫(1989):「テンス・アスペクト／〜テイルの意味」『日本文法小事典』(井上和子編) 大修館書店

外池滋生(1994):「日本語は OVS 言語である」月刊言語 23 巻 3 号

西尾寅弥(1964):「テイルとテアル」『講座現代語 6』明治書院

Nishigauchi, Taisuke (1999): "'Point of view' and phrase structure", *Theoretical and Applied Linguistics at Kobe Shoin* (*TALKS*): 2, pp. 49-60

仁田義雄(1987):「テンス・アスペクトの文法」『ソフトウェア文書のための日本語処理の研究』8, 情報処理事業協会

仁田義雄(1997):『日本語文法研究序説──日本語の記述文法を目指して』くろしお出版

丹羽哲也(1992):「過去形と叙述の視点」国語国文 第 61 巻第 9 号

丹羽哲也(1996):「ル形とタ形のアスペクトとテンス──独立文と連体節」人文研究 第 48 巻第 10 分冊, 大阪市立大学文学部

丹羽哲也(1997a):「現代語アスペクトの諸形式」国語学会平成 9 年大会要旨

丹羽哲也(1997b):「連体形のテンスについて」人文研究 第 49 巻第 5 分冊, 大阪市立

大学文学部
野村雅昭(1969):「近代語における既然態の表現について」『佐伯梅友博士古稀記念国語学論集』表現社
橋本修(1995a):「現代日本語の非制限節における主節時基準現象」文藝言語研究 言語篇27号
橋本修(1995b):「相対基準時節の諸タイプ」国語学181集
橋本修(1996):「引用節の基準時」文藝言語研究 言語篇29号
藤井正(1966):「「動詞＋ている」の意味」『国語研究室』5,『日本語動詞のアスペクト』(金田一春彦編) むぎ書房, 1976
藤井由美(1992):「「してしまう」の意味」『ことばの科学5』むぎ書房
益岡隆志(1987):『命題の文法——日本語文法序説』くろしお出版
益岡隆志(1991):『モダリティの文法』くろしお出版
益岡隆志(1995):「時の限定, 時の設定」『複文の研究(上)』(仁田義雄編) くろしお出版
益岡隆志(2000):『日本語文法の諸相』くろしお出版
益岡隆志・田窪行則(1989):『基礎日本語文法』くろしお出版(改訂版, 1992)
松下大三郎(1901):『日本俗語文典』誠之堂
松下大三郎(1924):『標準日本文法』紀元社
松下大三郎(1928):『改撰標準日本文法』中文館(勉誠社より訂正再版, 1978)
三上章(1953):『現代語法序説——シンタクスの試み』刀江書院(くろしお出版より復刊, 1972)
水谷信子(1985):『日英比較話しことばの文法』くろしお出版
三原健一(1992):『時制解釈と統語現象』くろしお出版
森田良行(1971):「「本が置いてある」と「本を置いてある」」『講座正しい日本語第5巻 文法編』明治書院
森田良行(1994):『動詞の意味論的文法研究』明治書院
森山卓郎(1983):「動詞のアスペクチュアルな素性について」待兼山論叢17 文学編, 大阪大学
森山卓郎(1988):『日本語動詞述語文の研究』明治書院
吉川武時(1973):「現代日本語動詞のアスペクトの研究」, *Linguistic Communications*, 9, Monash University, 『日本語動詞のアスペクト』(金田一春彦編) むぎ書房, 1976
吉川武時(1989):『日本語文法入門』アルク

吉川千鶴子(1995):『日英比較 動詞の文法――発想の違いから見た日本語と英語の構造』くろしお出版

Comrie, B. (1976): *Aspect*, Cambridge University Press, Cambridge. 山田小枝訳『アスペクト』むぎ書房, 1988

Fauconnier, G. (1996): 坂原茂・水光雅則・田窪行則・三藤博訳『メンタル・スペース――自然言語理解の認知インターフェース』白水社

Fauconnier, G. (1997): *Mappings in Thought and Language*, Cambridge University Press, Cambridge. 坂原茂・田窪行則・三藤博訳『思考と言語におけるマッピング――メンタル・スペース理論の意味構築モデル』岩波書店, 2000

Jozephs, L. S. (1972): "Phenomena of Tense and Aspect in Japanese Relative Clauses," *Language*, 48:1, pp. 109-133.

Langacker, Ronald W. (1987): *Foundations of Cognitive Grammar*. Vol. 1, Stanford University Press, Stanford.

Vendler, Z. (1957): "Verbs and Times", *Philosophical Review*, 66, 143-160.

Vendler, Z. (1967): *Linguistics and Philosophy*, Cornell University Press, Ithaca.

Weinrich, H. (1964): *Tempus: Besprochene un erzählte Welt*, 脇坂豊他訳『時制論――文学テクストの分析』紀伊国屋書店

■用例について

用例のうち, 次の作品は, 『CD-ROM版 新潮文庫の100冊』から引用した.
赤川次郎「女社長に乾杯!」, 井上ひさし「ブンとフン」, 川端康成「雪国」, 竹山道雄「ビルマの竪琴」

また, 次の作品は, 『CD-ROM版 新潮文庫明治の100冊』から引用した.
森鷗外「青年」「阿部一族」「二人の友」, 田山花袋「蒲団」「田舎教師」, 夏目漱石「三四郎」「門」「虞美人草」「坑夫」「夢十夜」「永日小品」「明暗」「こころ」, 伊藤左千夫「野菊の墓」

第2章

相原林司(1986):「不― 無― 非― 未―」日本語学5巻3号 明治書院

青木伶子(1988):「車は急には止まれない――「は」助詞のはたらき」国語国文57巻8号

石神照雄(1983):「副詞の原理」『副用語の研究』明治書院

泉井久之助(1953):「否定表現の原理」国語国文 22 巻 8 号
井上優(1986):「モダリティ副詞「ナニモ」と否定」日本語研究 8 号
太田朗(1980):『否定の意味』大修館書店
奥田靖雄(1985):『ことばの研究・序説』むぎ書房
奥田靖雄(1990):「説明(その1)——のだ, のである, のです」『ことばの科学 4』むぎ書房
奥田靖雄(1991):「説明(その2)——わけだ」『ことばの科学 5』むぎ書房
奥田靖雄(1993):「説明(その3)——はずだ」『ことばの科学 6』むぎ書房
奥田靖雄(1999):「現実・可能・必然(下)——しなければならない」『ことばの科学 9』むぎ書房
小澤容子・黄文薄・山田直美・山本真紀(1998):『否定対極表現の基礎的調査研究』横浜国立大学工藤研究室プリント版報告書
尾上圭介(1981):「「は」の係助詞性と表現的機能」国語と国文学 58 巻 5 号
川端善明(1979):『活用の研究Ⅱ』大修館書店
工藤浩(1982):「叙法副詞の意味と機能」『研究報告集 3』国立国語研究所
工藤浩(1983):「程度副詞をめぐって」『副用語の研究』明治書院
工藤真由美(1992):「宇和島方言の二つの否定形式」国文学解釈と鑑賞 57 巻 7 号
工藤真由美(1996):「否定のアスペクト・テンス体系とディスコース」『ことばの科学 7』むぎ書房
工藤真由美(1997):「否定文とディスコース——「ノデハナイ」と「ワケデハナイ」」『ことばの科学 8』むぎ書房
工藤真由美(1998):「否定と呼応する副詞をめぐって——実態調査から」大阪大学文学部紀要 第 39 巻
工藤真由美(1999):「現代日本語の文法的否定形式と語彙的否定形式」『現代日本語研究』6 号, 大阪大学日本語学講座
久野暲(1983):『新日本文法研究』大修館書店
小林賢次(1968):「否定表現の変遷——「あらず」から「なし」への交替現象について」国語学 75 集
近藤泰弘(1997):「否定と呼応する副詞について」『日本語文法 体系と方法』(川端・仁田編) ひつじ書房
佐久間鼎(1934):「否定的表現の意義」『日本語の言語理論的研究』厚生閣
須賀一好(1992):「副詞「あまり」の意味する程度評価」山形大学紀要人文科学 12 巻 3 号

鈴木重幸(1972):『日本語文法・形態論』むぎ書房
鈴木英夫(1993):「新漢語の受け入れについて――「全然」を例として」『国語研究』(松村明先生喜寿記念会編)明治書院
高橋光子(1998):「副詞「決して」の成立」国語と国文学 898 号
田窪行則(1987):「統語情報と文脈情報」日本語学 6 巻 5 号
田野村忠温(1988):「否定疑問文小考」国語学 152 集
丹保健一(1980～1984):「否定表現の文法」(1)～(4) 三重大学教育学部紀要人文科学 31,32,33,35 巻
寺村秀夫(1979):「ムードの形式と否定」『英語と日本語と』くろしお出版
仁田義雄(1994):「述語・主語・補語をめぐって」(『日本語文法研究序説』に所収)
仁田義雄(1997):『日本語文法研究序説』くろしお出版
野田春美(2000):「「ぜんぜん」と肯定形との共起」計量国語学 22 巻 5 号
野田尚史(1996):『「は」と「が」』くろしお出版
野村雅昭(1952):「否定の接頭語〈無・不・未・非〉の用法」『ことばの研究 4』国立国語研究所
野村雅昭(1978):「接辞性字音語基の性格」国立国語研究所報告 61『電子計算機による国語研究 Ⅸ』
服部匡(1993):「副詞「あまり(あんまり)」について」同志社女子大学学術研究年報 44 巻 4 号
浜田敦(1948):「肯定と否定――うちとそと」国語学 1 集
原田登美(1982):「否定との関係による副詞の四分類」国語学 128 集
播磨桂子(1993):「「とても」「全然」などにみられる副詞の用法変遷の一類型」九州大学 語文研究 75 号
廣瀬幸生・加賀信広(1997):『指示と照応と否定』研究社出版
益岡隆志(1991):『モダリティの文法』くろしお出版
松田剛史(1983):「打消の助動詞の性格をめぐって」大谷女子大国文 13 号
三上章(1963):『日本語の構文』くろしお出版
宮島達夫(1963):「カカリの位置」(『語彙論研究』に所収)
宮島達夫(1972):『動詞の意味・用法の記述的研究』秀英出版
宮島達夫(1972):「無意味形態素」(『語彙論研究』に所収)
宮島達夫(1994):『語彙論研究』むぎ書房
宮地裕(1971):「否定表現」『文論』明治書院
山田小枝(1997):『否定対極表現』多賀出版

吉村あき子(1999):『否定極性現象』英宝社
Bhat, D. N. S. (1999): *The Prominence of Tense, Aspect and Mood*. John Benjamins.
Brown, K. and J. Miller (eds.) (1999): *Concise Encyclopedia of Grammatical Categories*. Cambridge University Press.
Bybee, J. L. (1985): *Morphology*. John Benjamins.
Frawley, W. (1992): *Linguistic Semantics*. Lawrence Erlbaum.
Givón, T. (1979): *On Understanding Grammar*. Academic Press.
Givón, T. (1984): *Syntax*. John Benjamins.
Horn, L. R. (1989): *A Natural History of Negation*. The University of Chicago Press.
Jespersen, O. (1917): *Negation in English and Other Languages*. A. F. H¢st.
Jespersen, O. (1924): *The Philosophy of Grammar*. 半田一郎(訳)『文法の原理』岩波書店, 1958年.
Kato, Y. (1985): *Negative Sentences in Japanese*. Sophia Linguistica, 19.
Klein, H. (1998): *Adverb of Degree in Dutch and Related Languages*. John Benjamins.
Leech, G. (1974): *Semantics*. Penguin.
Leech, G. (1980): *Explorations in Semantics and Pragmatics*. John Benjamins. 内田・木下(訳)『意味論と語用論の現在』理想社.
Leech, G. (1983): *Principles of Pragmatics*. Longman. 池上・河上(訳)『語用論』紀伊國屋書店.
Lyons, J. (1977): *Semantics*. Cambridge University Press.
Palmer, F. R. (1999): Mood and Modality: Further developments. In *Concise Encyclopedia of Grammatical Categories*.
Payne, J. R. (1985): Negation. Shopen, T. (ed.), *Language Typology and Syntactic Description*. Cambridge University Press.
Ramat, P. (1999): Negation. In *Concise Encyclopedia of Grammatical Categories*.
Rudolph, E. (1996): *Contrast*. de Gruyter.

第3章
青木伶子(1992):『現代語助詞「は」の構文論的研究』笠間書院
安部朋世(1996):「ダケデにおけるいわゆる〈他者不要〉の意味について」日本語学15巻1号, 明治書院

安部朋世(1999):「ダケの位置と限定のあり方――名詞句ダケ文とダケダ文」日本語科学6号, 国立国語研究所
大島資生(1995):「「は」と連体修飾構造」『日本語の主題と取り立て』くろしお出版
奥津敬一郎(1966):「「マデ」「マデニ」「カラ」――順序助詞を中心として」日本語教育9号
奥津敬一郎(1973):「生成日本文法論」東京都立大学大学院人文科学研究科博士論文
奥津敬一郎(1974):『生成日本文法論』大修館
奥津敬一郎(1975a):「形式副詞論序説――「タメ」を中心として」人文学報104号, 東京都立大学
奥津敬一郎(1975b):「程度の形式副詞」都大論究12号, 東京都立大学国語国文学会
奥津敬一郎(1980):「「ホド」――程度の形式副詞」日本語教育41号
奥津敬一郎(1986a):「とりたて詞の分布と意味――「だけで」と「でだけ」国文目白52号, 日本女子大学
奥津敬一郎(1986b):「第1章形式副詞」『いわゆる日本語助詞の研究』凡人社
尾上圭介(1981):「「は」の係助詞性と表現的機能」国語と国文学58巻5号
菊地康人(1983):「バカリ・ダケ」『意味分析』東京大学
工藤浩(1977):「限定副詞の機能」『国語学と国語史』明治書院
工藤浩(1982):「叙法副詞の意味と機能――その記述方法を求めて」『国立国語研究所報告71 研究報告集3』国立国語研究所
久野暲・モネーン多津子(1983):「「ダケ・ノミ・バカリ・クライ」と格助詞の語順」『新日本文法研究』大修館書店
久野暲(1999):「「ダケ・シカ」構文の意味と構造」『言語学と日本語教育』くろしお出版
此島正年(1973):『国語助詞の研究 助詞史素描』(1994増訂版四刷おうふうによる)
小林典子(1987):「序列副詞――「最初に」「特に」「おもに」を中心に」国語学151集
坂原茂(1986):「"さえ"の語用論的考察」金沢大学教養部論集: 人文科学編23巻2号
定延利之(1993):「心的な情報処理操作と用法の派生――モをめぐって」『高度な日本語記述文法書作成のための基礎的研究』平成4年度科学研究費補助金総合研究(A)研究成果報告書
定延利之(1995):「心的プロセスからみた取り立て詞モ・デモ」『日本語の主題と取り立て』くろしお出版

澤田治美(1978):「日英語文副詞類(Sentence Adverbials)の対照言語学的研究——Speech Act 理論の視点から」言語研究 74 号
澤田治美(1993):『視点と主観性——日英語助動詞の分析』ひつじ書房
寺村秀夫(1984):『日本語のシンタクスと意味Ⅱ』くろしお出版
寺村秀夫(1991):『日本語のシンタクスと意味Ⅲ』くろしお出版
中西久美子(1995):「モとマデとサエ・スラ」『日本語類異義表現の文法(上)単文編』くろしお出版
沼田善子(1984):「とりたて詞の研究」東京都立大学人文科学研究科修士論文
沼田善子(1986a):「第2章とりたて詞」『いわゆる日本語助詞の研究』凡人社
沼田善子(1986b):「副詞句のとりたて——「と」「ば」「たら」「なら」と「も」」都大論究 23 号,東京都立大学国語国文学会
沼田善子(1988):「とりたて詞の意味再考——「こそ」「など」について」『論集 ことば』(論集ことば刊行会編)くろしお出版
沼田善子(1989):「とりたて詞とムード」『日本語のモダリティ』くろしお出版
沼田善子(1991):「とりたて詞文の二義性」同志社女子大学 日本語日本文学 3
沼田善子(1992a):『セルフマスターシリーズ5「も」「まで」「さえ」など——とりたて』くろしお出版
沼田善子(1992b):「とりたて詞と視点」日本語学 11 巻 8 号
沼田善子(1993):「「少しだけあるから」と「少ししかないから」」『個別言語学における文法カテゴリーの一般化に関する理論的研究』筑波大学文芸・言語学系
沼田善子(1994a):「その後の「も」——「も」の意味を再考する」文芸言語研究 言語編25,筑波大学文芸・言語学系
沼田善子(1994b):「とりたて詞「だけ」と条件節をめぐる解釈の二義性」理論言語学研究会発表(於早稲田大学)
沼田善子(1995):「現代日本語の「も」」『「も」の言語学』ひつじ書房
沼田善子(2000):「とりたて」『別冊國文學 現代日本語必携』學燈社
沼田善子・徐建敏(1995):「とりたて詞「も」のフォーカスとスコープ」『日本語の主題と取り立て』くろしお出版
野口直彦・原田康成(1993):「「だけ」についての意味論的・語用論的考察」『日本認知科学会第 10 回大会予稿集』
野口直彦・原田康成(1996):「とりたて助詞の機能と解釈——量的解釈を中心にして」『制約に基づく日本語の構造の研究』国際日本文化研究センター
野田尚史(1996):『新日本文法選書1「は」と「が」』くろしお出版

橋本進吉(1969):『橋本進吉著作集第 8 冊 助詞・助動詞の研究』岩波書店
益岡隆志(1991):『モダリティの文法』くろしお出版
松井(山森)良枝(1996):「自然言語における量化と否定の相互作用――「シカ…ナイ」構文を例として」人文学報 77 号，京都大学人文科学研究所
松下大三郎(1928):『改選標準日本文法』中文館(1974 復刊，勉誠社による)
松下大三郎(1930):『増補校訂 標準日本口語法』白帝社
宮地朝子(1997):「係助詞シカの成立――〈其他否定〉の助詞の歴史的変遷に見る」名古屋大学国語国文 81 号
茂木俊伸(2000):「とりたて詞「しか」における「予想」について」(草稿)
森田良行(1971):「だけ，ばかりの用法」早稲田大学語学研究所紀要 10 号
森田良行(1980):『基礎日本語 2』角川書店
山田孝雄(1908):『日本文法論』宝文館出版
山田孝雄(1936):『日本文法学概論』宝文館出版
山田孝雄(1952):『平安朝文法史』宝文館出版
山中美恵子(1991):「「も」「でも」「さえ」の含意について」日本語と中国語の対照研究 14 日本語と中国語の対照研究会編
Kato, Y. (1985): "Negative Sentences in Japanese" *SOPHIA LINGUISTICA*, 19.
Muraki, M. (1978): "The Sikanai Construction and Predicate Restructuring" *Problems in Japanese Syntax and Semantics*, 開拓社
Oyakawa, T. (1975): "On the Japanese sika-nai Construction" 言語研究 67 号
Sano, M. (1996): "A Checking Theoretical Analysis of Japanese Adverbial Particles with Special Reference to dake 'Only'" 立命館言語文化研究 7 巻 5・6 号，立命館大学国際言語文化研究所

索　引

Bフォーカス　165, 167
Fフォーカス　165, 168
Nフォーカス　165, 166

あ 行

アスペクト　4
アスペクト詞　212
アスペクト性　3
暗示的主張　159
一時的状態　5, 12
運動　12
運動動詞　5, 6

か 行

開始限界　17
外的限界設定　32
過程　17
完成性　5
完成相　8, 14
完全否定　107
規定語的従属文　142
基本アスペクト・テンス体系　9, 14
客体　12
極性　4
形式副詞　202
形式名詞　205
継続相　8, 14, 21
結果　15
結果状態　17
限界動詞　31
限定　182, 185
語彙的否定形式　98, 104, 115
語彙論的同類性　162
広義アスペクト副詞　108
恒常的状態　5, 12
構文論的同類性　161

後方移動フォーカス　165
効力　39
呼応のずれ　112
語否定　95
個別的視点　190

さ 行

再帰動詞　20, 29
時間性　3
時間の従属複文　11
自者　158
自者-肯定　159
時制性　3
弱運動動詞　25
修飾語的従属文　142
従属節時　83
終了限界　17
主節時　83
主節時基準　83
主体　12
主体動作・客体変化動詞　29
主体変化　30
主張　159
述語否定　99
瞬時性動詞　20
順序助詞　207
準備の段階　17
状況語　132
状態　12
状態動詞　35
焦点　130
叙述的な文　60
叙法　4
進行　15
心の動詞　26
遂行的な文　60

遂行動詞　61
スコープ　130
静態動詞　5, 34
静的述語　5
絶対的テンス　11
設定時　14
前方移動フォーカス　165
相対的テンス　11
想定　162

た 行

対象語的従属文　142
第四種動詞　35
対話的文脈　11
多回的な動作　32, 75
タクシス　11
他者　158
他者-肯定　160
他者-否定　160
単純他者肯定　171
断定　162
単なる状態　13
超時間的判断　5
直前フォーカス　165
陳述副詞　107, 114
程度否定　111
出来事　12
出来事時　13
テンス　4
統語論的アスペクト　30
動作　17
動作動詞　17, 19
独立語　132
とりたて詞　153, 154, 201
　——の任意性　156
とりたてのフォーカス　164
とりたてる　154

な 行

内包動詞　85
内面動詞　26

二重視点　193
二側面動詞　20, 24

は 行

派生形容詞　100
発話時　13
発話時基準　83
パーフェクト相　35, 37
反対関係　98, 104
判断　12
反復相　41
非限界動詞　31
否定繰り上げ　112
非名詞性　158
評価　196
不完全否定　106
含み　159
文否定　95
文副詞類　214
分布の自由性　155
文法化　50
文法的否定形式　98, 103, 129
文脈依存的同類性　162
並列詞　208
変化動詞　18, 19
包括的視点　190

ま 行

みとめ方の対立　100
未発相　57
矛盾関係　98, 104
ムード　4
明示的主張　159
モダリティ　4
物語的文脈　11

や・ら 行

様相性　4
量的限界　128
量の否定　111
連体文内性　157

■岩波オンデマンドブックス■

日本語の文法 2　時・否定と取り立て

	2000 年 11 月 28 日　第 1 刷発行 2003 年 9 月 5 日　第 3 刷発行 2017 年 1 月 13 日　オンデマンド版発行
著　者	金水　敏　工藤真由美　沼田善子 <small>きんすい さとし　くどうまゆみ　ぬまたよしこ</small>
発行者	岡本　厚
発行所	株式会社　岩波書店 〒 101-8002　東京都千代田区一ツ橋 2-5-5 電話案内　03-5210-4000 http://www.iwanami.co.jp/
	印刷／製本・法令印刷

© Satoshi Kinsui, Mayumi Kudo, Yoshiko Numata
2017
ISBN 978-4-00-730563-4　　Printed in Japan